Vital Statistics of

Seabrook, New Hampshire

1768-1903

William Haslet Jones

HERITAGE BOOKS
2008

HERITAGE BOOKS
AN IMPRINT OF HERITAGE BOOKS, INC.

Books, CDs, and more—Worldwide

For our listing of thousands of titles see our website
at
www.HeritageBooks.com

Published 2008 by
HERITAGE BOOKS, INC.
Publishing Division
100 Railroad Ave. #104
Westminster, Maryland 21157

Copyright © 1998 William Haslet Jones

All rights reserved. No part of this book may be reproduced or transmitted in any form or by any means, electronic or mechanical, including photocopying, recording or by any information storage and retrieval system without written permission from the author, except for the inclusion of brief quotations in a review.

International Standard Book Numbers
Paperbound: 978-0-7884-0872-4
Clothbound: 978-0-7884-8052-2

SEABROOK, N.H.

TABLE OF CONTENTS

INTRODUCTION v

ABBREVIATIONS vi

MAP vii

BIRTHS 1

   With Given Name 2
   Without Given Name 31

DEATHS 53

MARRIAGES 113

APPENDIX 197

   Town Officers 198
   Historical Review 203
   1768 Legislative Bill to form Town . 205
   1891 Health Regulations 206
   1896 Street Railway Corporation . . 207
   1807 Warnout of James C. Robison . . 210
   1790 Illness of Jonathan Hardy . . 211

BIBLIOGRAPHY 213

SEABROOK, N.H.

INTRODUCTION

Seabrook, N.H. is one of a number of N.H. towns for which the Vital Statistics have never been compiled and published. This book satisfies that need. Birth, death and marriage records were collected from all known sources. After 1850 vital statistics were kept separately. Prior thereto such records were scattered throughout town books. Very few deaths were recorded prior to 1851. To make up for this deficiency, cemetery gravestone records compiled by the Daughters of Founders and Patriots of America were used, which are gratefully acknowledged.

Some of the old handwriting was difficult to read and consequently be interpreted. Some pages were faded and in a few instances impossible to read. Regretfully some could not be deciphered and had to be omitted. This was especially true around 1880-1885. The author apologizes for possible errors created by mistakenly reading the old records.

Rev. Elias Hull performed numerous marriages all over the region. He entered all these weddings in the Seabrook town books. All these marriages are included in this book, with the location identified, if other then SEABROOK, N.H.

SEABROOK, N.H. was founded in 1768, by Jonathan Weare and others. See APPENDIX for the legislative bill that created the town. It was formed out of the southern half of the town of Hampton Falls, N.H.

Vital Record books that started in 1851 contain many birth entries for which no given name was listed. Only the date, sex and parents are listed. Those births where no name was given have been compiled in a separate section by the parents names.

SEABROOK, N.H.

The APPENDIX contains lists of town selectman, town clerks and constables. A number of Town historical documents found in the old town books are also included.

This book is dedicated to my very special friend Elinor Yeaton of Hampton, N.H. Through her encouragement and help, I compiled this book. Hopefully it will meet the genealogists need for records of Seabrook, N.H.

William Haslet Jones

ABBREVIATIONS

ae	-	aged
b.	-	born
d.	-	death
ds	-	days
d/o	-	daughter of
Int.	-	Marriage Intentions
md.	-	Married
s/o	-	son of
wks	-	weeks
w/o	-	wife of
wid.	-	widow
yr	-	year
yy-mm-dd		age in years, months & days

SEABROOK, NEW HAMPSHIRE

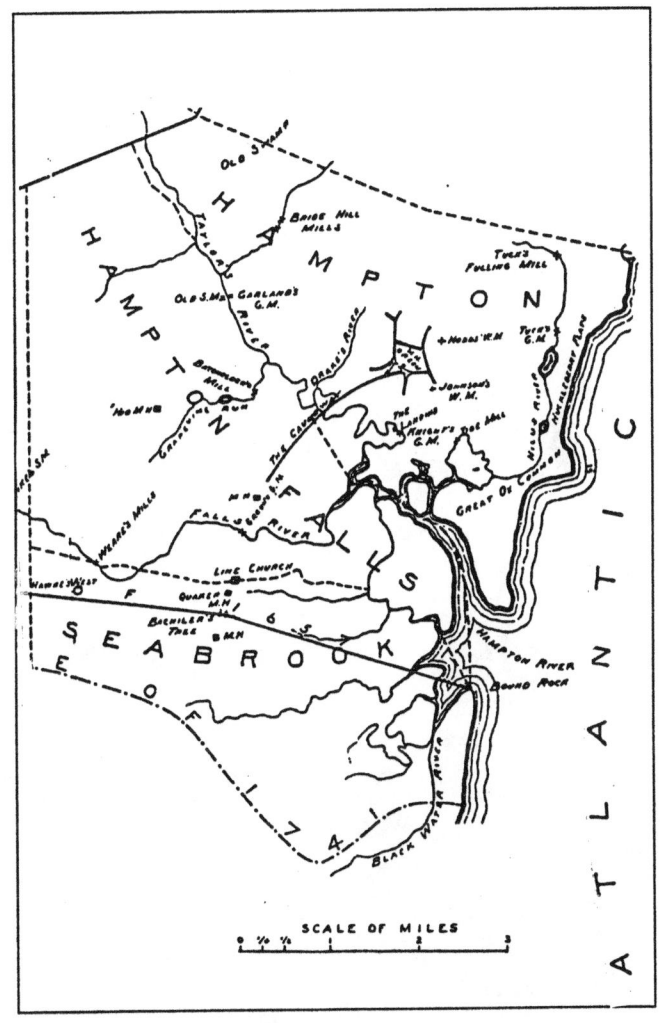

Source: Joseph Dow, History of Hampton, 1638-1892.

SEABROOK, N.H.

BIRTHS

1768 - 1903

SEABROOK BIRTHS

ABBOTT:
Albert Timothy, s/o Sereno T. & Sarah F., b. 18 Oct. 1846.
Mary French, d/o Sereno T. & Sarah F., b. 2 Jan. 1845.

ADAM(S):
Alice W., d/o Charles E. & Emma b. 10 Apr. 1879
Charles E., s/o Edwin & Lucy, b. 1876.
Elihu, s/o Edwin & Lucy L., b. 11 Mar. 1878.

ADDISON:
Charles, s/o William & Hannah, b. 13 July 1884.

BAGLEY:
Alvin, s/o Valentine b. 14 Nov. 1880.
Annergine, b. 11 Aug. 1878.
Evidall, d/o Valentine & Climena, b. 19 Mar. 1874.
Lena, d/o Valentine & Climina, b. 1876.
Mellisa T., d/o Valentine & Elizabeth (Cilly), b. 16 Feb. 1869.

BARTON:
Flora E., d/o Charles A. & Mary A. (Comeau), b. 23 Apr. 1890.
Helen Gould, d/o Otis P. & Annie G. (Clark), b. 19 Feb. 1899.
Lewis, s/o David A. & Anne, b. 1874.
Orah, d/o Lewis & Elizabeth, b. 8 Mar. 1859.
Rosella, d/o David A. & Ann J. (Walton), b. 27 June 1883.

BECMAN:
Samuel, s/o Francis & Esther, b. 17 Aug. 1866.

BECKMAN:
Alfred, s/o Francis & Ester, b. 1862.
Annie, d/o Asa & Clara B. (Eaton) b. 13 Jan. 1883.
Caroline R., d/o Alfred N. & Gertrude (Locke), b. 14 Dec. 1886.
Ethel E., d/o Orin, b. 26 Nov. 1879.
Eugene H., s/o Francis C. & Esther A. (Dow), b. 23 Nov. 1886.
Eva H., d/o Philip C. & Celia A., b. 9 Oct. 1873.
Evelena, d/o James & Clarica, b. 22 Nov. 1878.
Evelin, d/o Hyman & Adeline, b. 10 Jan. 1866.
George, s/o Robert & Caroline, b. 25 Feb. 1875.
George H., s/o John R. & Emily B., b. 28 Nov. 1874.
Harvey, s/o William & Josephine,b. 9 Oct. 1873.
Herbert, s/o Samuel S. & Sally A. (Knowles), b. 8 Mar. 1886.
Isabella Edna, d/o Charles A. & Helen (Merrill), b. 29 June 1900.
John F., s/o Samuel & Sarah E., b. 1866.
Josiah, s/o Hiram & Adaline, b. 1862.
Laura E., d/o Francis & Ester C., b. 19 Oct. 1868.
Lena A., d/o Nelson S. & Rosanna (Fowler), b. 8 Feb. 1892.

SEABROOK BIRTHS

BECKMAN Cont.
Leroy, s/o Hiram & Adaline, b. 8 June 1869.
Loranda W., d/o Jacob & Mary A., b. 13 Jan. 1860.
Mariann C., d/o Samuel W. & Sarah E., b. 1862.
Mary E., d/o Jacob & Sarah, b. 29 Sep. 1850.
Mary E., d/o John B. & Mary E., b. 18 Feb. 1881.
Mary Josephine, d/o William & Josephine, b. 9 Jan. 1876.
Merle L., s/o Frank E. & Clara E. (Whitehouse) b. 4 June 1883.
Nellie, d/o James H. & Caroline, b. 1863.
Pluma A., d/o David & Ruth B., b. 1863.
Samuel F., s/o Samuel W. & Sarah, b. 9 Oct. 1863.
W. , s/o John & Mary, b. 27 Apr. 1878.
Willie N., s/o Nelson N. & Rosanna (Fowler), b. 2 Apr. 1881.

BENNETT:
Laura S., d/o Frank? & Lydia E., b. 30 July 1859.

BLY:
Franklin, s/o Frank & Hannah (Souther), b. 5 Mar. 1873.

BOID: (See BOYD)
Hannah, d/o Enoch & Hannah, b. 20 Dec. 1768.
John, s/o Enoch & Hannah, b. 20 Dec. 1767.
Molley, d/o Enoch & Hannah, b. 20 Sep. 1769.

BOYD:
Albert B., s/o Lowell & Martha (Eaton), b. 22 June 1866.
Anna, b. 2 Apr. 1783.
Caroline, d/o Maurice & Fannie (Marshall), b. 21 Sep. 1900.
Clarence M., s/o Daniel & Eliza A. b. 1 May 1880.
Daniel, b. 10 July 1777.
David, b. 4 May 1781.
David Henry, s/o George H. & Lizzie (Alley), b. 4 Nov. 1800.
Edwin R., s/o Jeremiah & Mary E., b. 30 June 1868.
Elizabeth, b. 25 June 1775.
Elsie Fern, d/o Warren & Abbie M. (Beckman), b. 3 Sep. 1892.
Elvira, d/o George H. & Alice J. (Fowler), b. 28 May 1902.
Enoch, b. 27 Apr. 1773.
Enoch, s/o David & Eliza A. (Eaton), b. 7 Feb. 1882.
Fanny?, d/o David & Bertha, b. 28 Jan. 1882.
Florance, d/o David & Hulda, b. 1 May 1863.
Frank M., s/o Jeremiah & Mary (Eaton), b. 1 Sep. 1871.
Harriet M., d/o Daniel & Lizie A., b. 20 Feb. 1873.
John, b. 1 Jan. 1786.
John N., s/o John P. & Nancy, b. 24 June 1868.
John P., s/o Moses & Nellie M. (Fowler), b. Nov. 28 1883.

SEABROOK BIRTHS

BOYD Cont.
Julia F., d/o Lowell & Martha (Eaton), b. 31 Mar. 1865.
Leland W., s/o William S. & Vesta F. (Fowler), b. 3 Jan. 1895.
Lillian, d/o Lowell? and Eliza A., d. 8 Mar. 1870.
Mary E., d/o David F. & Hulda A., b. 30 Nov. 1864.
Mary N., d/o Moses & Nellie M., b. 11 Dec. 1881.
Minnie A, d/o Moses & Nellie M. (Fowler), b. 27 July 1882.
Molley, b. 15 July 1788.
Moses, s/o John P. & Nancy, b. 1862.
Sewell, s/o David Jr. & Mehitable, b. 8 July 1812.
Sherman, s/o Warren & Melvina b. 15 Apr. 1880.
Thomas, b. 7 Jan. 1793.
William D., s/o William & Vesta F. (Fowler), b. 30 Jan. 1892.

BOYNTON:
Herbert P., s/o William & Georgiana, b. 1876.

BRAGG:
Ann F., d/o Henry F. & Sarah M., b. 1873.
David, b. 25 Mar. 1793.
Dudley W., s/o Henry F. Sarah (Brown), b. 15 Aug. 1884.
Elick, b. 15 Oct. 1790.
Emma A., d/o Minnie A., b. 4 Mar. 1884.
Emory R., s/o George N. b, 2 May 1880.
Frank H., s/o George W. & Adrienna (Janvrin), b. 21 July 1889.
George Ellsworth, s/o George Wm & Adrienne O. (Janvrin), b. 24 Aug. 1882.
Hannah, b. 10 Jan. 1779.
Henry, b. 15 Oct. 1783.
Peter, b. 31 July 1784.
Robert, b. 15 Oct. 1780.
William, s/o Peter & Wife, b. 16 May 1776.
William H., s/o Henry & Sarah M., b. 3 Apr. 1869.

BROWN:
Abigail, b. 28 Oct. 1810.
Abigail, d/o Jonathan & Nancy, b. 4 Apr. 1874.
Albert A., s/o Albert C. & Mary A., b. Nov. 1859.
Alice A., d/o Christopher & Sophia, b. 5 May 1869.
Almena P., d/o Alick A. & Hulda D. (Eaton), b. 4 Feb. 1893.
Anna, d/o Elisha & Anna, b. 1 May 1769.
Anna, b. 11 Feb. 1801.
Annie A., d/o John L. & Zelphia, b. 24 Dec. 1846.
Annie M., d/o Henry & Sharlot A., b. 18 Oct. 1873.
Benjamin, s/o John, b. 25 Sep. 1791.
Betta, d/o Isaac & Agnes, b. 7 July 1770.
Betty, d/o John & Sarah, b. 22 Aug. 1786.

SEABROOK BIRTHS 5.

BROWN Cont.
Blanch S., d/o George L. & Mary A., b. 10 July 18_0.
Blanch B., d/o George L. & Mary Ann, b. 10 July 1870.
Caroline A., d/o Edward & Celia R., b. 20 Sep. 1850.
Cavilla, d/o Jacob & Louise, b. 6 Feb. 1860.
Daniel, s/o Ja__ & Louisa, b. 2 Jan. 1871.
Daniel M., s/o Jacob E. & Louisa, b. 9 July 1875.
Edith M., d/o James, b. 17 Oct. 1851.
Elbridge N., s/o Bonavista & Nancy J., b. 4 Mar. 1872.
Elizabeth, b. 30 Sep. 1802.
Fostena Frances, d/o George L. & Mary Ann b. 23 May 1853.
Frank, s/o John L. & Mary L. (Batchelder), b. 15 Apr. 1893.
George L. s/o John & Rhoda b. 14 Nov. 1825.
Grace I., d/o Charles I. & Lena W. (Dow), b. 25 Jan. 1893.
Herbert, s/o John J. & Daisy A. (Jones), b. 15 Feb. 1900.
Isaac L., s/o Joseph H. & Mary W. b. 7 Jan. 1879.
Jacob, s/o Isaac & Agnes, b. 11 Mar. 1771.
Jamima, d/o Isaac & Agnes, b. 26 Sep. 1766.
Jeremiah, s/o Elisha & Anna, b. 26 July 1766.
John, s/o John & Sarah, b. 4 Dec. 1775.
John, s/o Frank, b. June 1860.
John George, s/o George L. & Mary Ann b. 21 Nov. 1857.
John L., s/o John L. & Zelpha, b. 8 Nov. 1818.
John Newell, s/ Newell & Abigail P. b. 17 June 1826.
Jonathan, s/o Isaac & Agnes, b. 25 Sep. 1779.
Josiah F., s/o Emory & Sophia, b. 5 Oct. 1859.
Lincoln L., s/o Sylvester & Martha, b. 3 Oct. 1867.
Loel, s/o John & Sarah, b. 13 May 1778.
Lora Pike, d/o John W. & Marie, b. 14 Feb. 1881.
Lydia, b. 7 Dec. 1806.
Margaret A., d/o John J. & Daisy A. (Jones), b. 23 Oct. 1893.
Maggie G., d/o Joseph S. & Mary (Fowler), b. 1 May 1883.
Mary, d/o Elisha & Anna, b. 23 Sep. 1775.
Mehitable, d/o John & Sarah, b. 31 July 1783.
Mercy C., d/o John & Rhoda, b. 23 Jan. 1814.
Miriam, d/o Isaac & Agnes, b. 25 Apr. 1768.
Molley, d/o John & Sarah, b. 14 Dec. 1771.
Moses M., b. 24 Feb. 1881.
Myron L., d/o John L. & Maria L. (Beckman), b. 21 Feb. 1893.
Nancy, d/o John & Wife, b. 29 Apr. 1789.
Nathan, s/o Elisha & Anna, b. 18 May 1781.
Newell, s/o John & Sarah, b. 17 Nov. 1794.
Newell, s/o John L. & Mary L. (Batchelder), b. 7 Feb. 1898.
Oliver, s/o Elisha & Anna, b. 8 Sep. 1778.
Richard B., s/o James & Eleanor, b. 16 Mar. 1872.
Sarah, d/o Benjamin & Maraham, b. 28 Oct. 1777.
Sarah, d/o John & Sarah, b. 21 Sep. 1780.

SEABROOK BIRTHS

BROWN Cont.
Sarah Anne, b. 30 Sep. 1812.
William F., s/o Calvin & Nancy N. (Buswell), b. 24 Dec. 1865.
Zelpha, d/o John & Zelpha, b. 9 Oct. 1820.
___ezer, s/o Elisha & Anna, b. 22 Jan. 1764.
_____, d/o Elisha & Anna, b. 13 Aug. 1771.
___tha, d/o Elisha & Anna, b. 16 Oct. 1773.

BURRIS:
Cecil Belle, d/o William & Laura, b. 19 Mar. 1881.

BUSWELL:
Caroline A., d/o Calvin & Nancy, b. 15 July 1859.
Henry N., s/o Henry N. & M. (Eaton), b. 30 June 1883.
Nancy Ellen, d/o William T. & Lucinda (Knowles), b. 13 Jan. 1895.
Willie T., s/o Calvin, b. 24 Dec. 1865.

BUTLER:
Lottie Emma, d/o John & Hannah, b. 23 Feb. 1874.
Royce B., s/o Collin & Hannah S., b. 13 July 1864.

CARTER:
Aluse B., d/o Theodore & Elizabeth, b. 31 Oct. 1881.

CASWELL:
Ida D., d/o Henry N. & Lola M. (Eaton), b. 22 July 1892.

CHASE:
Anne, b. 25 June 1761 (wife of Samuel George).
Arthur, s/o John & Abby, b. 28 July 1871.
Erving, s/o Thomas Jr. & Josephine, b. 9 Feb. 1874.
Frank W., s/o George & Adaline, b. 30 Apr. 1873.
Fred L., s/o Ivory W. & Lucy A., b. 18 Oct. 1875.
George A., s/o George W. & Adeline b. 21 Aug. 1879.
Guy Winfield, s/o Josiah Webster & Eliza M. (Evans), b. 9 Nov. 1877.
Hester, d/o Jerome & Hester, b. 25 May 1878.
Jenness E., s/o Jeremiah & Hester, b. 1 Apr. 1871.
Jerome Allen, s/o Josiah W. & Eliza M. (Evans) b. 11 June 1880.
John Newell, s/o George W. & Adaline, b. 21 Mar. 1864.
Lewis G., s/o George & Eva E., b. 24 Nov. 1868.
Lillian g., d/o George & Eve E., b. 24 Nov. 1868.
Lillian S., b. 24 Nov. 1873.
Lottie E., d/o Jonathan S. & Sarah E., b. 17 Dec. 1871.
Lowell, b. 12 Apr. 1878.
Mary L., d/o Jeremiah & Hester, b. 20 Sep. 1880.
Newman, s/o Jeeremiah & Esther A., b. 28 Aug. 1869.
Sarah A., d/o Josiah W. & Lida M. (Evans).

SEABROOK BIRTHS

CHASE Cont.
Willie C., s/o Jonathan S., b. 3 Dec. 1863.
Willie F., s/o Ivory W. & Lucy A., b. 21 Sep. 1873.

CILLEY: [See Silley]
Abigail, d/o Nicholas & Abigail, b. 2 May 1802
Howard M., s/o James L. & Emma (Bragg), b. 24 Oct. 1900.
Nancy, d/o Nicholas & Abigail, b. 16 Feb. 1800

CLIFFORD:
Howard, s/o L. Wilson & Alice M. (Osborn), b. 15 June 1899.

COLLINS:
Abba Adalaide, d/o Robert & Mercy C., b. 23 Dec. 1846.
Almina Roberta, d/o Robert & Mercy, b. 24 Feb. 1854.
Ernest A., s/o Morrill A. & Abbie A. (Rowe), b. 13 Aug. 1875.
Francis Melvin, s/o Robert & Mercy, b. 14 Sep. 1843.
Hannah F., d/o Robert & Emily A., b. 1868.
James F., s/o John R. & Lucy S., b. 25 Dec. 1858.
Newell Franklin, s/o Robert & Mercy, b. 25 Aug. 1838.
Robert, s/o Robert & Mary, b. 3 Oct. 1812.
Robert D., s/o Tristram & Abby, b. 1863.

COMB(E)S:
Arthur C., s/o Charles, b. 17 Mar. 1881.
Lewis S., s/o Stephen E. & Julia A. (Putney), b. 22 Aug. 1896.

COREY:
Herbert S., s/o Charles H. & Fanny, b. 9 Jan. 1867.
John, s/o Hugh & Mary, b. 2 Nov. 1881.

DARBON:
Edward, b. 4 Aug. 1807.
Moses, b. 2 Dec. 1808.

DAVIS:
Clara R., d/o Orin W. & Mary E., b. 20 Apr. 1878.
Ralph W., s/o George & Alice (Hull), b. 4 Oct. 1900.
William N., s/o Orvis W. & Mary L. (Knowles), b. 4 Feb. 1881.

DOW:
Alfed E., s/o Dennis P. & Polly A., b. 1862.
Alvah H., s/o Tristram L. & Sarah A., b. 7 Oct. 1875.
Ana May, d/o Alva L. & Mary L. (Bragg), b. 6 Oct. 1883.
Betsy Jane, b. Phinem & Mary An, b. 11 Apr. 1869.
Betsy M., d/o David & Hannah, b. 24 Nov. 1805
Cattie L., d/o Tristram S. & Sarah, b. 1863.
Charles, s/o Tristram & Mariam, b. 27 Oct. 1859.

SEABROOK BIRTHS

DOW Cont.
Charles A., s/o Daine & Sally A. (Eaton), b. 12 Nov. 1859.
Charles D., s/o Joseph & Mary E., b. 2 Oct. 1874.
Charles E., s/o Albert M. & Be__ia, b. 1862.
Charles F., s/o Daniel B. & Ruth A., b. 7 June 1870.
Charles S., s/o Jacob & Betsy, b. 27 Apr. 1868.
Charlotte, d/o Jacob & Betsy, b. 25 Nov. 1873.
Chester Bell, s/o William & Laura P., b. 19 June 1880.
Cora Ella, d/o John F. & Ella H. (Souther), b. 30 Aug. 1899.
Daniel, s/o David & Rebecca, b. 27 Oct. 1767.
Daniel, s/o Warren A. & Rhoda A., b. 23 Nov. 1883.
Daniel W., s/o Levi & Martha, b. 19 May 1858.
David Jr., b. 27 Aug. 1772.
Dora M., d/o Charles & Gertrude (Gynan), b. Apr. 1883.
Earl W., s/o James M. & Josephine (Walton), b. 30 Aug. 1883.
Edward Dearborn, s/o Jacob & Lowis, b. 18 Mar. 1806.
Edward D., s/o Jacob & Betsey, b. 7 Dec. 1858.
Elihue, s/o Jacob & Mary, b. 18 May 1778.
Elisha, s/o Jacob & Mary, b. 13 Aug. 1771.
Eliash H., s/o John W. & Annah E., b. 17 Dec. 1871.
Emily J., d/o Moses F. & Jane M. b. 28 Nov. 1880.
Emma A., d/o Levi & Martha, b. 15 Nov. 1870.
Esther E., d/o Ernest L. & Anna M. (Chase), b. 7 Feb. 1893.
Flora M., d/o Charles F. & Annie L. (Dowe), b. 11 June 1892.
Florance Ethel, d/o Charles G. & Estella (McQuillan), b. 10 July 1883.
Frank H., s/o Frank R. & Martha J., b. 8 Sep. 1875.
Fred Smith, s/o Daniel B. & Ruth A. (Brown), b. 27 Apr. 1874.
George, s/o Allen M. & Heziah, b. 25 Oct. 1867.
George L., s/o Levi & Martha, b. 10 Nov. 1859.
George L., s/o Jacob F. & Abbie b. 10 July 1879.
George P., s/o George F. & Adeline, b. 28 July 1871.
George Russell, s/o James W. 2d & Sadie A. (Murphy), b. 18 Jan. 1903.
George S., s/o Moses F. & J. M., b. 10 June 1870.
Hannah (Merrill), wife of David, b. 22 May 1776.
Hannah P., d/o Levi & Martha, b. Apr. 1873.
Hariot, d/o David & Hannah, b. 25 Apr. 1802.
Harry D., s/o Mary M. Dowe, b. 7 Aug. 1883.
Helen D., d/o Charles S. & Helen (Merrill), b. 4 July 1900.
Herbert, s/o Levi G. & Martha, b. 2 June 1868.
Hial A., s/o Daniel & Ruth, b. 27 Oct. 1858.
Isabella, d/o Moses & Jane M., b. 9 July 1874.
Jacob, s/o Jacob & Mary, b. 7 Jan. 1781.
James W., s/o Levi & Martha, b. 2 Feb. 1866.
Jane, d/o Wid. Jane, b. 1 Apr. 1792.
Jesse M., s/o Abram & Adelaide A, b. 2 Junw 1886.
John K., s/o Levi & Mariam, b. Nov. 1860.
John R., s/o John M. & Lydia A., b. 12 Nov. 1872.

SEABROOK BIRTHS

DOW Cont.
Jonathan S., s/o Simeon J. & Lillian M. (Eaton), b. 17 Apr. 1898.
Joseph A., s/o Abram & Lucy J., b. 21 dec. 1864.
Josiah, s/o Jedidiah & Dorcus (Neal), b. 2 Sep. 1766.
Josiah, s/o Tristram, b. 2 Jan. 1851.
Julia A., d/o George F. & Adaline, b. 23 Oct. 1863.
Larvy E., s/o Simeon J. & Lillian M. (Eaton), b. 20 Oct. 1900.
Laville, d/o Jacob & Betsy F., b. 1863.
Lawrence P., s/o Joseph A. & Arvesta L. (Small), b. 1 Mar. 1886, twin.
Lena Woodbury, d/o Warren W. & Rhoda A., b. 3 Aug. 1875.
Leonard J., s/o Abram & Adalaide, b. 18 May 1874.
Lillian Maud, d/o James W. 2d & Sadie A. (Murphy), b. 12 June 1898.
Lowell Brown, s/o Tristram & Sarah, b. 5 Aug. 1878.
Lydia, d/o Wid. Jane, b. 7 Sep. 1790.
Mabel L., d/o Joseph A., b. 4 Jan. 1884.
Mamie, d/o Henry H. & Liona D. (Eaton), b. 29 July 1883.
Mammie N., d/o Warren & Rhoda A., b. 21 Jan. 1877.
Margaret J., d/o John W. & Johannah (Leahy), b. 22 July 1898.
Margaret S., d/o Frank P. & Nellie M. (Small), b. 30 Sep. 1893.
Mary Ellen, d/o Joseph A. & Arvesta L. (Small), b. 1 Mar. 1886, twin.
Mary P., d/o David & Hannah, b. 11 Oct. 1810.
Melissa C., d/o Simeon J. & Estella M. (Beckman), b. 5 Aug. 1893.
Minnie Maud, d/o Levi & Martha (Fowler), b. 23 Aug. 1876.
Mira, d/o John H. & Anna E., b. 3 Sep. 1870.
Miriam C., d/o James & Emma E. (Smith), b. 2 May 1868.
Molley, d/o David & Rebecca, b. 19 Apr. 1770.
Nathan, s/o Daivd & Rebecca, b. 7 Jan. 1766.
Norman Russell, s/o Ernest L. & Anna M. (Chase), b. 28 July 1900.
Prustestall, d/o Sewell & Huldah, b. 8 Jan. 1859.
Robert, s/o Jacob & Mary, b. 14 Mar. 1776.
Robert L., s/o Abram & Adalaide, b. 13 July 1870.
Roscoe F., s/o Alvan C. & Ida M. (Felch), b. 6 July 1884.
Ruben, b. 27 Sep. 1791.
Sarah, d/o David & Hannah, b. 26 July 1808.
Servander? C., s/o Newell F. & Sarah Ann (Knowles), b. 9 Jan. 1875.
Simeon J., s/o Jonathan B. & Hannah J., b. 8 Feb. 1871.
Susie Beckman, d/o John W. 2d & Johanna A. (Lealy), b. 15 Oct. 1901.
Talbert I., s/o Josiah F. & Mary J. b. 13 May 1879.
Tristram E., s/o Tristram & Sarah, b. 2 Sep. 1868.
Trustam, s/o Jacob & Lowis, b. 30 Jan. 1804.
W. A., s/o David P. & Zelphia (Fowler), b. 25 Aug. 1883.
Wan____ W,. s/o Newell & Nancy, b. 5 Jan. 1851.

EATON:
Aaron Thomas, s/o Aaron, b. 5 Apr. 1805.
Abbie, d/o Robert C. & Mary, b. 9 FEb. 1868.
Abel, s/o Wiman & Ruth, b. 28 Mar. 1755.

SEABROOK BIRTHS

EATON Cont.
Able, s/o Salvenus, b. __ Oct. 1788.
Albert M., s/o John Colby & Mary Eaton, b. 26 June 1859.
Albert Y., s/o John W. & Mary J. b. 16 Nov. 1879.
Alwilder? A., d/o Jacob D. & Abby, b. 1862.
Andrew, s/o Salvenus, b. 2 Mar. 1797.
Andrew, s/o Christopher & Clara, b. 1862.
Anna, d/o Wiman & Ruth, b. 7 Feb. 1752.
Annas, d/o Salvenus, b. 12 Nov. 1791.
Annie C., d/o Moses & Betsy, b. 25 Oct. 1867.
Belinda, d/o Simeon, b. 5 Aug. 1802.
_enjamin, s/o Ephram & Sarah, b. 30 July 1778.
Bertha L., d/o Calvin H. & Mary A. b. 10 Aug. 1880.
Betty, b. 23 June 1787.
Burll M., s/o Thomas & Betsy, b. 20 June 1866.
Burtie, s/o ___ & Harriet, b. 11 Aug. 1869.
Caddie J., d/o Emery N. & Alberta A. (Janvrin), b. 15 Oct. 1883.
Carrie H,. d/o Samuel E. b. 9 Oct. 1880.
Charles, s/o Capt. Jabez, b. 27 Dec. 1807.
Charles A., s/o Charles W. & Clara (Souther), b. 18 Mar. 1903.
Charles F., s/o James & Betsy, b. 18 July 1869.
Charles S., s/o Frank B. & Hannah F. (Collins), b. 28 Sep. 1896.
Charles W., s/o Joshua J. & Sarah L. b. 2 Aug. 1879.
Charles William, s/o Jeremiah M., b. 1862.
Christopher, s/o Salvenus, b. 2 July 1794.
Clara B., d/o Abel & Zelphia, b. 1862.
Clara May, d/o Charles E. & Lucy A. (Perkins), b. 10 July 1876.
Clarissa, d/o Capt. Jabez, b. 25 July 1810.
Clarissa, d/o Wallace M. & Emerlena (Beckman), b. 19 Jan. 1902.
Cora, d/o Abner E. & Philina R. b. 17 Mar. 1880.
Danel, s/o Salvenus & Abigail, b. 22 Oct. 1777.
Diane, d/o Aaaron, b. 17 Jan. 1807.
Easter, d/o Bryant & Elizabeth, b. 17 Apr. 1791.
Edwin, s/o Capt. Jabez, b. 15 Jan. 1813.
Edwin H., s/o Dewin & Mary Jane, b. 26 Jan. 1846.
Edwin M., s/o Charles A. & Abby, b. 11 Mar. 1873.
Effie E., d/o Frederick A. & Emma M. (Fowler), b. 13 Sep. 1900.
Elmer C., s/o Abram L. & Filana R., b. 11 June 1868.
Emery, s/o Jacob & Rebecca, b. 20 Jan. 1859.
Emma D. d/o Wyman & Margaret (Follansbee), b. 2 Oct. 1885.
Emma F., d/o Robert C. & Mary A., b. 21 Dec. 1869.
Emma P., d/p William W. & Margaret A., b. 1 Aug. 1870.
Ethel J., d/o John W. & Julia (Bryant), b. 31 Dec. 1883.
Eva May, d/o Wyman & Mary J., b. 24 Aug. 1871.
Freddie, s/o Charles, b. 21 Oct. 1878.
Frederic, s/o Moses & Betsy, b. 13 sep. 1876.
Fredrick, s/o Fredrick & Lizzie b. 3 Sep. 1879.

SEABROOK BIRTHS 11.

EATON Cont.
Fredrick J., s/o Israel & Marian b. 14 Aug. 1879.
George, s/o Jacob & Eliza, b. 17 Mar. 1867.
George M., s/o Frederick A. & Mary, b. 1862.
George P. Jr., s/o George P. & Elen J., b. 31 Mar. 1869.
Hannah, d/o Simeon, b. 7 Apr. 1800.
Hannah, d/o Warren & Vienne (Randall?), b. 23 Sep. 1874.
Hannah L., d/o George & Ellen J. b. 12 May 1879.
Hattie L., d/o Moses & Betsy, b. 5 Oct. 1872.
Helen, d/o Luther & Irene, b. 1862.
Henerey Moodey, s/o Ephram & Sarah, b. 30 Dec. 1778.
Henry, s/o Henry & Sarah, b. 30 Nov. 1792.
Herbert W., s/o John S. & Carrie M., b. 19 Aug. 1884.
Hial F., d/o Abner & Mary E., b. 25 Mar. 1876.
Humphrey, s/o Wiman & Ruth, b 6 Apr. 1746.
Ida F., d/o James S. & Ella H. (Souther), b. 11 May 1902.
Jabez, s/o Charles Albert, b. 6 Nov. 1827.
Jacob, s/o Jacob F. & Eliza b. 18 May 1879.
James Austin, b. 24 Dec. 1858.
James B., s/o Mary, b. 7 Sep. 1876.
James S., s/o Henry & Elizabeth, b. 15 May 1876.
Jeremiah, s/o Simeon, b. 3 Sep. 1804.
Jane, d/o Wiman & Ruth, b. 9 Mar. 1761.
Jeremiah M., s/o Chas. W. & Lizzie C. (Dow), b. 31 Aug. 1883.
Jinney, d/o Winthrop & Phebe, b. 4 June 1784.
John, s/o Wiman & Ruth, b. 2 Apr. 1748.
John C., s/o William & Lucretia, b. 27 Apr. 1858.
Jonathan, s/o Winthrop & Phebe, b. 24 Apr. 1779.
Josephine, d/o Jacob & Sarah, b. 18 Jan. 1877.
Joshua, s/o Daniel & Hanah, b. 28 Feb. 1772.
Joshua W., s/o Charles W. & Clara R. (Souther), b. 8 Oct. 1900.
Judith, d/o Capt. Jabez, b. 12 Dec. 1805.
Julia C., d/o Luther & Julia M., b. 31 Aug. 1859.
Lawrence P., s/o Frank B. & Hannah F. (Collins), b. 6 Apr. 1900.
Leroy, s/o Jacob F. & Eliza A. (Souther), b. 22 Oct. 1869.
Lester M., s/o Joshua & Eleanor, b. 1863.
Lewis F., s/o Lewis D. & Harriet b. 6 July 1879.
Lida Agnes, d/o John & Julia V., b. 24 July 1886.
Lieven, s/o Luther & Susan?, b. 1863.
Lillian Helen, d/o Fred L. Chase & Clarissa E. Eaton, b. 7 Oct. 1903.
Luther S., s/o Kuther & Hannah, b. 26 Feb. 1874.
Lydia, d/o Henry & Sarah, b. 4 Aug. 1794.
Lydia Bernice, d/o Alvah & Lydia, b. 3 Feb. 1877.
Margaret, d/o Winthrop & Phebe, b. 5 Sep. 1773.
Margaret, d/o Edwin & Mary Jane, b. 29 Aug. 1843.
Margaret, d/o Jacob & Sarah, b. 9 July 1872.
Margaret B., d/o Jacob F. & Lizzie, b. 29 June 1872.
Margaret Martin, d/o Jeremiah M. & Georgiana, b. 16 Sep. 1864.

SEABROOK BIRTHS

EATON Cont.
Maria, d/o Aaron, b. 1 Mar. 1802.
Martha E., d/o John C. & Carrie S., b. 4 Aug. 1883.
Mary C., d/o Calib & Louise, b. 1862.
Mary C., d/o John S. & Rachel J., b. 7 Jan. 1883.
Mary C, d/o John & Louise G., b. 23 Feb. 1883.
Mary E., d/o Edwin & Mary Jane, b. 7 Jan. 1849.
Mary Jane, w/o Edwin, b. 6 Aug. 1818.
Mary K., d/o Abel & Zelphia, b. 1876.
Mary L., d/o Eliza, b. 19 Jan. 1875.
Mary L., d/o Andrew J. & Clara E. (Eaton), b. 25 June 1883.
Mary Lucy, d/o Almon & Elizabeth, b. 5 Apr. 1884.
Mary S., d/o Christopher & PLuma, b. 13 July 1874.
Mille, d/o John N. & Susan E., b. 5 Dec. 1868.
Minnie A., d/o A. & Charlotte M. b. 19 May 1879.
Moses Chandler, s/o Aaron, b. 2 Jan. 1791
Nancy J., d/o Wyman & Margaret (Follansbee), b. 20 Aug. 1883.
Newell T., s/o Otis & Mary A., b. 27 Mar. 1869.
Oley, d/o Aaron, b. 25 Mar. 1798.
Olive C., d/o Fredrick A. & Eliza J. b. 26 aug. 1879.
Oliver, s/o Capt. Jabez, b. 29 Sep. 1803.
Phebe, d/o Winthrop & Phebe, b. 8 June 1776.
Phebe, d/o David & Lydia, b. 15 Aug. 1797.
Phebe, d/o Henry & Sarah, b. 20 Oct. 1804.
Phebe N., d/o Henry & Elizabeth, b. 1862.
Phoebe Knight, d/o Henry, b. Oct. 1857.
Polly, d/o Salvenus, b. 5 Sep. 1802.
Polly A., d/o Gilman & Abbie J., b. 12 Sep. 1880.
P.W., s/o Clinton S. & Isabella T. (Charles), b. 2 Jan. 1891.
Rhoda T., d/o Almon & Mary F., b. 1873.
Rhodea, d/o Simeon, b. 10 Apr. 1792.
Robert L., s/o Abel & Zelphia A., b. 29 Oct. 1868.
Ruth, d/o Wiman & Ruth, b. 27 Jan. 1765.
Ruth, d/o Simeon, b. 11 May 1796.
Ruth A., d/o Christopher & Clarisa R., b. 22 Nov. 1870.
Sadie Belle, d/o Almond & Mary, b. 16 Dec. 1868.
Sallie A., d/o Gilman B.. & Abbie J. b. 26 June 1879.
Sally A., d/o William & Clara (Collins), b. 9 Apr. 1893.
Samuel, s/o John C. & Rachel J. b. 28 Aug. 1879.
Samuel Rollins, s/o Bryant & Elizabeth, b. 4 Jan. 1790.
Sarah, d/o Wiman & Ruth, b. 19 Sep. 1759.
Sarah, d/o Abner L. & Sarah, b. 5 Oct. 1863.
Simmeon, s/o Wiman & Ruth, b. 9 Sep. 1768.
Susan A., d/o Samuel C., b. 7 Oct. 1868.
Susan F., d/o Moses B. & Betsy B., b. 19 Oct. 1858.
Susanna C. d/o Edwin & Mary Jane, b. 2 June 1840.
Susannah, d/o Salvenus, b. 4 Feb. 1800.

EATON Cont.

True, s/o David & Lydia, b. 17 Dec. 1770.
Trustam, s/o Wiman & Ruth, b. 11 Feb. 1750
Vianna, d/o Robert C. & Mary, b. 2 dec. 1862.
W. D., s/o Reuben & Nancy, b. 20 July 1864.
Wilber W., s/o William R. & Margaret, b. 26 Mar. 1873.
Willie, s/o John H. & Susan E., b. 5 Dec. 1868.
William, s/o David & Lydia, b. 26 May 1757.
William A., s/o Jacob & Eliza (Souther), b. 26 Oct. 1864.
William E., s/o Newell M. & Emma F., b. 7 Apr. 1886.
Wiman, s/o Simeon, b. 1 Oct. 1787.
Winthrop, s/o Winthrop & Phebe, b. 19 Aug. 1781.
Zilpah, d/o Wiman & Ruth, b. 8 July 1767.
____ey, d/o Ephram & Sarah, b. 27 Aug. 1771.
___nah, d/o Ephram & Sarah, b. 7 Aug. 1772.
_____ & Sally (twins), d/o Winthrop & Phebe, b. 18 Mar. 1791.
___be, d/o Winthrop & Phebe, b. 24 Jan. 1784.
___olla, d/o Moses & Roda, b. 1 Aug. 1796.
_____ M., child of Thomas & Betsy, b. 20 June 1866.

EVANS:
Amy Price, d/o Will & Grace T. (Brown), b. 29 May 1893.

FALCH (See FELCH):
Betty, b. 3 Dec. 1781.
Daniel, b. 13 Oct. 1777.
Daniel, b. 29 Mar. 1783.
Edward, b. 3 Oct. 1785.
Hannah, b. 12 Oct. 1792.
Hepzabah, b. 15 Oct. 1765.
Jacob, b. 3 Feb. 1777.
Jamima Selley, b. 18 Oct. 1794.
Janna, b. 22 June 1757.
Jemima, b. 16 Apr. 1762.
John, b. 6 June 1795.
Lydiah, b. 12 Mar. 1788.
Nicholas, s/o Samuel & Jamima, b. 12 June 1755.
Nicholas, b. 18 May 1781.
Phinas, b. 7 Mar. 1768.
Samuel, b. 18 Nov. 1759.

FELCH: (See FALCH)
Benjamin, s/o Joseph & Mary, b. 4 July 1770.
Bertha F., d/o Albert F. & Nancy F., b. 7 Jan. 1871.
Charles H., s/o Edward & Jane (Blake), b. 11 Mar. 1873.
Dora A., d/o Frank L. & Alice A. (Knowles), b. 11 June 1896.

SEABROOK BIRTHS

FELCH Cont.
Edith E., d/o Josiah & Lucy, b. 6 Jan. 1881.
Howard L., d/o George E. & Josephine (Bragg), b, 16 May 1882.
Jammima Selley, b. 18 Oct. 1793.
John, s/o Joseph & Mary, b. 30 July 1773.
Joseph, s/o Joseph & Mary, b. 28 Apr. 1766.
Josiah, s/o Daniel & Janna, b. 22 June 1796.
Marion L., d/o Frank L. & Alice A. (Knowles), b. 20 Oct. 1893.
Milan C., s/o Josiah & Lucy J. (Eaton) b. 12 Feb. 1879.
Mira E., d/o William T. & Vianna, b. 9 Aug. 1870.
R.F., s/o Fredrick F. & Nancy L. b. 8 July 1879.
Sadie J., d/o Eddie F. & Mabel (Dow), b. 5 Sep. 1895.
Sallie (Feltch), d/o Frederic & Mary, b. 24 Aug. 1873.
Sarah A., d/o George E. & Josephine, b. July 1880.
Susan E., d/o Frederic & Nancy L., b. 1866.
Walter G., s/o George & Maggie, b. 11 Apr. 1878.
___he, d/o Joseph & Mary, b. 11 Sep. 1757.
_____, s/o Joseph & Mary, b. 14 Feb. 1759.
__tirs, s/o Joseph & Mary, b. 23 Jan. 1761.
__oley, d/o Joseph & Mary, b. 12 Mar. 1764.
__athan, s/o Joseph & Mary, b. 29 May 1768.

FIELDS:
John H.D., s/o William H. & Susan J. (Dow), b. 28 Aug. 1883.

FIFIELD:
Mary, d/o Jonathan & Sarah, deceased, b. 8 May 1802.

FOGG:
Annis F., d/o John W. & Mary S., b. 31 Dec. 1859.
Betsy, d/o David & Patience, b. 18 May 1807.
David, s/o David & Patience, b. 11 May 1789.
David W., s/o Warren D. & Elmirs F. (Gove), b. Sep. 1872.
Eben W., s/o David & Jane M., b. 3 Aug. 1859.
Edmund, s/o David & Patience, b. 25 Sep. 1799.
Gertrude A., d/o Nathan R. & Sarah, b. 31 July 1878 at Hampton Falls.
Grace Colcord, d/o Augustus & Annie E. (Hubley), b. 24 Aug. 1899.
Lester Q., s/o J.W. & M.E., b. 1863.
Nancy B., d/o Warren & Almira, b. 6 Feb. 1878.
Polly, d/o David & Patience, b. 7 Aug. 1793.
Sally, d/o David & Patience, b. 21 May 1787.

FOLLANSBEE:
David A., s/o Jorace P. & Mary C. b. 12 Nov. 1879.
Eaton, s/o Daniel B. & Emiline, b. 28 July 1872.
George E., s/o Hirace & Mary (Felch), b. 3 Nov. 1883.
Margaret G., d/o Daniel & Emeline (Eaton), b. 16 Sep. 1865.
Reuben L., s/o Reuben, b. 1863.

FOLLANSBEE Cont.
Reuben L., s/o Horace & Mary L., b. 1876.
William H., s/o Dan. & Emelie, b. 1862.

FOLSOM:
Clarence, s/o Sewell & Elmnah?, b. 8 Jan. 1859.

FOOTE:
Carrie C., d/o Charles E. & Claudia M. (Fowler), b. 7 Feb. 1895.
David E., s/o Israel & Nancy P., b. 14 Mar. 1872.
Joanna, d/o Daniel E. & Lena H. (Souther), b. 28 Apr. 1900.
Lucian W., s/o Charles & Caroline, b. 27 Aug. 1878.
Margaret, d/o Charles N. & Effie A. (Fowler), b. 24 July 1869.

FOSTER:
Lucy, d/o James & Ruth, b. Apr. 1868.

FOWLER:
Abram, s/o Israel & Nancy, b. 11 June 1873.
Alles M., d/o Annanias & Hannah, b. 8 May 1878.
Allica M., d/o Cyrus L. Mary F., b. 1876.
Andrew J., s/o Jacob & Martha b. 16 Mar. 1880.
Annie S., d/o John A. & Sally, b. 3 May 1882.
Arthur C., s/o ___ell D. & Caroline F., b. 9 Aug. 1881.
Arthur E., s/o Lowell B. & Matilda, b. 13 Oct. 1871.
Augustus George, s/o Robert E. & Ann M., b. 21 May 1876.
Bernice F., d/o Dennis & Sarah L. (Eaton), b. 7 Sep. 1884.
Caleb, s/o Sulley? & Mary B., b. 6 July 1880.
Charles A., s/o Joshua E. & Hannah M., b. 10 June 1871.
Charles C., s/o Lowell & Malinda, b. Feb. 1880.
Charles E., s/o Dennis Alonzo & Sarah E. (Eaton), b. 11 Jan. 1876.
Clarence I., s/o Annenias Jr. & Hannah J. (Dow) b. 14 Mar. 1880.
Claudia, d/o Charles H. & Christina b. 27 Sep. 1880.
Daniel J., s/o Joseph & Sarah, b. 14 Sep. 1880.
Elbridge E., s/o Dennis A. & Mary (Eaton), b. 10 June 1883.
Emelie, d/o Israel E. & Jane (Eaton), b. Feb. 1884.
Emma, d/o Charles, b. 25 Aug. 1874,
Emery N., s/o Isaiah & Nancy, b. 15 July 1876.
Emery N, s/o Isaiah & Nancy, b. 1 Aug. 1877.
Etta Savira, d/o Jacob T. & Nancy M. (Brown), b. 18 Feb. 1876.
Eva L., d/o John & Abbie J. Eaton, b. 14 Nov. 1883.
Fredrick A., s/o Lowell & Christina b. 9 Nov. 1880.
George E., s/o Cyrus & Mary, b. 31 Aug. 1878.
Gertrude E., d/o Cyrus A. & Lottie (Souther), b. 18 Nov. 1900.
Gilbert, s/o Lowell & Chastine, b. 16 Nov. 1876.
Gilbert L., s/o Sewell B. & Matilda b. 11 Sep. 1879.
Hannah A., b. 7 Aug. 1883.
Hardy M., s/o Charles H. & Christina b. 27 Sep. 1880.

SEABROOK BIRTHS

FOWLER Cont.
Haskell, s/o Adway B. & Lillian C. (Moreland), b. 31 May 1902.
Hulda M., d/o John C. & Abbie, b. 14 Sep. 1881.
Ida May, d/o Abner Lowell & Clooma? (Eaton), b. 21 Sep. 1872.
Irving A., s/o Sidney M. & Mary S. (Eaton), b. 8 Dec. 1881.
Jacob, s/o Charles & Chastina, b. 10 Dec. 1881.
Jacob M., s/o Abner & Pluma A., b. 10 Aug. 1872.
James Lester, s/o James & Betsy, b. 27 Dec. 1858.
Jennie H., d/o John E. & Sally A., b. 17 Jan. 1883.
Jesse J., s/o Lowell B. & Matilda (Souther), b. 5 Dec. 1886.
Laura P., d/o Joshua E. & Hannah M., b. 2 Apr. 1873.
Louie E., s/o John & Emma, b. 6 Sep. 1886.
Mary A., d/o David & Almira (Eaton), b. 19 Aug. 1883.
Mary J., d/o Isreal F. & Jane (Eaton), b. 27 May or 8 Aug. 1881.
Mary W., d/o John & Mary D., b. 15 May 1859.
Maud, d/o Willard & Mary, b. 15 Oct. 1878.
Nancy, d/o Richard & Sarah, b. 19 Aug. 1878.
Peleg S., s/o Charles & Chastina, b. 8 Jan. 1877.
Rachael Augusta, d/o James R. & Betsy J., b. 28 Feb. 1851.
R. Ella, d/o Jacob H. & Nancy Fowler, b. 10 Mar. 1877.
Sadie, d/o Freeman & Eunuce (Eaton), b. 29 Aug. 1892.
Sarah J., d/o Richard & Sarah, b. 1863.
Sarah L., d/o David & Sarah, b. 27 Feb. 1860.
Sarah, d/o Cyrus Albert & Lottie N. (Souther), b. 6 July 1899.
Sally C., d/o Jacob F. & Nancy, b. 18 Jan. 1875.
Sidney H., s/o Newell & Caroline, b. 12 Sep. 1858.
Silas?, s/o S.F. & Nancy, b. 1863.
Susie, d/o Abram & Plunne, b. 7 June 1878.
Tristram Augustus, s/o James R. & Betsy J., b. 17 Sep. 1853.
Vesta F., d/o Charles & Effie Ann, b. 30 July 1867.
Victoria, d/o Israel & Nancy, b. 2 Mar. 1871.
Wilfred E., d/o Newell D. & Carolime F., b. 4 Dec. 1870.
Willard W., s/o Willard A. & Mary A., b. 10 Mar. 1884.
William S., s/o Frank & Jane, b. 17 Nov. 1886.
Zelphia H., d/o John & Mary E., b. 1862.

FRENCH:
Abigail, d/o William & Susanna, b. 8 Apr. 1778.
Anna, d/o William & Susanna, b. 28 July 1770.
Betty, d/o William & Susanna, b. 3 Mar. 1772.
Edath, d/o William & Susanna, b. 4 Apr. 1784.
Enoch, s/o William & Susanna, b. 25 Mar. 1776.
Henry, s/o William & Susanna, b. 27 Jan. 1767.
Henry, s/o William & Susanna, b. 27 Jan. 1___.
Irving A., s/o Alvin & Estella A., b. 23 Mar. 1869.
Molley, d/o William & Susanna, b. 24 Aug. 1780.

SEABROOK BIRTHS

FRENCH Cont.
Newell F., s/o Joseph L. & Betsy, b. 1866.
Robie, s/o William & Susanna, b. 25 Feb. 1774.
Stephen, s/o William & Susanna, b. 2 Nov. 1768.
Stephen, s/o William & Susanna, b. 2 Nov. 178_.
Susanna, d/o William & Susanna, b. 3 Aug. 1764.
Susanna, d/o William & Susanna, b. 13 Mar. 1786.
William, s/o William & Susanna, b. 2 Nov. 1762.

FRIEND: (FRENCH?)
William Everet, s/o George & Climena, b. 2 Mar. 1877.
William F., s/o Joseph E. & Ida (Rowe), b. 5 July 1883.

FULLER:
Samuel F., s/o Frank & Liona, b. 4 Feb. 1878.

GEORG:
Jacob, s/o Henry & Betsy, b. 17 Dec. 1785.

GEORGE:
Samuel, b. 15 Aug. 1757.
Samuel, s/o Samuel & Anne, b. 15 Apr. 1788.

GOOKIN:
Ann L., d/o A.M. & Harriet b. 22 Dec. 1880.
George, s/o Augustus W. & Harriet b. 30 Oct. 1879.

GORE:
Edward K, s/o Charles E. & Faoline (Kimball), b. 22 Oct. 1899.

GOVE:
Amos, s/o Hiram & Fannie S. (Eaton), b. 8 Dec. 1884.
Betta, d/o Nathan & Abigail, b. 12 Oct. 1765.
Carie P., d/o Richard L. & Sarah A., b. 1876.
Charles C., s/o Richard L. & Sarah A., b. 16 Nov. 1868.
Charles E., s/o Edward L. & Anna M., b. 23 Dec. 1870.
Charles L., s/o Hyram & Fanny, b. 4 Aug. 1881.
Dolle, b. 23 June 1757.
Ebenezer, b. 8 Apr. 1755.
Eddie, s/o Edward E. & Anna (Brown), b. 7 June 1883.
Edward, s/o Winthrop & Betta, b. 25 Jan. 1772.
Elizabeth, d/o Alvin A. & Agnes, b. 25 June 1878.
Ernest L., s/o George L. & Mary M. (Dow), b. 2 Apr. 1870.
Eva F., d/o Joshua & Eva, b. 18 July 1867.
George L., s/o Benjamin F. & Edna, b. 1862.
Hannah, d/o Winthrop & Betta, b. 5 Mar. 1769.
Hepsibah, d/o Winthrop & Betta, b. 31 Oct. 1772.

SEABROOK BIRTHS

GOVE Cont.
Hiram, s/o Hiram N. & Fanny, b. 22 Nov. 1870.
Irving P., s/o Richard & Sarah, b. 29 May 1878.
Jane, d/o Nathan & Abigail, b. 8 Oct. 1768.
Levi, b. 29 June 1759.
Mary, b. 6 Feb. 1762.
Mary Anna, d/o Edward L. & Anna, b. 23 June 1868.
Mary F., d/o Benjamin F. & Ednah, b. 28 Oct. 1868.
Nathan, s/o Nathan & Abigail, b. 9 Nov. 1770.
Ralph, s/o Hiram & Fannie (Eaton), b. 21 May 1893.
Thomas M., s/o Albert Nancy (Tuttle), b. 15 Apr. 1863.
Wade H., s/o Richard L. & Sarah A. b. 19 Oct. 1879.
Wilfred C., s/o Clifford C. & Winifred F. (Paige), b. 18 June 1894.
Winthrop, b. 3 Nov. 1731.
Winthrop, s/o Winthrop & Betta, b. 3 Feb. 1767.
_____, b. 24 Sep. 1780, d. 2 Jan. 17__.
_____, b. 18 July 1782.
___id, b. 18 Apr. 1784.
___na, b. 28 Oct. 1787.
___gail, b. 31 May 1790.

GREELEY:
Charles H., s/o John D. & Lucinda, b. 12 Feb. 1867.
Frank, s/o John D. & Lucinda, b. 19 Aug. 1876.
Thomas, s/o John & Lucinda A. (Brown), b. 29 Aug. 1886.

GREEN(E):
Arthur L., s/o Frank & Hattie E. (Gove), b. 3 Apr. 1883.
Betty, d/o Jeremiah & Sarah, b. 4 Nov. 1765.
Charles J., s/o James P. & Almira, b. 25 Mar. 1867.
Fred H., s/o J.B. & D. A., b. 1862.
Hannah, d/o Jeremiah & Sarah, b. 28 July 1762.
Jacob, s/o Jonathan & Janna, b. 8 June 1789.
Janna, d/o Jonathan & Janna, b. 14 Apr. 1786.
Jonathan, s/o Jonathan & Janna, b. 14 Mar. 1784.
May H., d/o Jeremiah B. & Adaline, b. 19 June 1864.
Molley, d/o Jonathan & Janna, b. 20 Dec. 1781.
Otis W., s/o Eldridge F., b. 9 Apr. 1883.

GREENLIEF:
Charles William, s/o Enoch & Betsey b. 10 June 1826.
Hannah Davis, d/o Enoch & Betsey b. 5 Nov. 1822.
Lydia Jane, d/o Enoch & Betsey b. 29 Oct. 1823.
Sally French, d/o Enoch & Betsey b. 20 Jan. 1821.

GRIFFITH:
Elizabeth, b. 19 Jan. 1752.

SEABROOK BIRTHS

GYNAN:
Agnes, d/o Nicholas & Mirian, b. 13 Oct. 1869.
Ailene A.L., d/o John F. & Caddie (Eaton), b. 29 Mar. 1901.
Edgar N., s/o Nicholas & Miriam, b. 5 Aug. 1873.
Ella J., d/o Alonzo & Betsy (Fowler), b. 14 June 1874.
Fannie E., d/o Nicholas & Miriam, b. 25 Feb. 1882.
Hattie L., d/o Alonzo & Betsy, b. 28 Feb. 1877.
John Jr., s/o John F. & Mary L., b. 8 Aug. 1881.
Mary L., d/o Andrew & Clara E. (Eaton), b. 25 Jan. 1884.

HALEY:
Susan P., d/o Frank & Sarah P. b. 15 Sep. 1880.

HARDY:
Luke, s/o Wm H. & Sally b. 17 June 1879.
Minnie M., d/o William & Sally A. b. 12 Nov. 1880.
Minnie M., d/o William & Sallie, b. 5 Oct. 1881.
William, s/o Henry M. & Lydia A., b. 3 Apr. 1858.

HASTINGS:
Ella L., d/o Charles & Lovina, b. 1862.

HATCH:
Gracie M., d/o John M. & Mary, b. 1876.

HIDDEN:
Julia, d/o Hannah L. Souther, b. 4 May 1893.

HOOK:
Stephen, s/o Joseph & Rodah, b. 21 Sep. 1775.

HULL:
Eliza M., d/o Charles & Lydia (Cilley), b. 14 Mar. 1900.

IANSON:
Olive, d/o N.C. & Elizabeth, b. 15 Apr. 1878.

JAMOREZ:
George, b. 6 Mar. 1762.

JANVRIN:
Albertia, d/o John & Emily, b. 8 Aug. 1867.
Alder E., s/o Daniel J. & Rebecca E. (Souther), b. 6 July 1884.
Almira P., d/o Annanias & Nancy J. (Eaton), b. 13 May 1900.
Betsy A., d/o John A. & Zelphia A. (Eaton), b. 5 Jan. 1883.
Charles, s/o John S. Zephia A., b. 1881.
Charles H., s/o Harrison A. & Abby, b. 1862.

SEABROOK BIRTHS

JANVRIN Cont;
Dolle, Wife of George b. 26 Sep. 1763.
Dolly, b. 30 Apr. 1797?
Eliza, d/o George & Dolly, b. 28 July 1808.
Fanny, d/o George & Dolle, b. 26 Feb. 1801.
Frank M., s/o John Jr. & Emma (Eaton), b. 30 Sep. 1883.
George, s/o George, b. 9 Nov. 1794.
George E., s/o John S. & Emely A., b. 17 Oct. 1871.
Georgeanna, d/o William T. & Annie T. (Fowler), b. 16 June 1888.
Harriet A., d/o Harrison, b. Apr. 1860.
Harrison, s/o Emery & Therisa, b. 22 Apr. 1867.
Jaffson, s/o George & Dolle, b. 5 May 1803.
Jenny, d/o B. Brown & Nancy (Fowler), b. 23 Jan. 1883.
Laranca, D/o George & Dolle, b. 23 Jan. 1797.
Layton, s/o Walter E. & Emma (Knowles), b. 28 July 1900.
Lena B., d/o David & Nancy J. (Eaton), b. 30 Sep. 1877.
Maude, d/o Wesley A. & Plumia J., b. 16 May 1878.
Miranda, d/o George & Dolly, b. 19 Mar. 1805.
Monroe T., s/o Daniel J. & Rebecca E. (Souther), b. 13 May 1893.
Ruthea Lampre, d/o George & Dolle, b. 8 Dec. 1798.
Salla, d/o George & Polly, b. 27 Apr. 1793?
Walter E., s/o Daniel P. & Nancy B. (Eaton), b. 30 May 1869.
William H., s/o Emery & Therese M., b. 1866.

JOHNSON:
Ralph P., s/o Amos R. & Sarah b. 17 Dec. 1879.
Waldo L., s/o Amos R. & Sarah, b. 1876.

JONES:
Daisy A,, d/o Frank & Alice (Fetch), b. 24 Sep. 1876.
Emma R., d/o Caleb & Mary P., b. 22 Aug. 1858.
Frank Eldridge, s/o Frank D. & Alice C. (Felch), b. 2 July 1882.
George Edward, s/o Amos E. & Mary Amelia, b. 30 May 1869.
George R., s/o Frank & Alice b. 6 Jan. 1880.

KNIGHT:
George, s/o George A. & Hannah, b. 22 Dec. 1876.

KNOWLES:
Abbie E., d/o Sewll G. & Ann R. (Collins), b. 20 Dec. 1868.
Anna? O., d/o Charles & Katie?, b. 1866.
Anne M., d/o Charles S. & Ardesi, b. 17 Feb. 1869.
Annie S., d/o Lewis & Abbie J. (Dow), b. 1 Jan. 1884.
Austin S., s/o Stephen F. & Sarah E. b. 18 Apr. 1879.
Bertha J., d/o Wallace J. & Abbie B. (Munsey), b. 6 Feb. 1893.
Charles Jr., s/o Charles & Adesira (Eaton), b. 8 Sep. 1858.

SEABROOK BIRTHS

KNOWLES Cont.
Clara W., d/o Charles & Ardesi M., b. 1862.
Clifton B., s/o Alvah & Angela, b. 10 Sep. 1876.
Dana S., s/o Dennis D. & Allice, b. 26 Jan. 1876.
David, s/o Henry E., b. 22 Feb. 1882.
Edwin, s/o Augustus & Hannah E., b. 8 dec. 1875.
Emma Louise, d/o Stephen Francis & Sarah Elizabeth (Eaton), b. 20 July 1867.
Enoch H., s/o Augustus & Hannah E. b. 15 Jan. 1880.
Ezra, s/o Lewis E. & Anna P., b. 10 Jan. 1859.
Frank, s/o William M. & Nellie (Beckman), b. 25 July 1883.
Fredrick B., s/o Thomas L. & Mary E. b. 10 Jan. 1878.
George Albert, s/o Augustus & Hannah, b. 7 Mar. 1874.
George E., s/o Stephen F. & Sarah, b. 26 May 1870.
Henry W., s/o Moses N. & Annie E. (Souther), b. 16 Jan. 1898.
Joanna, d/o Lewis B. & Ann, b. 1862.
Johana, d/o Ezra & Rose (Cilley), b. 2 Oct. 1900.
John E., s/o Moses B. & Rhoda J., b. 26 Oct. 1868.
Julia Etta, d/o Lewis A. & Abbie J. (Eaton), b. 29 May 1893.
Laurienda, d/o Lewis G. & Ann R. (Collins), b. 5 Nov. 1866.
Lawrence, s/o Lewis & Ann, b. 4 Jan. 1878.
Lucinda, d/o Augustus & Hannah, b. 8 Mar. 1878.
Lucy, d/o Henry C. & Malvina (Randall), b. 30 Mar. 1884.
Lydia M., d/o Augustus N. & Hannah Ellen, b. 29 Nov. 1886.
Moses N., s/o Wallace & Abbie B., b. 18 Oct. 1876.
Rosezilla, d/o Augustus & Hannah E. (Felch), b. 23 Feb. 1896.
Sally A., d/o Benjamin & Hannah L., b. 19 aug. 1868.
Sarah, d/o Stephen F. & Sarah E. b. 18 Jan, 1880.
William A., s/o Dennis D. & Alice J. (Eaton), b. 19 Dec. 1884.

LAMPREY:
Clarence, s/o Reuben & Anna C. (Eaton), b. 1862.
Lydia S., d/o Lewis & S., b. 13 Sep. 1864.

LEAVITT:
Bracket, s/o Benjamin & Esther, b. 19 Jan. 1776.
Comfort, d/o Benjamin & Esther, b. 2 June 1757.
Comfort, d/o Benjamin & Esther, b. 27 June 1763.
Jonathan, s/o Benjamin & Esther, b. 22 Feb. 1756.
Lydia, d/o Benjamin & Esther, b. 7 May 1761.
Patience, d/o Benjamin & Esther, b. 5 Dec. 1772.
Reuben Towle, s/o Benjamin & Esther, b. 12 Apr. 1759.
Thomas, s/o Benjamin & Esther, b. 27 Apr. 1772.
Thomas, s/o Benjamin & Esther, b. 19 Oct. 1774.

LIGHTBODY:
Clarence Spencer, s/o George & Emma (Jones), b. 11 June 1875.

SEABROOK BIRTHS

LITTLEFIELD:
Leota, d/o unknown & Annie M. Blake, b. 12 July 1902.

LOCKE:
Adaline, d/o John & Molly, b. 17 Feb. 1811.
Alven H., s/o Jeremiah A. & Lucinda H., b. 25 July 1859.
Charles M., s/o Willie M. & Bertha (Rowe), b. 12 Apr. 1900.
Charles William, s/o Frank & Betsy, b. 26 Mar. 1873.
Clarence E., s/o Alvin & Alwilda b. 24 Feb. 1880.
Clarissa, d/o John & Molly, b. 18 Jan. 1797.
Dudley, s/o John & Molly, b. 19 Jan. 1800.
Hannah, b. 23 Apr. 1783.
Hannah, d/o Samuel & Hannah, b. 19 July 1807.
Hannah E., d/o Jeremiah & Hannah, b. 15 Sep. 1858.
Harriet N., d/o George W. & Martha A., b. 9 Sep. 1870.
Inez A., d/o George & Mima J. (Fowler), b. 25 Nov. 1884.
James, s/o John & Molly, b. 23 Apr. 1807.
Jim E., s/o John W. & Sarah E., b. 6 Sep. 1878.
John, s/o J.B., b. 29 Feb. 1767.
John, s/o John & Molly, b.22 Nov. 1793.
Judith, d/o William B. & Francis (Rowell), b. 25 May 1895.
Lester K., s/o George w. & Martha A., b. 1863.
Mary, d/o John & Molly, b. 14 Mar. 1792.
Mary, b. 29 Apr. 1811.
Mary Elizabeth, d/o Jim E. & Ida S. (Miller), b. 3 Mar. 1900.
Mary L., d/o Jeremiah A. & Lucinda M., b. 1866.
Mildred S., d/o William b. & Francis R. (Rowell), b. 10 June 1897.
Newell, s/o Samuel & Hannah, b. 18 May 1809.
Rinda C., d/o John W. & Lizzie, b. 19 Sep. 1870.
Sally, d/o Samuel & Hannah, b. 17 May 1813.
Samuel, s/o Thomas, b. 16 Feb. 1776.
Sarah Elizabeth, d/o James E. & Ida S. (Miller), b. 29 Jan. 1898.
Sophronia, d/o John & Molly, b. 8 Apr. 1803.
Willie M., s/o Alvin & Hulda, b. 5 May 1878.

McALLISTER:
Mabel, d/o John S. & Adaline (Eaton), b. 18 Apr. 1883.

McCOY:
Charles Franklin, s/o William H. & Mirneva F. (Miller), b. 2 Sep. 1900.
Vira M., d/o William H. & Minerva f. (Miller), b. 11 Mar. 1899.

McLAUGHLIN:
Harriet Ann, d/o Webster & Sarah, b. 10 Aug. 1856.

McQUILLAN:
Bertha, d/o Robert & Nellie M. (Paige), b. 7 May 1886.

SEABROOK BIRTHS

MAHAR:
Harold E., s/o John R. & Almena R. (Collins), b. 17 Oct. 1883.

MARDEN:
Nancy J., d/o John & Lydia J., b. 12 June 1881.

MARSHALL:
Edmund E., s/o Joseph & Almira (Eaton), b. 13 June 1883.
Joseph, s/o Joseph H. & Almira b. 30 Mar. 1879.
Joshua, s/o Joseph & Elin__ (Eaton), b. 3 Apr. 1881.

MILLER:
H. Olive, d/o Charles R. & Elvira M. (Gove), b. 10 Dec. 1883.
Ida S., d/o Charles R. b. 18 July 1879.

MORELAND:
Herbert, s/o Horace & Betsy B., b. 21 Mar. 1871.
Lilly, d/o Horace? D. & Betsy, b. 18 May 1876.
Rhoda M., d/o Horace & Betsy, b. 22 Jan. 1869.
W., s.o Horace D. & Betsy D., b. 1876.

MORGAN:
Abby A., d/o Robert L. & Lucy D., b. 16 Oct. 1859.
Annie F., d/o Robert L. & Lucy D., b. 14 Dec. 1852.
C.B (m), s/o Fred H. & Augusta M. (Wilcox), b. 16 Aug. 1899.
Frances C., d/o Robert L. & Lucy D., b. 5 Sep. 1857.
George B., s/o Robert L. & Lucy D., b. 29 Aug. 1854.
John P., s/o Wm H. & Rebecca, b. 7 May 1859.
Nellie C., d/o Robert L. & Lucy D., b. 14 Dec. 1861.
Oscar D., s/o Robert L. & Lucy D., b. 28 Dec. 1853.
Rhoda, M., d/o Horace D. & Betsy, b. 22 Jan. 1869.

NEARY:
Francis, s/o James & Annie E. (Clark), b. 19 Apr. 1903.

NEWMAND:
Sarah E., d/o John, b. 2 sep. 1850.

NICHOLS:
Elizabeth Hazelton, b. 21 Sep. 1814.

NOYES:
Charles W., s/o Joseph C. & Lou W. (Smith), b. 11 Jan. 1891.

SEABROOK BIRTHS

OWEN:
Gertrude C., d/o Thomas F. & Annie M. (Dowe), b. 2 May 1903.
Thomas F., s/o Russ & Joanna, b. 28 Apr. 1878.
Thomas F., s/o Rease & Johanna b. 1 Oct. 1879.

PAISLEY:
Crilla F., d/o William & Jeredia?, b. 1 Sep. 1858.

PEABODY:
Albert E., s/o Albert B., b. 31 Aug. 1868.

PEACOCK:
Horace, s/o George S. & Anna M. (Bragg), b. 29 Sep. 1891.

PEARKINS (see PERKINS):
Benjamin, s/o Samuel & Patience b. 3 May 1766.

PERKINS:
Benjamin S., s/o Samuel F. & Mary S. (Walton), b. 21 Apr. 1886.
Bertie Lee, s/o Irving N. & Minnie M. (Dow), b. 27 June 1899.
Brydon N., s/o Charles C. & Mary M. (Dpw), b. 31 May 1886.
Carrie A., d/o Joseph & Sallie N. (Beckman), b. 7 June 1884.
Frank A., s/o Irving N. & Minnie M. (Dow), b. 19 Jan. 1897.
Frank L., s/o Benjamin & Julia M., b. 1862.
Freeman, s/o Abram W. & Martha, b. 7 July 1870.
Harry, s/o Joseph & Lillie, b. 11 May 1881.
Lillian L., d/o Charles G. & Nancy, b. 17 Mar. 1867.
Mary C., d/o Samuel F. & Mary L. (Walton), b. 22 May 1883.
Mary L., d/o Benjamin & Julia, b. 7 Oct. 1864.
Molley, d/o Daniel & Sarah, b. 15 Sep. 1777.
Patience, d/o Samuel & Patience, b. 14 July 1763.
Samuel, s/o Benjamin & Julia, b. 25 June 1859.
Sarah J., d/o Abram W. & Martha, b. 27 Oct. 1871.

PEVEAR:
Charles C., s/o Warren H. & Effie L. (Boynton), b. 16 Sep. 1903.
Orethia Boynton, d/o Warren H. & Effie L. (Boynton), b. 20 May 1900.
William Herbert, s/o Effie (Boynton), b. 27 Aug. 1886.

PHILBRICK:
Hannah B., d/o Edward D. & Sarah, b. 13 Jan. 1846.
John Jr., s/o John Y. & Mary R., b. 20 May 1878.

PIERCE:
Herbert M., s/o William & Mary, b. 16 Aug. 1877.

SEABROOK BIRTHS

PIKE:
Albert F., s/o George W. & Sophronia, b. 11 July 1850.
Anna Clough, d/o Nicholas & Sarah, b. 13 March 1848.
Emma Heath, d/o Nicholas & Sarah b. 22 Nov. 1835.
Eva French, d/o Nicholas & Sarah b. 15 Oct. 1850.
Ferdimand, s/o Nicholas & Sarah b. 10 Nov. 1839.
Harriet E.G., d/o Nicholas & Sarah b. 20 Dec. 1833.
Mary E., d/o Nicholas & Sarah b. 7 Apr. 1845.
Miriam Boyce, d/o Nicholas & Sarah b. 3 Apr. 1842.
Nicholas, b. 27 June 1802.
Sarah, w/o Nicholas b. 22 Sep. 1812.

PRESCOTT:
John William, s/o William R. & Melissa E. (Dow), b. 11 Feb. 1900.

PRICE:
Minnie, d/o R.W. & Maude C., b. 1862.

RAND:
Helen E., d/o William A. & Isabella (Eaton), b. Nov. 1875.

RANDALL:
Bertha A., d/o John E. & Betsy, b. 23 Apr. 1860.
Carrie F., d/o Geo. W. & Maria J. (Fowler), b. 30 May 1886.
Francis D., s/o David E. & Hannah, b. 25 Aug. 1858.
George W., s/o George W. & Mima J. (Fowler), b. 4 May 1864.
Herbert S., s/o Herbert & Mary B. (Souther), b. 1 Jan. 1900.
Jacob P., s/o George & Jemima?, b. 25 June 1873.
John L., s/o Herbert L. & Mary B. (Souther), b. 25 May 1902.
Livona K., d/o John C. b. 2 May 1852.

REED:
Charles A., s/o Charles & Ora, b. 3 Dec. 1878.

RICKER:
Annie R., d/o William R. & Emma b. 18 Feb. 1879.

ROBISON:
Lizzie P., d/o William P. & Cynthia, b. 8 Aug. 1873.

ROSS:
Ellen, d/o Amos H. & Sylvannie b. 25 May 1879.
William Walton, s/o Arthur, b. 28 Sep. 1884.

SEABROOK BIRTHS

ROWE:
Atwood, s/o Jeremiah & Mary L. (Walton), b. 22 Aug. 1883.
Bert, s/o George & Abbie E., b. 6 Oct. 1872.
Bertha, d/o Jeremiah & Mary L., b. 9 Dec. 1881.
Edith A., d/o Jeremiah & Mary S. b. 12 June 1879.
Eliza J., d/o Jacob & Sarah, b. 1862.
Frederick, s/o Benjamin & Fanny, b. 3 Aug. 1868.
John N., s/o Benjamin & Mary L., b. 17 July 1859.
John W., s/o William & Eliza, b. 1 May 1846.
Joseph, s/o Wm E. & Mary E. b. 9 Aug. 1879.
Lula Mary, d/o Jeremiah & Mary L. (Walton), b. 7 July 1899.
Lydia, d/o George & Bagil, b. 7 Aug. 1866.
Marion Pike, d/o Joseph & Helen (Walton) b. 19 Sep. 1879.
Mary A., d/o Benjamin & Fanny, b. 3 Aug. 1870.
Mildred F., d/o Charles F. & Nettie S. (Beckman), b. 28 Feb. 1883.
Morton, s/o Jeremiah & Mary L. (Walton), b. 20 Dec. 1884.
Samuel A., s/o William & Nancy E., b. 14 May 1881.
Vera O., d/o Charles F. & Nettie B. (Beckman), b. 15 Jan. 1900.

RYAN:
Sarah Isabella, d/o John A. & Florence (Perkins), b. 3 Mar. 1900.

SANBORN:
Charles, s/o Charles O. & Hulda A. (Boyd), b. 31 Oct. 1883.
Charles H., s/o Charles O. & Emma L. (Knowles), b. 9 Sep. 1893.
Emma O., d/o Charles O. & Emma L. (Knowles), b. 3 July 1892.
Guy M., s/o Charles O. & Emma L. (Knowles), b. 31 Oct. 1896.
James W., s/o Charles O. & Emma L. (Knowles), b. 11 Dec. 1894.
Molly, d/o D. Sanborn, b. 23 Aug. 1767
W. H., s/o Charles O. & Emma L. (Knowles), b. 20 June 1890.

SARGENT:
Hulda M., d/o Owen P. & Susie (Fowler), b. 30 Mar. 1900.
John H,, s/o Thomas & Sally A. b. 15 Jan. 1879.

SEAMANS:
Daniel C., s/o Harry C. & Rose A. (Moreland), b. 15 Jan. 1894.

SILLEY: See Cilley.
Amos, s/o Jacob & Anney, b. 27 Oct. 1770.
David, s/o Jacob & Anney, b. 2 Feb. 1776.
Jacob, s/o Jacob & Anney, b. 1 Jan. 1778.
Nicklas, s/o Jacob & Anney, b. 18 Feb. 1774.

SMALL:
Charles A., s/o Peleg & Hulda, b. 9 Mar. 1864.
Hellen, d/o Peleg & Hulda, b. 3 Aug. 1876.

SEABROOK BIRTHS

SMALL Cont.
Mary A., d/o George G. & Abbie C. (Dow), b. 28 June 1887.
Parker, s/o Harrison & Alvira (Randall), b. 5 Feb. 1900.
Samuel P., s/o George Frank & Mertle B. (Fowler), b. 9 May 1900.

SMITH:
Annie L., d/o Elbridge & Melvina, b. 12 Feb. 1864.
Annie M., d/o Eben & Mary (Souther), b. 1862.
Betty, d/o Richard & Huldah, b. 14 Jan. 1755.
Charles, s/o Samuel J. & Eliza, b. 5 June 1868.
Charles, s/o Abram & Anne (Newell), b. 19 Feb. 1871.
Chester W., s/o Samuel & Eliza, b. 5 Mar. 1859.
Edin, s/o Melvin & Lydia, b. 1873.
Edward P., s/o Eben F. & Mary F., b. 9 June 1866.
Ernest F., s/o Jacob & Rotany H., b. 15 Sep. 1881.
Fannie L., d/o Samuel M. & Anna, b. 5 Sep. 1869.
Fanny L., d/o John E. & Nettie G., b. 27 Oct. 1871.
Henry Lewis, s/o Joseph L. & Annie A., b. 10 Oct. 1875.
Herbert, s/o William F. & Lucinda, b. 18 Dec. 1878.
Hortense A., d/o Elbridge & Melvina A., b. 15 May 1869.
Jane, d/o Elbridge & Malvina, b. 8 July 1871.
Jemima, d/o Richard & Huldah, b. 11 Aug. 1763.
Jere Lewis, s/o Joseph S. & Annie A. b. 31 May 1879.
Jeremiah W., s/o James & Emma, b. 17 Dec. 1870.
Josiah, s/o Stephen & Hannah, b. 28 Mar. 1795.
Mary Ann, d/o Abram & Mary b. 8 Feb. 1829.
Mary S., d/o Abram & Anna, b. 30 ___ 1868.
Miriam, d/o Richard & Huldah, b. 11 Aug. 1753.
Nanna, d/o Stephen & Hannah, b. 6 Jan. 1799.
Nathan, s/o Stephen & Hannah, b. 10 Apr. 1790.
Nellie B., d/o Philip A. & Mehitable (Baden), b. 24 Apr. 1883.
Percy L. & (f), twins, of John C. & Augenetta (Hobbs), b. 23 May 1874.
Richard, s/o Richard & Huldah, b. 29 Aug. 1770.
Sadie P., d/o Philip A. b. 27 July 1880.
Sarah, d/o Richard & Huldah, b. 15 May 1767.
Stephen, s/o Richard & Huldah, b. 10 May 1760.

SOUTHER:
Alma B., d/o Wm E. & Lucinda b. 3 Feb. 1879.
Anna E., d/o Abram F. & Rachel J., b. May 1875.
Clara A., d/o Abel & Mary, b. 20 Nov. 1878.
Edna a., d/o John E. & Helen (Eaton), b. 22 Aug. 1900.
Ellie H., d/o Robert & Lola B., b. 19 June 1878.
Emma F., b. 31 Sep. 1868.
Fannie E., d/o Abram & Rachel J. b. 16 Oct. 1879.
George, F., s/o Sefevest? D. & Nancy, b. 3 Aug. 1876.
Hannah A., d/o Hannah, b. 25 Sep. 1883.

SEABROOK BIRTHS

SOUTHER Cont.
Henry, s/o John H. & Sarah E., b. 20 June 1872.
Henry E., s/o Abel E. & Mary J., b. 4 May 1880.b. 1876.
Herbert N., s/o William & Lucinda A., b. 13 Dec. 1878.
Hester Ann, d/o Leonidas & Hannah, b. 4 Feb. 1877.
Ida N., d/o Abram R. & Rachel, b. 22 June 1872.
Lena, d/o Abel & Mary (Eaton), b. 15 May 1876.
Mary Zolla, d/o Abram F. & Rachel, b. 10 Sep. 1866.
Pauline A., d/o Abel E. & Marym b, 11 May 1883.
Relissa E., d/o John H., b. May 1869.
Sarah E., d/o William G. & Lucinda A. (Bartlett), b. 13 Feb. 1898.
Sarah J., d/o Abram & Rachel, b. 7 May 1883.
Sarah M., d/o G.H. & Abigale, b. 1862.
Stephen, s/o Abram & Rachael, b. 3 Apr. 1869.
Susie K., d/o Abel & Mary, b. 1 May 1876.
William Bartlett, s/o William T. & Lucinda A. (Bartlett), b. 22 Nov. 1899.

STAPLES:
Charles, s/o Samuel E. & Martha b. 23 May 1880.

TOBIE:
Abigail, d/o Richard & Jamimah, b. 27 Jan. 1785.
Dolley, d/o Richard & Jamimah, b. 8 May 1778.
Elizabeth, d/o Richard & Jamimah, b. 16 July 1776.
Jonathan, s/o Richard & Jamimah, b. 6 Oct. 1770.
Marsey, d/o Richard & Jamimah, b. 1 Aug. 1774.
Martha, d/o Richard & Jamimah, b. 16 Mar. 1780.
Richard, s/o Richard & Jamimah, b. 23 Jan. 1769.
Sarah, d/o Richard & Jamimah, b. 20 Sep. 1772.
William, s/o Richard & Kamimah, b. 18 June 1782.

TRUE:
Betty, b. 9 July 1793.
Charles H., s/o Charles & Lydia W., b. 2 June 1870.
Ellen W., d/o Charles & Sarah E. (Wood), b. 31 Jan. 1892.
Ephraim K., s/o Charles & Lydia , b. 29 July 1867.
John, s/o Edward & Molley, b. 24 May 1789.
Lydia H., d/o Charles & Sarah E., b. 14 July 1886.
Molley, d/o Edward & Molley, b. 15 Mar. 1788.
Nathaniel, b. 19 Mar. 1795.
Sarah, d/o Edward & Molley, b. 25 Oct. 1791.

TUTTLE:
Emma E., d/o John B. & Hannah S., b. 30 Sep. 1859.
John G., s/o John B. & Nellie, b. 27 Apr. 1869.
William, s/o John R. & Nellie E., b. 4 Mar. 1873.

SEABROOK BIRTHS

VENNARD:
Charles, s/o Jonathan & Hannah, b. 4 Sep. 1859.
Lizzie M., d/o Jonathan & Hannah, b. June 1873.
Warren L., s/o Jm J. & Hannah, b. 1862.

WALL:
Harriet, d/o Adison & Harriet, b. 7 Dec. 1869.

WALTON:
Andrew, s/o Samuell & Mary, b. 10 Oct. 17__.
Augustus Dow, s/o Benj. & Anna, b. 9 Feb. 1873.
Bertha L., d/o James & Ellen, b. 23Aug. 1878.
Blanch, d/o Samuell & Mary, b. 25 Apr. 1782.
Charles B., s/o Reuben & Jennell, b. 25 May 1858.
Cyrus, s/o Cyrus & Rosanna (Marshall), b. 9 Oct. 1866.
Daniel, s/o Samuell & Mary, b. 7 Jan. 17__.
Elbridge, s/o W.H. & Clara A., b. 1862.
Emma L., d/o Samuel & Hannah, b. 1862.
Emma M., d/o Samuel S. & Caroline B. b. 19 Jan. 1880.
Ernest M., s/o Daniel A. & Nellie M. (Fowler), b. 14 May 1893.
Fanny S., d/o Samuel & Hannah, b. 10 Aug. 1859.
Flora M., d/o Charles B. & Clara E. (Gynan), b. 22 Aug. 1883.
Gertrude, d/o John & Abbie, b. 13 ___ 1874.
Howard N., s/o Arthur E. & Susie E. (Eaton), b. 2 June 1886.
Jonathan, s/o Samuell & Mary, b. 11 June 1776.
Jonathan, s/o Samuell & Mary, b. 20 Jan. 1792.
Mary A., d/o Jacob & Elin, b. 7 June 1881.
Mary R., d/o William & Sally, b. 9 June 1859.
Polly, d/o Samuell & Mary, b. 8 May 1789.
Ralph Waldo, s/o Eugene H. & Lucy (Knowles), b. 31 Mar. 1900.
Reginald, s/o Arthur E. & Susie J. (Eaton), b. 22 Feb. 1900.

WEARE:
Alice M., d/o John & Ruth J., b. 1 May 1869.
Fred L., s/o John & Ruth J., b. 1866.
George E., s/o G.A. & Mary L., b. 7 June 1866.
John, s/o John & Thankful, b. 19 Nov. 1789.
Joseph Hubbard, s/o John & Thankful, b. 6 Dec. 1781.
Luana, d/o Everett A. & Lizzie C. (Elkins), b. 6 Dec. 1886.
Sarah Lane, d/o John & Thankful, b. 7 July 1784.

WHITE:
Isabella, d/o John & Mary, b. 28 Dec. 1877.

WILBER:
Therman, s/o Albert J. & Florance M. (Brown), b. 4 May 1901.

SEABROOK BIRTHS

WOOD:
Clara F., d/o Eben F. & Clarissa (Beckman), b. 23 Apr. 1868.
Fred W., s/o Eben F. & Clarissa (Beckman), b. 4 Oct. 1877.
Oscar, s/o Walter & Lillian A. (Dow), b. 20 May 1897.

WOODBURN:
Ruth Ann, d/o James B. & Mamie N. (Dow), b. 4 Feb. 1903.

WRIGHT:
John T., s/o John F. & Ida E. (Bragg), b. 14 Apr. 1884.

YOUNG:
Simon, s/o Albert & Marcia (Austin), b. 16 Dec. 1884.

Source: Seabrook Town Records Bk A & B, 2, 3, 4 & 5 and Vital Statistic Bk 1, 2, 3 & 4.

SEABROOK, N.H.

BIRTHS

Without a Given Name

1851 - 1903

NOTE: A large number of birth records contain no given name. Only the date of birth, sex and parents names are listed. In some cases the number of the child is given. These unnamed birth records have been compiled under the parents names for ease in searching.

SEABROOK BIRTHS
Without a Given Name

KEY: M Male   L Living   # No. of Child
      F Female   S Still birth

ADAMS:
H.G. & Mary M. Prior: 1 M S 16 Mar. 1901

ADDISON:
William M. & Emma D Eaton: 1 M S   8 Mar. 1902
                                   2 M L 10 June 1903
William & Hannah Souther: 4 F L 23 July 1890

BAGLEY:
John & Elizabeth: M   25 Jan. 1878
Morris H. & Effie Downes: 2 M L 11 Oct. 1892
Moses C. & Effie A.:   1 _   1886
Valentine & Elizabeth: 4 F   1866

BARTLETT:
William & Hester E. Osborn: 1 _ L 29 June 1897

BARTON:
Charles A. & Mary Comeau: 3 M L 20 Jan. 1889
                                   4 F L 23 Aug. 1890
                                   5 F L 20 Jan. 1895

BECKMAN:
Asa & Clara B. Eaton: 6 F L 20 Mar. 1902
Charles A. & Cora M. Dow: 1 F l 29 Aug. 1893
                                   2 M L 19 Apr. 1895
                                   3 F L   8 June 1896
                                   5 M L   2 Sep. 1902
Edgar & Hattie Janvrin: 2 F L 22 Oct. 1888
                                   3 M L   6 Nov. 1889
                                   4 F L 22 Nov. 1890
Francis & Esther A. Dow: F   1876
                                     M   31 Dec. 1877
                                     M   9 Feb. 1883
Frank F. & Clara E. Jones: 1 m L 26 Nov. 1887
George M. & Annie Knowles: 2 M L 12 Nov. 1903
Henry & Julia E. Jones: 1 M L 21 May 1894
                                   2 F L   1 Jan. 1899
James & Clarissa: 5 F   22 Dec. 1876
James A. & Clara J.:   1 F   7 Aug. 1870
John N, & Minnie E. Eaton: 2 M L 11 June 1897
John P. & Mary E.:   F   20 Dec. 1868
John R. & Mary L. Boyd: M   23 Apr. 1882

SEABROOK BIRTHS
Without a Given Name
33.

BECKMAN Cont.
Leon & Mazie Rowe:	1 m L	17 June	1901
Lemuel S. & Sallie Knowles:	3 M L	30 Nov.	1889
Nelson & Rosanna Fowler:	F	22 Feb.	1883
	3 M L	16 June	1887
	4 F L	30 Oct.	1889
Philip & Celia:	5 F	28 May	1876
& Cila:	F	6 Mar.	1878
Phineas F. & Clara Eaton:	2 M L	27 Apr.	1898
Sallie & blank:	1 M	1 Mar.	1870
William & Josephine:	3 M		1861
	6 M	18 Dec.	1867
	F	21 May	1880

BELL:
Thomas & Edith Stevenson:	1 M L	5 Apr.	1887

BICKFORD:
Edward A & Augusta Walton:	1 M L	10 May	1891
	2 M L	13 June	1892
	3 M L	21 Feb.	1895
	4 F L	11 Mar.	1898
	5 M L	21 Mar.	1901

BLANCHARD:
Charles & Minnie Eaton:	1 M L	21 Feb.	1895

BOUSIE:
John & Rose A. Moreland:	4 F L	27 Mar.	1903

BOYD:
Clarence & Nancy Sargent:	4 F L	7 Mar.	1903
Daniel & E;iza A. Eaton:	6 M L	1 Nov.	1888
David & Sarah E.:	2 F	28 Jan.	1855
	4 F	12 Sep.	1866
Edwin R. & Edith C. Fowler:	1 F L	30 July	1890
George Henry & Alice J. Fowler:	1 M L	3 Dec.	1894
Lowell & Martha:	1 M		1863
Moses & Nellie M. Fowler:	5 F L	9 July	1888
	6 F L	11 July	1896
Samuel & Emma M. Dow:	7 M	26 Jan.	1986
William S. & Alice M. Gynan:	1 M S	3 July	1895
	3 M L	19 Feb.	1899

SEABROOK BIRTHS
Without a Given Name

BRAGG:
Daniel & Julia:	3 F		1866
George W. & A.D. Bragg:	4 M L	2 Apr.	1887
Henry & Fanny:	3 F	9 Nov.	1863
Henry F. & Sarah:	1 F		1870
	M	2 Mar.	1879
	F	24 Oct.	1880
	F	3 Sep.	1886
Horace A. & Ellen P. Gove:	1 M L	23 May	1892
	2 F L	17 Dec.	1803
Minnie: Illeg.	2 _	27 May	1886
William H. & Sylvina A. Smith:	1 F L	8 Jan.	1891

BROWN:
Alick A. & Hulda D. Eaton:	1 M L	4 Sep.	1891
	3 F L	13 Apr.	1894
Albert E. & Addie M. Felch:	1 F L	3 July	1895
Alexander & Hukda M. Felch:	1 F L	24 Mar.	1896
Augustus & Hilda D. Eaton:	4 M L	10 Oct.	1896
Belcher & Mary Ann:	F	29 Mar.	1864
Bonavesta & Nancy J.:	7? M		1871
	M	11 Jan.	1878
Charles G/F & Emma/Emeline Follansbee:	3 F L	8 Dec.	1893
	4 F L	9 Sep.	1896
Christopher D. & Sophia:	2 F	27 Feb.	1859
Clarence F. & Leona C. Chase:	1 F L	10 June	1888
Elbridge & Laura M. Eaton:	M		1881
	M	11 Sep.	1882
	5 F L	10 May	1892
Henry & Charlotte:	2 M	31 Mar.	1871
Jacob E. & Louisa:	2 F		1863
	3 F	30 July	1867
John J. & Daisy A. Jones:	1 F L	1 May	1892
	3 F L	4 Oct.	1895
	4 M L	27 Nov.	1897
John L. & Maria:	F	& Nov.	1878
John L. & Mary L. Batchelder:	1 M L	3 July	1888
Joseph F. & Mary W.	F	19 Aug.	1877
Josiah F. & Mary L.	M	3 Jan.	1881
Lincoln L. & Mamie D. Butler:	1 M L	1 Apr.	1895
Nathaniel G. & Matilda Eaton:	4 M L	23 Dec.	1890
Sarah: Illeg.	M	4 Feb.	1873

BUSWELL:
Calvin & Elizabeth:	M	5 Nov.	1877

SEABROOK BIRTHS
Without a Given Name

BUTLER:
Collins & Mary: 7 M   Mar. 1861

CAREY:
Hugh & Mary M. Eaton: F   20 Dec. 1882
                                1 F L 10 Aug. 1887
                                2 F L 28 Jan. 1890

CARTER:
Theodore & Clarabel Felch: M   23 July 1882
Theodore & Clara B. Felch: F   13 Sep. 1882
Warren E. & Abbie E. Knowles: 4 M L 16 Jan. 1896
                                5 F L 17 July 1902
William & Laurinda Carter: 1 M L 28 July 1887
         & Abbie E. Knowles   3 M L 15 Jan. 1893

CASWELL:
Henry M. & Sarah Caswell: 1 F L 10 Aug. 1887
          & Lola M. Eaton: 6 F L 28 Jan. 1890

CHARLES:
Thomas W. & Mary L. Eaton: 1 M L 15 Feb. 1891
Warren P. & Bessie A. Janvrin: 3 F L 27 July 1902

CHASE:
Andrew & Mary J.:   5 F   1863
David & Sarah C.:   2 M   7 Feb. 1858
David & Ella Lamprey: 2 M L 23 Dec. 1892
David F. & Ella B. Chase: F   6 Sep. 1880
Frank L. & Lulie S. Hardy: 1 M L 15 Aug. 1895
         & Lula S. Hardy: 2 M L 15 Aug. 1895
         & Lulu Hardy: 3 M L 13 Feb. 1902
         & Lulie Hardy: 4 M L 11 July 1903
George A. & Laura Hardy: 1 F L   7 Jan. 1903
H____ & Abbie: 1 F   1 Aug. 1869
Isaiah & Elvira: 1 M   11 Feb. 1875
Jeremiah & Lucinda: 3 F   1 Oct. 1863
Jeremiah & Esther: 1 F   2 Mar. 1868
John A. & Abbie: 3 M   24 Feb. 1877
John N. & Emma M. Jones: 1 F L   8 May 1888
                                2 M L 17 Oct. 1890
                                3 M L   9 Oct. 1893
                                5 F L 17 Oct. 1896
                                6 F L   6 Feb. 1899
                                7 F L 24 Apr. 1902
Joseph & Lydia: 2 F   16 Oct. 1863

SEABROOK BIRTHS
Without a Given Name

CHASE Cont.
Josiah W. & Lida M. Chase:	5 M L	12 Aug.	1891
& Lida M. Evans:	7 F L	16 Apr.	1895
Larry? W. & Lucy Dow:	F	Mar.	1881
Lowell A. & Mary J. Beckman:	1 M L	24 Sep.	1897
Norman L. & Alice M. Chase:	1 F L	11 Oct.	1892
	2 f L	15 Mar.	1903
Otis & Rhoda:	3 M	Jan.	1861
Thomas E. & Annie C. Eaton:	1 F L	26 Jan.	1892

CHURCHILL:
Edsyl & Louisa F. Beckman:	1 M L	13 May	1890
& Laura Beckman:	3 M L	10 Feb.	1892

CILLEY:
James L. & Emma Bragg:	1 M L	27 Dec.	1897
William & Sally:	M	27 Mar.	1868
William & Sarah:	1 M		1873

CLEA_LY:
Arthur & Vivian Gove:	1 M L	7 July	1898

COLLINS:
George P. & Clara M. Beckman:	1 M L	14 Oct.	1894
John & Mary:	1 M	8 Apr.	1874
Levi D. & Betsy:	1 M	29 Mar.	1860
	4 M		1861
Robert E. & Emely N.:	M	19 Jan.	1879
Robert F. & ___ A. Fowler:	M	19 Sep.	1880

CUDSWORTH:
Eugene & Lillian Boyd:	4 F L	21 July	1898

DEMPSEY:
Edward F. & Helen P. Rand:	1 F L	7 June	1895

DOW:
A. Newell 2d & Nellie F. Fowler:	2 F L	24 Oct.	1889
Abner L. & Sarah J. Perkins: twins	M L	14 Dec.	1889
	M L	14 Dec.	1889
	4 M L	1 Jan.	1901
Alfred N. & Helen F. Fowler:	F	16 Mar.	1884
Alva L. & Mary L. Bragg:	4 _	3 Sep.	1886
	3 M L	25 Sep.	1897
Alva(h) H. & Susie M. Dow:	1 M L	15 Sep.	1893
	2 M L	9 July	1899
	3 F L	28 Dec.	1903

SEABROOK BIRTHS
Without a Given Name

DOW Cont.

Alroy C. & Ida May Felch:	2 F L	17 Apr. 1898
Arthur S. & Nellie F. Gove:	1 M L	1 Oct. 1901
Charles & Elizabeth:	F L	25 Nov. 1867
Charles F. & Annie L. Dow:	1 F L	8 Jan. 1890
	3 F L	10 May 1909
Charles L. & Agnes Gynan:	F	1865
Charly & Gertrude Gynan:	M S	27 Nov. 1883
Daniel B. & Ruth A.:	M	1876
David & Lydia:	M	1881
David F. & Zelphia A. Fowler:	6 F L	10 Nov. 1887
	7 F L	10 Nov. 1889
David G. & Abigail:	9 F	8 Mar. 1860
Elihu & Lydia:	3 F	8 July 1866
Elias M. & Villie Beal:	2 M L	6 Sep. 1891
& Phillie Beal:	4 F L	16 Jan. 1896
Elihu & Lydia:	F	1 Jan. 1867
Frank & Martha J.:	1 F	1872
Frank F. & Nellie M. Small:	1 M L	3 Feb. 1889
	2 f L	12 Apr. 1890
	3 F L	1 June 1891
	5 M L	1895
	6 M S	19 May 1897
	7 F L	30 Aug. 1903
	9 F L	12 May 1901
Fred E. & Mildred E. Nutter:	1 M S	28 Nov. 1895
Hutter:	2 M L	24 Apr. 1897
George C. & Alvesta C. Bragg:	child	7 Mar. 1886
George L. & Nora Boyd:	1 M L	16 Mar. 1903
Jacob L. & Betsy L.:	3 F L	1865
Jacob Jr. & Betsy F.:	8 M	23 Mar. 1870
James W. 1st & Lillian Perkins:	1 F L	7 Feb. 1890
	2 F L	6 June 1892
	3 M L	13 June 1897
James W. 2d & Sadie A. Murphy:	1 F L	7 Apr. 1891
twins	4 M L	24 Dec. 1899
"	5 F L	24 Dec. 1899
John A. & Zelphia:	1 F	20 Aug. 1864
John M. & Lydia A.:	2 F	29 June 1859
	F L	12 Dec. 1866
	2 F	12 Mar. 1867
John P. & Mary K.:	1 F	10 Mar. 1859
John W. & Anna:	M	5 Mar. 1880
John W. 2d & Johanna Leahy:	6 F L	24 June 1903
Joseph & Nancy:	1 F	21 Mar. 1875
Joseph A. & Arvesta L. Small:	5 M L	2 Sep. 1887
	8 _ L	29 Dec. 1893

SEABROOK BIRTHS
Without a Given Name

DOW Cont.

Parents	Child	Date
Joseph & Mary:	child	2 Oct. 1874
Joseph N. & Mary E.:	1 M	23 Feb. 1860
Joseph & Nancy:	F L	21 Mar. 1875
Josiah & Nancy J. Janvrin:	F	30 July 1883
Newell & Nancy:	5 M	Dec. 1860
& Sarah:	1 F	20 Feb. 1865
Prestman E. & Hattie F. Knowles:	2 M L	21 Sep. 1899
Robert L. & Sarah A.:	3 M	1866
	child	1868
Scott A. & Louise B. Sargent:	2 F L	13 Sep. 1896
	2 _ L	6 Nov. 1874
Scott & Clarissa Eaton:	1 _	16 June 1885
Sewell & Almira:	5 F	10 May 1865
Tristram & Sarah H.:	8 F	5 Feb. 1872
Tristram E. & Hattie M. Knowles:	1 F L	5 Aug. 1891
Warren W. & Rhoda A. Dow:	4 M	& Nov. 1885
	5 M L	29 May 1890
	6 M L	1 Nov. 1895

DUNBARCH:

Albert & Mary L. Eaton:	1 M L	14 June 1896

EASTMAN:

Otis & Inez A. Locke:	1 M L	5 Sep. 1902

EATON:

Parents	Child	Date
Abner & Felecsa:	F	1860
	3 F	12 Dec. 1866
Abner L. & Philena:	4 M	2 Mar. 1872
	F	1876
Abram & Mary E.:	child	7 Feb. 1886
Alexander & Charlotte M.:	2 F	10 Jan. 1877
Almon & Mary E.:	1 M	12 Dec. 1866
	F	10 May 1880
Almon & Mary L. Wright:	M	8 Jan. 1883
	9 F	11 Apr. 1887
	10 _ S	21 June 1890
Alvah & Lydia A.:	2 F	23 Jan. 1860
	5 M	1866
Alvah & Cynthia A.:	F	6 Mar. 1881
Alvin & Lydia P.:	1 F	22 Sep. 1858
Andrew W. & Lucy A. Beckman:	M	24 Nov. 1883
Bennet:	13 M	1866
Bryan & Anne:	1 M	1863
	2 M	9 Jan. 1867

SEABROOK BIRTHS
Without a Given Name

EATON Cont.

Calvin & Annella:	1 F	13 Mar. 1874	
& Elvira:	1 F	1872	
Charles A. & Ann Fowler:	twins 1 M	9 Aug. 1885	
illeg.	2 F	9 Aug. 1885	
Charles Colby & Mary R. Moreland:	1 F	24 Feb. 1886	
	3 _ L	27 Oct. 1890	
	4 F L	5 Apr. 1892	
	5 M L	17 July 1894	
Charles E. & Lucy A.:	F	31 Oct. 1880	
Charles H. & Anna R. Fowler:	11 F L	24 May 1888	
Charles W. & Lizzie E. Dow:	M	28 Nov, 1883	
	3 F L	9 Apr. 1887	
Christopher & Clarisa:	4 F	8 July 1866	
& Clara:	F	24 Aug. 1868	
	4 F	20 Aug. 1868	
Dolly A.: Illeg.	3 M	6 Mar. 1897	
Dollie: unknown father	3 F	5 Jan. 1903	
Elmer E. & Emma F. Fowler:	3 M	18 May 1901	
Ellsworth E. & Emma Souther:	2 M	25 Dec. 1903	
Elmo Ellsworth & Emma F. Souther:	4 M	1 Mar. 1899	
Emery N. & Alberna L. Janvrin:	2 M	3 June 1893	
Enoch & Clara:	F	6 Oct. 1877	
Frank B. & Hannah F. Collins:	1 M	29 Apr. 1886	
	2 F	2 Apr. 1889	
	3 F	11 Aug. 1891	
Fred L. & Emma M. Fowler:	4 M	31 Oct. 1903	
Frederic & Mary D.:	1 F	Aug. 1859	
Frederick & Lizzie:	F	5 Feb. 1880	
& Eliza J.:	F	31 Mar. 1880	
Frederick & Emma M. Fowler	1 M	26 Apr. 1892	
	2 M	19 May 1897	
George & Lizzie F. Randall	2 F	20 June 1891	
George E. & Ellen J.:	1 F	1861	
	5 F	25 Jan. 1872	
	M	14 May 1880	
George G. & Ellen:	3 F	20 Sep. 1866	
Helen: Illeg.	1 M	22 Apr. 1886	
Henry & Elizabeth H.:	M	1865	
	3 F	5 Jan. 1870	
Ida G.: Illeg.	1 F	30 June 1900	
Isaac & Ann:	1 F	30 Mar. 1877	
Israel S. & R.:	1 F	6 Jan. 1875	
Jacob & Rebecca:	4 M	2 Mar. 1872	
Jacob & Eliza:	F	16 Feb. 1875	

SEABROOK BIRTHS
Without a Given Name

EATON Cont.

Jacob & Sarah Fowler:	F	Dec.	1881
Jacob 2d & Susan E. Fowler:	M	1 Mar.	1886
	8 M	19 Mar.	1889
Jacob F. & Eliza A. Souther:	9 M	17 Mar.	1889
James & Ruth:	3 M	25 Sep.	1873
James B. & Sadie:	M	21 May	1882
John & Annie M. Eaton:	child	18 Sep.	1886
John & Julia:	1 F		1876
John A. & Sarah L. Brown:	1 F	22 Mar.	1888
John C. & Mary J.:	11 F		1861
John S. & Carrie M. Eaton:	4 F	8 June	1888
John W. & Julia V.:	M	3 Nov.	1881
Joshua & Sarah L. Fowler:	2 F	10 Apr.	1886
	4 F	13 Dec.	1901
Leroy O. & Lucy A. Perkins:	4 _	7 Sep.	1885
Luther & Susan D.:	1 F		1861
Luther T. & Annie Hardy:	1 F	17 Feb.	1898
Robert C.:	5 F	10 May	1873
Robert & Nancy:	6 F	5 July	1876
Robert L. & Alice F. Rowe: twins	M	17 Sep.	1891
	M	17 Sep.	1891
Ruben & Anna:	1 M	24 June	1859
	3 M	2 Jan.	1867
Sally A.:	3 F	21 Mar.	1858
Samuel & Abigail:	3 F		1863
	3 ?	25 Oct.	1867
Samuel C. & Ashsah:	7 M	24 July	1870
Samuel T. & Minnie F. Eaton:	3 M	25 Dec.	1903
Seneca & Mary S. Fowler:	1 M	19 Jan.	1901
Sylvester & Florance:	2 _	25 Aug.	1885
Thomas & Betsy:	6 F	1 Mar.	1859
Thomas & Susan:	1 F	4 Oct.	1874
W.A. & Nettie Janvrin:	1 M	4 May	1893
Wallace M. & Emelena Beckman:	1 M	10 Jan.	1901
& Ada M. Eaton:	2 M	4 Dec.	1895
William & Sarah:	3 F	6 Oct.	1867
William & Eliza A. Bagley:	1 M	21 Jan.	1887
William M. & Ida E. Bragg:	5 F	14 Sep.	1895
W.N. & Ida Bragg:	5 F		1893
Wyman D. & Jane:	8 F	19 July	1867
Wyman & Mary L.:	M	13 July	1877
_____ & Rebecca:	6 F	5 Nov.	1874

EVANS:

William & Grace T. Brown:	1 M	16 July	1891

SEABROOK BIRTHS
Without a Given Name

FELCH:
Edward & Adeline:		F	31 Oct. 1880
Edward & Mabel T. Dow:	3 M		6 Oct. 1892
Edward B. & Janette:	1 F		26 Mar. 1860
Edwin F. & Mabel T. Dow:	1 M		23 Sep. 1888
	2 M		2 May 1894
Frank L. & Alice V. Knowles:	1 M		11 Dec. 1891
	1 M S		24 Sep. 1892
	3 F		21 Apr. 1895
	6 F		13 Mar. 1896
Frederick T. & Nancy L.:	child		24 June 1868
George E. Jr. & Rinda C. Locke:	1 M L		18 Jan. 1891
Josiah & Lucy J. Eaton:		F	4 Sep. 1882
	6 F		29 Dec. 1892
	7 M		1 Sep. 1897
William & Vianna:	1 M		20 July 1868
William C. & Maud A. Laswell:	3 F		18 Dec. 1894
Willie C. & Maud Caswell:	2 F		5 Dec. 1891

FELLOWS:
Charles & Miriam E. Beckman:		M	5 May 1883
Charles R. & Maria Beckman:	4 M L		18 June 1888

FOGG:
Augustus & Anne E. Hardy:	2 M L	25 July 1887
	3 F L	1 May 1889
	4 M	13 June 1893
	5 M	8 July 1896
Gilman M. & Lucida Knowles:	1 M	18 Aug. 1802
James & Caroline:	3 F	21 Apr. 1864

FOLLANSBEE:
Dan. & Emeline A.:	4 F	9 Dec. 1867
Horace & Mary L. Felch:	6 M	11 Mar. 1886
Preston C. & Blanch Randall:	1 F L	30 Dec. 1890
	3 M	11 Apr. 1898
Ruben & Lizzie E. Bragg:	1 F L	2 July 1903

FOOTE:
Charles & Caroline:		1 M	29 Jan. 1871
Daniel C. & Lena Souther:	twins	1 M	27 May 1895
	"	2 F	27 May 1895

SEABROOK BIRTHS
Without a Given Name

FOWLER:

Abna/Anda A. & Lillia C. Moreland:	1 F S	11 June	1887
	2 F L	20 Sep.	1902
	3 M L	17 Oct.	1898
Andrew & Maggie Randall:	1 F	10 Aug.	1897
	2 F	7 July	1800
	3 M	30 July	1901
Andrew J. & Mary J. Eaton:	1 F S	28 Feb.	1900
Annenies? & Hannah L.:	1 F	4 Apr.	1874
Arthur E. & Jennie E. Fowler:	1 F S	25 May	1900
	2 F	6 Mar.	1901
Charles A. & Margaret Fowler:	2 F	21 Aug.	1893
	3 M S	15 May	1895
	4 F	7 Sep.	1894
Charles E. & Florence B. Eaton:	2 F	11 July	1903
C. Albert & Lottie Souther:	5 F S	20 Nov.	1902
Cyrus A. & Lottie N. Souther:	3 F	26 Oct.	1895
Dennis & Emily:	1 F	2 Oct.	1874
Edward & Mehitable:	1 F		1863
Frank & Jane Eaton:	6 M	9 July	1891
Freeman F. & Eunice A. Eaton:	4 M	1 June	1900
	5 M	24 Aug.	1903
George & M.J. Fowler:	6 F	4 July	1887
George P. & Margaret:	M	2 Dec.	1878
Irving A. & Louis E. Fowler:	1 F	18 Sep.	1903
Israel & Nancy P.:	12 M	14 Mar.	1872
Israel E. & Mary:	9 F	15 Aug.	1867
Israel F. & Jane Eaton:	6 M	3 June	1893
	7 F	13 Oct.	1896
	8 M	23 Apr.	1899
Jacob C. Jr. & Hulda M. Dow:	1 F	17 Nov.	1893
	2 F	10 Nov.	1895
J. Frank & Jane Eaton:	4 M	21 Feb.	1999
James F. & Sadie:	F	26 Jan.	1878
James F. & Florence B. Eaton:	2 M	21 May	1901
	2 M	10 May	1903
John & Mercy P,:	9 M	19 Jan.	1873
John F. & Sally A.:	F	3 Feb.	1879
John L. & Mrs. Fowler:	4 F	8 Aug,	1887
Joshua & Hannah:	3 M	12 Nov.	1874
	9 M	11 Dec.	1876
Joshua E. & Hannah M. Fowler:	M	17 Jan.	1879
	M	2 Mar.	1883
	8 F	20 July	1888

SEABROOK BIRTHS
Without a Given Name

43.

FOWLER Cont.
Levi E. & Flora C. Moreland:	1 M	3 Aug. 1898
& Florence:	2 M	12 Feb. 1903
Lowell & Asenach:	3 F	1 Oct. 1859
Lowell & Maria?:	1 F	1863
MAry A.:	F	1861
Percy L. & Annie S. Fowler:	1 M	18 Jan. 1897
	2 M	3 Dec. 1899
	3 F	21 June 1902
Richard:	1 F	25 Jan. 1875
Richard & Sarah:	5 F	18 Jan. 1868
	1 F	25 Feb. 1870
Richard & Sarah Souther:	F	21 Sep. 1882
Richard Jr. & Sarah:	7 F	10 Aug. 1872
Robert B. & Annie M. Fowler:	F	25 Mar. 1879
	M	1881
	F	21 July 1882
	F	6 Dec. 1887
Samuel S. & Sadie A.:	1 M	11 Oct. 1870
Samuel & Mertie E. Eaton:	6 F	5 Mar. 1898
Samuel F. & Sadie A. Eaton:	13 F	31 May 1901
Samuel B. & Ruth Eaton:	4 F	3 Dec. 1903
Sewell & Hannah:	8 F	19 Dec. 1859
Warren P. & Clara M. Eaton:	1 M	8 June 1896
Willard A. & Mary A.:	3 F	20 Mar. 1886

FRENCH:
George & Ellen:	1 F	1863
Joseph & Betsy:	2 F	20 Dec. 1867

GANNON:
Alfred F. & Edith C. Felch:	6 F	12 Sep. 1900

GERMAN:
Sylvester & Lydia True:	1 F	22 Apr. 1901

GETCHALL:
William & Lizzie M. Knowles:	1 M	25 Nov. 1902

GILMORE:
William A. & Minnie E. Locke:	1 M	24 Jan. 1897

GOLDSMITH:
Ernest M. & Ethel Perkins:	2 M L	15 Sep. 1903

SEABROOK BIRTHS
Without a Given Name

GOVE:
Alvin A. & Agnes Brown:		F S	18 June 1887
		5 F L	25 June 1888
C.C. & Winnefred F. Paige:		1 M L	6 May 1902
Ernest & Anna M. Chase:		1 M	8 Apr. 1887
Hiram & Fannie S. Chase:		2 M	1 Apr. 1873
		M	13 Feb. 1879
		10 M	30 Mar. 1886
		12 M	31 Jan. 1890
Hiram & Fanny Eaton:		M	12 Nov. 1882
Hugh & Mary M. Eaton:		2 M	5 June 1885
JAcob & Abbie:		child	20 Jan. 1881
Joshua & Ellen:		8 M	2 Oct. 1858
Leon F. & Adalaide:		1 F	15 Dec. 1870

GREELEY:
Charles H. & Lillian Boyd:		1 M	17 July 1889
		4 F	24 Sep. 1893
		5 F	4 Mar. 1895
Furmer & Lottie A. Walton:		1 F	29 Aug. 1891
John D. & Lucinda A. Brown:		F	31 Mar. 1885
		6 F	25 Aug. 1889

GREEN:
Jeremiah D. & Sarah A.:		6 F	12 Dec. 1869

GYNAN:
Alonzo L. & Betsy Gynan:		F	2 Jan. 1879
Andrew J. & Clara E. Eaton:		2 M	14 Oct. 1887
Edgar N. & Eliza A. Nutting:		2 M	26 June 1896
John F. & L_____:		F	4 Jan. 1889
Nicholas & Merriam:		8 M	Aug. 1876
Thomas M. & Sadie F. Brown:		F	23 Apr. 1883
William P. & Mary L. Dow:		2 M	9 Feb. 1886

HALL:
Frank H. & Dolly A. Eaton:		1 _	24 July 1885
		2 M	25 Jan. 1889

HARDY:
Sally: Illeg.		10 F	26 May 1909
William H. & Sally Eaton:		5 F	30 Jan. 1888
		6 M	19 Feb. 1891

HARTNETT:
John & Annie Eaton:		1 F	8 July 1900

SEABROOK BIRTHS
Without a Given Name

HASTING:
Richard & Sarah: 4 M   1866

HILL:
Edgar & Mary B.:   F   10 July 1879

HOPKINS:
Albert E. & Ethel M. Walton: 1 M   25 Oct. 1893

HULL:
Charles & Nellie: 1 F   21 Nov. 1874

JACKSON:
Henry S. & Charlotte G. Gardner: 3 F   18 Dec. 1895

JANVRIN:
Alfred C. & Etta F. Foote: 1 M   12 Apr. 1895
                                        2 F   2 June 1896
                                        3 F   31 Jan. 1899
                                        4 F   24 July 1902
Alvin & Susannh L. Eaton: 3 F   21 Oct. 1885
Ananias & Nancy J. Eaton: 2 F   22 May 1902
Daniel & Nancy: F   3 Sep. 1877
Daniel J. & Rebecca G. Souther: 3 F   11 June 1893
Emery & Tracey: 3 M   1863
Fred S. & Ida E. Green: 1 F   22 Aug. 1887
George G. & Fannie G. Beckman: 2 M   8 Dec. 1900
Harrison & Abbie P.:   1 F   22 Jan. 1860
John & Amy Janvrin: 3 M   15 Oct. 1889
John & Margaret: 7 M   2 Sep. 1858
John S. & Emma Eaton: M   24 Apr. 1884
John S. & Zelphia A. Bragg: M   1881
Joseph & Lucinda: 2 M   29 Jan. 1877
                                          M   21 Mar. 1879
Orrin & Margaret E. Stackpole: 1 F   21 Feb. 1887
Stephen S. & Margaret A. Eaton: 1 F   20 Dec. 1893
Walter S. & Emma Knowles: 1 F   10 Feb. 1890
Westerly A. & Pluma: 1 M   29 Dec. 1873
Westly A. & ___ny J.:   M   1876
Westly A. & Pl____: M   20 Mar. 1880
William T. & Annie T. Fowler: 2 M   13 Jan. 1890

JOHNSON:
Amos R. & Sadie J.:   1 M   Oct. 1871
James & Annie: M   22 Mar. 1991

SEABROOK BIRTHS
Without a Given Name

JONES:
Frank C. & Alice C. Felch:	1 M	5 Nov. 1876	
	2 _	18 Aug. 1885	
	6 F	14 Apr. 1888	
	7 M	21 Nov. 1895	
	9 F	20 July 1890	?
Frank & Lillian M. Randall:	3 F	11 July 1893	
Mary J.:	6 F	7 Aug. 1864	

KILLTIE:
Allen & Elizabeth Brown:	4 M	1 Nov. 1890

KNOWLES:
Alva W. & Angelia F. Collins:	2 M	28 May 1887	
Augustus & Hannah A. Felch:	10 F	13 Dec. 1889	
Dana S. & Mrs. Knowles:	M	16 May 1887	
& Anna M. Fowler:	1 M	16 May 1896	
& Ana Fowler:	2 M	1 May 1897	
	3 M	30 Jan. 1901	
Daniel & Alice J. Eaton:	7 F	28 dec. 1891	
Edwin & Fannie F. Boyd:	1 F	25 Dec. 1901	
Ezra & Rose Cilley:	3 F	10 Aug. 1902	
Hannah: Illeg.	1 M	8 Feb. 1897	
Henry C. & Melvina Rnadall:	2 M	11 Feb. 1874	
	F	4 Feb. 1879	
	6 F	7 Apr. 1886	
John & Rose Fowler:	2 F	23 Sep. 1896	
Lewis A. & Abbie J. Eaton:	3 M	31 Aug. 1897	?
	5 F	16 Sep. 1889	?
Lewis A. & Abbie J. Dow:	8 F	16 Mar. 1886	
Moses W. & Sallie M. Knowles:	3 M	8 Oct. 1889	
Stephen & Sarah C. Eaton:	F	26 Feb. 1876	
	6 F	6 May 1886	

LARNARD:
Peter & Carrie Ayers:	2 M	8 Aug. 1890

LEAVITT:
_____ & Lucinda:	4 M	17 Jan. 1875

LIGHTBODY:
George c. & Emma A. Jones:	M	3 July 1882
John W. & Fannie F. Janvrin:	2 F S	10 Oct. 1903

SEABROOK BIRTHS
Without a Given Name

LITTLEFIELD:
Freeman F. & Annie M. Blake:	2 M	8 Dec. 1887
	3 M	2 Aug. 1892
	5 M	27 May 1899

LOCKE:
Alva/Alvin H. & Alwelda A. Eaton:	4 M	6 June 1888
	4 M	10 Apr. 1890
Frank & Betsy:	1 M	1872
	F	28 Jan. 1880
Frank E. & Bessie B. Walton:	3 M	24 May 1887
George & Martha A.:	3 F	13 Feb. 1875
George G. & Mima J. Dow:	4 F	16 Sep. 1889
	5 F	21 Dec. 1892
James E. & Ida S. Miller:	3 F	1 Mar. 1903

McKENNEY:
Fred & Lizzie D. Knowles:	2 F	22 Feb. 1888

McNAUGHT:
Alex & Mary E. Weare:	1 M	11 Mar. 1890

McQUILLEN:
Robert & Nellie M. Paige:	2 M	19 Mar. 1892

MARSHALL:
Edmund E. Nellie C. Eaton:	1 M	6 May 1903
Joseph A. & Almira F. Eaton:	9 M	28 Feb. 1894

MARSTON:
Otis & Emma L. Walton:	1 M	5 Aug. 1893

MERRILL:
Charles A. & Hattie M. Janvrin:	1 F S	7 Apr. 1897
	2 M	23 Feb. 1898
	3 F	6 Aug. 1899
Frank & Vianna Eaton:	F	Feb. 1884
Tristram & Lucinda:	2 F	22 Aug. 1870

MILLER:
Clifford A. & Ett T. Dow:	8 F	20 Aug. 1899
	2 M	9 June 1903

MORELAND:
Horace D. & Betsy R.:	F	20 Dec. 1867
	7 F	13 Mar. 1873
	F	20 Mar. 1879
	F	22 Feb. 1881

48.   SEABROOK BIRTHS
                   Without a Given Name

NUTTING:
William B. & Laura M. Austin: 2 M   17 Nov. 1888

OSBURN:
George & Mary Osburn: F   11 Aug. 1887

OWENS:
Reese & Joanna Eaton   3 M   3 June 1888
                                   4 M   7 Sep. 1896
Thomas F. & Ann M. Dow: 1 M   19 Apr. 1901

PEARL:
Moses K. & Martha A. Eaton: 3 F   26 July 1889
                                   4 M   18 Aug. 1891
                                   5 F   20 Dec. 1893
                                   6 F   15 Dec. 1895
                                   7 F   11 Dec. 1898
                                  10 M   16 Oct. 1887

PEACOCK:
George S. &Anne M. Bragg: 2 F   12 Mar. 1894

PEARL:
Moses R. & Martha M. Collins: 1 M   29 Jan. 1886

PELON:
Joseph J. & Clinda Dow: 1 F   27 May 1897

PERKINS:
Abram & Martha: 2 M   20 Feb. 1859
                                   3 M   18 July 1874
                                  10 M   22 Jan. 1877
Charles & Elizabeth: 2? F   25 Nov. 1867
Charles G. & Mary M. Dow: 2 F   23 July 1890
                                   3 M   27 Sep. 1894
George W. & Mary: F   27 Sep. 1879
Henry & Carrie E.H. Eaton: 1 M   3 Aug. 1901
Irving N. & Minnie M. Dow: 4 M   12 Apr. 1901
John N> & Rhoda: 6 M   1 Aug. 1860
Joseph & Lillie M. Beckman: 1 M   29 Jan. 1886
       & Nellie C. Beckman: 4 F   7 Sep. 1889

PHILBRICK:
John & Mary: M   4 July 1875

SEABROOK BIRTHS
Without a Given Name

PIKE:
Frank N. & Lillian F. Hall:	1 M	1 Apr. 1895

PRESCOTT:
William E. & Melissa E. Dow:	3 F	14 Dec. 1901

RAND:
Cirrilla? A. & Ednah L. Hodgdon:	F	1 June 1883
John & Annie Muggle?:	2 M S	17 Mar. 1893

RANDALL:
Arthur W. & Betsy J. Dow:	4 M	18 Apr. 1897
Bert & Mary E. Souther:	F	22 Feb. 1890
Charles & Lillian V. Fowler:	2 M	18 May 1895
David & Hannah:	4 F	1866
Edward P. & Nellie M. Eaton:	1 F	16 Sep. 1891
	2 M	19 Feb. 1895
	3 F	30 May 1896
G.E. & M.J.:	M	16 Apr. 1880
George & Jamima:	6 F	1876
George O. & Mima J. Fowler:	M	24 Nov. 1883
George W. & Mima:	11 M	20 Mar. 1877
George W. & M.L.:	M	21 Oct. 1878
George W. & W,J, Fowler:	F	1883
George W. & Bertha E. Randall:	1 M	21 May 1891
& Myma J. Fowler:	18 M	8 Feb. 1892
G. Warren & Jemima J. Fowler:	17 F	9 Oct. 1888
Stephen & Bertha:	M	18 Apr. 1882
Wallace I. & Josephine M. Fowler:	2 F	26 Nov. 1889
	3 M	3 Mar. 1897
William H. & Sarah M.:	2 M	16 Jan. 1872

RAYNE:
John W. & Regena Sullivan:	1 M	15 Mar. 1893

ROBINSON:
Albert W. & Lena B. Janvrin:	1 F S	21 July 1897
	2 F	14 July 1900

ROWE:
Charles F. & Nettie Beckman:	3 F	28 June 1887
	4 M	20 Mar. 1891
Fred & Nellie Beckman:	4 F	10 May 1893
George P. & Abigail:	4 M	Sep. 1860
Jacob & Sarah:	M	Oct. 1868
Jeremiah:	M	22 Apr. 1880

SEABRROK BIRTHS
Without a Given Name

ROWE Cont.
Jeremiah & Mary L. Walton: 6 M   30 Oct. 1885
                                           12 M S   8 Dec. 1894

SANBORN:
George & Edith A. Rowe: 1 F   16 Feb. 1897

SARGENT:
Orrin P. & Sally: 4 M   3 Jan. 1872
Owen & Sally A.:   3 F   20 Feb. 1870
                                        5 F   3 Dec. 1873
Owen P. & Susie Fowler: 3 M   13 Mar. 1898

SEAMANS:
Harry C. & Rose A. Moreland: 1 F   2 May 1891
                                        2 F   7 sep. 1892

SIMPSON:
David A. & Edith W. Walton: 2 F   14 June 1887

SMALL:
Charles A. & Kate A. Felch: 1 F   1 June 1889
                                        2 F   17 Aug. 1807
                                        3 F   27 Jan. 1903 ?
Frank K. & Mertie B. Fowler: 1 M   8 Jan. 1897
                                        2 M S   13 Dec. 1898
George G. & Abbie C. Dow: 4 M   25 Mar. 1886
                                        6 M   22 May 1889
                                        6 M   27 Nov. 1890
                                        8 _   24 Aug. 1893
                                        9 F   30 Dec. 1896
Harrison & Alvira I.:   1 M   19 Feb. 1892
                                        2 F   18 Jan. 1894
            & Rena Randall: 4 M   4 July 1896
Peleg & Hulda A.: (Smith?)   5 F   1863

SMITH:
Charles & Esther: 1 F   25 Aug. 1874
Charles A. & Nancy B.:   4 M   1863
Frank & Emma: 1 F   11 Apr. 1874
John E. & Mary: 1 M   1863
Melvin & Mary L.:   F   6 June 1874
Peleg & Hulda A.:   8 F   19 ___. 1868
                                        10 F   31 July 1874
Samuel & Eliza: 6 M   1869

SEABROOK BIRTHS
Without a Given Name

SOUTHER:

John E. & Helen Eaton:	1 M	4 Feb.	1890
	2 M	8 Sep.	1891
	7 M S	5 Sep.	1903
Leonidas & Hannah A. Eaton:	F	18 Apr.	1883
	6 M	26 Oct.	1887
	7 M	19 Aug.	1893
Moses & Susan:	4 M		1861
Robert & Ida B.:	2 F	25 Jan.	1871
Stephen H. & Emogene Fowler:	1 M	9 Aug.	1893
	3 M	21 Dec.	1897
& Emma G. Fowler:	4 F S	3 Sep.	1900
Tristran L. & Ada E. Eaton:	1 F	14 Aug.	1888
& Hannah M. Eaton:	2 F	19 Oct.	1890
& Ada E. Eaton:	3 M	1 Apr.	1894
William G. & Lucinda A. Bartlett:	5 M	1 Aug.	1894

STAPLES:

George B. & Carrie M. Walton:	1 M S	20 Mar.	1894
	2 F S	2 Oct.	1899
& MAbel Walton:	4 F	10 Feb.	1901
	5 M	12 July	1903

TATE:

Henry & Hattie Gove:	2 M	14 Sep.	1892

TRUE:

Charles & Sarah E. Woods:	4 F	13 Aug.	1889
	6 M S	3 Mar.	1895
	7 M	13 July	1896
	8 F	28 June	1898

TUTTLE:

John B. & Nelly:	3 F	1 Mar.	1871
	F		1876

WALTON:

Arthur E. & Susie J. Eaton:	2 F	23 Feb.	1891
	3 F	8 Nov.	1894
Benjamin & Ann:	4 M	5 Dec.	1878
Charles & Clara:	1 M	26 Mar.	1868
Charles B. & Clara E. Gynan:	4 F	7 May	1891
Cyrus & Rossanna:	2 F	10 Nov.	1859
	3 M		1861

SEABROOK BIRTHS
Without a Given Name

WALTON Cont.

Edward H. & Abbie E. Beckman:	1 M	12 Mar. 1891	
	2 M	22 Apr. 1893	
	3 M	16 Aug. 1895	
	4 F	6 June 1902	
John N. & Eliza Ann:	5 M	12 Mar. 1867	
Reuben & Jenette:	1 F	1861	
Samuel & Hannah:	M	29 Jan. 1865	
Samuel C. & Abbie A. Randall:	F	7 Oct. 1878	
	F	1 May 1882	
	5 M	9 Feb. 1886	
William S. & Mabel F. Dow:	6 M	15 Mar. 1901	

WARD:

Alpha & Sadie Walton:	2 M	28 Jan. 1889

WEARE:

John & Ruth F. Weare:	1 M	1872

WILBER:

A;bert J. & Florence M. Brown:	6 M	27 Dec. 1892
	7 F	10 Apr. 1894
	8 M	10 July 1896
	8 F	2 Sep. 1898

WILMOT:

Harry & Annie O'Brian:	5 F	30 Mar. 1902

WINSLOW:

Frank & Sadie McAllestor:	1 F	17 Sep. 1890

WOOD:

Eben E. & Clarisa:	1 F	26 Oct. 1870

WOODBURN:

Wilbur & Helen Walton:	1 F	29 Mar. 1903

WRIGHT:

James & Louisa Beckman:	1 M	1885

YEATON:

Dennis? & Emily:	5 M	1866

Source: Seabrook vital Records.

SEABROOK, N.H.
DEATHS

1768 - 1903

SEABROOK DEATHS

ADAMS:
Charles S., s/o Timothy & Mary (Stevens), d. 3 Sep. 1882, 0-9-15.

ADDISON:
Dau. of Wm & Emma (Eaton), d. 8 Mar. 1902.
Mary, d. 1 June 1884, ae 38.

ALLEY:
Clarissa A., d. 25 Oct. 1901, 68-2-25.

ANDERSON:
Lizzie, b. 1851, d. 1918.
Ruth A., w/o James, b. 1829, d. 1898.
William G., b. 1854, d. 1913 or 1918.

BAGLEY:
Abel d. 16 Oct. 1815.
Benjamin d. 13 Oct. 1824.
Charles H., s/o Valentine, d. 15 Apr. 1900, ae 36-10-5.
Elizabeth, d/o Abram Fowler, d. 6 Sep. 1902, ae 75-11.
Frank, s/o Stephen & Polly, d. 1874, ae 72.
Frederick M., s/o Morris & Ellie Downs, d. 25 Oct. 1890, ae 3-10.
John S., d. 12 Dec. 1878, ae 0-11-2.
John S., s/o Valentine, d. 7 Jan. 1896, ae 43-9.
Lucy E., d/o Stephen H., d. 24 May 1892, 68yr.
Valentine, s/o David & Emma (Fowler), d. 8 July 1884, 67-3.

BAILEY:
Nettie B., d/o Wm J. & S.M. (Bagley), d. 26 Aug. 1889, ae 0-5-16.

BARTON:
Annie G., b. 1863, d. ___.
Charles A., b. 6 Oct. 1845, d. 11 Oct. 1915.
Clara A, w/o George H., b. 2 Oct. 1830, d. 22 Mar. 1891.
Eliza A., d/o Wm F. Goodhue, d. 15 Aug. 1884, ae 40-4-1.
Eliza Goodhue, w/o G.A., b. 14 Apr. 1846, d. 15 Aug. 1885.
Elizabeth, w/o Lewis G., b. 11 Apr. 1824, d. 8 Apr. 1899.
Elizabeth W., d/o G.A. & M.A., b. 21 Dec. 1887, d. 24 June 1908.
George W., b. 1 Apr. 1829, d. 14 Sep. 1914.
Lewis A., s/o Chas. A. & M.A. (Cameau), b. 20 Jan. 1889, d. 28 Sep. 1889.
Lewis G., b. 18 Nov. 1834, drowned on Hampton Bar 1 Oct. 1866.
Otis P., b. 1863, d. ___.

BATCHELDER:
Harriet J., d/o Andrew J., d. 14 Apr. 1865, ae 19-10.

SEABROOK DEATHS

BEALE:
Emily J., d/o Henry Walton, d. 19 May 1901, ae 68-10.
Lula K., b. 20 Sep. 1830, d. 25 Sep. 1897.
Sumner, b. 26 May 1828, d. 26 May 1898.

BEAN:
Margaret A., d/o Norman & Sarah (Marshall), d. 1876, ae 21.

BEAUMONT:
Maudie, d/o James & Nellie, 1887-1890.

BECKMAN:
Abbie Ann, d/o Samuel W., d. 14 Mar. 1865, ae 9-7.
Abbie J. Knowles, w/o John M., b. 3 Dec. 1861, d. 12 May 1925.
Abigail, d/o Samuel & Sarah, d. 14 Mar. 1868, ae 9.
Abigail, w/o John, d. 19 May 1876, ae 66-8.
Adaline, d/o Samuel Eaton, d. 16 Aug. 1903, 76-11-3, md.
Albert, d. 11 Apr. 1868, ae 21yr.
Albert D., s/o Samuel W., d. 21 Sep. 1854, ae 1yr.
Annie F. Knowles, w/o George H., b. 4 Feb. 1884, d. 17 Oct. 1904.
Arthur H., s/o Charles & Helen F., d. 10 Oct. 1886, ae 0-10-13.
Rev. C., d. 15 Feb. 1875, ae 61yr.
Caroline C., d/o Hervey A. & Julie E. (Jones), d. 16 Feb. 1900, 1-1-16.
Carrie, d.18 Sep. 1878, ae 0-6-12.
Carrie M., d/o Nelson S. & Roanna (Fowler), d. 11 Apr. 1883, ae 0-13-8.
Charles, s/o Robert C. & Mary, d. 5 Aug. 1864, ae 22-9-7.
Child of Charles & Helen (Knowles0, d. 27 Nov. 1885.
Child of Geo. H. & Annie (Knowles), d. 15 Nov. 1900, ae 0-1-4.
Clara, d/o Francis E. & Hulda (Dow), d. 8 Apr. 1878, ae 3-2-12.
Clara A., b. 1870, d. 1879.
Cyrus A., s/o Gilbert, d. 3 Oct. 1890, ae 48yr.
Dau. of Philip & Celia d. 16 Sep. 1878.
David B., s/o Phineas, d. 21 May 1891, ae 67-0-11.
Edgar, s/o Hiram, d. 6 Jan. 1891, ae 26yr.
Emery J., s/o William & Josephine Janvrin, d. 16 Mar. 1892, ae 11-0-10.
Emma, w/o Fred W., b. 30 Oct. 1863, d. 10 Mar. 1911.
Emma O., d/o Albert, d. 7 June 1866, ae 1-1-0.
Esther A., w/o Francis J., b. 1844, d. 1918.
Fernando A., s/o Samuel W. & Sarah P., d. 21 Jan. 1860, ae 5.
Florence K., w/o George H., b. 10 Dec. 1875, d. 16 Mar. 1911.
Francis J., Sgt., Co. D, 14th NH Vol. b. 1840, d. 1920.
Frank W., s/o Francis J. & Esther A., b. 1860, d. 1929.
Fred W., b. 17 Oct. 1860, d. 22 Aug. 1920.
Hannah C., d/o Tritram Dow, d. 2 Jan. 1903, ae 76-3-5, wid.
Harry F., b. 28 Oct. 1857, d. 18 Dec. 1886.
Helen F., w/o Charles A., d. 21 Jan. 1886, ae 21-1.
Henry B. s/o Jacob, d. 8 Dec. 1886, 30yr.

SEABROOK DEATHS

BECKMAN Cont.
Herbert H., 1886 - 1887.
Hiram E., s/o Edgar & H.M. Janvrin, d. 18 Jan. 1899, ae 0-2-12.
Jacob, b. 19 Dec. 1857, d. 18 Dec. 1886.
James, d. 4 Aug. 1872, ae 67-5.
James, s/o William, d. 10 Aug. 1879, ae 67-7.
Jennie, d/o Philip C. & Celia A., d. 20 Oct. 1880, ae 3-4.
John, s/o Phineas & Polly, d. 11 Sep. 1871, ae 66-8.
John B., d. 23 Apr. 1845, ae 92yr.
Josephine, w/o William, d. 10 Dec. 1914, ae 79yr 3ms.
Judith, w/o John B., d. 27 May 1839, ae 80yr.
Lillian, d/o Francis J. & Esther A., b. 1873, d. 3 May 1891.
L.S., s/o L. Beckman, d. 20 Dec. 1891, shoemaker.
Lydia B, w/o William Jr. & d/o Theodore Knowles, d. 29 Dec. 1885, ae 77-1.
Mary, w/o Robert C., d. 29 Mar. 1865, ae 40-7-18.
Mary A., d/o Henry Eaton, d. 9 Feb. 1898, ae 63-0-20, md.
Mary B., d/o Nathan & Lucy Marsh, d. 22 Apr. 1882, ae 35.
Mary E., w/o John R., b. 8 May 1848, d. 28 Apr. 1883.
Mary E., w/o Frank Porter, b. 14 Dec. 1854, d. 28 Feb. 1874.
Mary E., d/o John R. & Mary c, (Marsh), d. 19 Aug. 1883, ae 0-8-10.
Mary Eaton, w/o Jacob, b. 16 Jan. 1835, d. 9 Jan. 1898.
Mirriam, d/o Elias & Lizzie Felch, d. 1866, ae 28.
Nancy, w/o James, d. 21 Apr. 1872, ae 68-1.
Phinehas, s/o John R. & Judith, d. 15 May 1860, ae 77-6.
Polly, d/o David, d. 31 Jan. 1863, ae 74-6.
Robert C., s/o William, d. 1879, ae 60-10.
Ruth P. Eaton, w/o D.B., b. 22 Feb. 1823, d. 3 Feb. 1905.
Samuel, s/o John & Abigail, d. 19 Dec. 1878, ae 48.
Samuel H., s/o Robert C. & Mary, d. 3 Oct. 1862, ae 27-11.
Samuel Leroy, s/o Hiram & Adeline, d. 1876, 6 yr.
Samuel M., s/o Samuel W., d. 10 Aug. 1854, ae 2-6.
Samuel R., 1889 - 1892.
Samuel W., d. 19 Nov. 1877, ae 49-1.
Sarah E., w/o Samuel W., d/o Samuel Collins, d. 5 June 1892, ae 58-7.
Son of John N. &Minnie (Eaton), d. 5 Aug. 1893, 4ms.
Son of Geo. H. & Annie F. (Knowles), d. 15 Nov. 1903, 3days.
Son of Asa & Clara B. (Eaton), d. 22 Nov. 1902, 2days.
Sophia, d/o Enoch Boyd, d. 21 June 1892, ae 69yr.
Widow of Isreal & d/o Robinson d. 22 Nov. 1812.
William, s/o John A. & Judith, d. 23 Oct. 1858, ae 81.
William, s/o Phineas, d. 23 July 1880, ae 55-2.
William E., s/o William & Lydia, d. 21 Aug. 1871, ae 23.
William H.,s/o James & Clarie, d. 20 Oct. 1877, ae 1-8.
William H., s/o William & Josephine (Janvrin), d. 10 Nov. 1883, ae 21-11.
William Jr., d. 25 Mar. 1855, ae 47-1.

BENNETT:
Comfort, d/o Robert Collins, d. 21 Sep. 1867, 89-9.
Lydia E., w/o Francis M. & d/o Richard & Susan Smith, d. 1 Nov. 1877, ae 37- 5-2.

BENT:
Catherine C., d/o Alex. McGregor, d. 26 Mar. 1897, 77yr, wid.

BICKFORD:
s/o Thomas d. 4 Feb. 1808.

BLAKE:
Jeremiah d. 16 June 1825 at Hampton Falls.

BLATCHFORD:
Nathaniel, b. 7 Aug. 1830, d. 24 Dec. 1892.

BLY:
Leroy, s/o Frank & Estella A. (Beckman), d. 16 Sep. 1986, ae 0-3-1.

BOYD:
Abigail B., d/o Thos. & Mary, d. 16 Aug. 1840, ae 20yr.
Agnes, d. 25 July 1878, ae 69-10.
Betsy S., d. 13 May 1852, ae 24yr.
Burton D., s/o Daniel & Eliza J. Eaton, d. 8 Sep. 1891, ae 2-10-7.
Charles, s/o Thos. & Mary, d. 25 Apr. 1860, ae 37yr.
Charles S., s/o Thomas & Mary, d. Apr. 1860, ae 47.
Child of John P. & Nancy, d. 13 Aug. 1858, ae 1-9.
Comfort, w/o Charles Stanwood, d. 21 Sep. 1867, ae 90yr.
Cyrus, s/o Enoch & Sally, d. 24 July 1878, ae 69-10.
Cyrus N., s/o John N., d. 26 Feb. 1892, ae 21-4-25.
Daniel, d. 22 May 1856, ae 80yr.
Dau. of Wm L. & Vesta L. (Fowler), d. 12 Oct. 1885.
David, d. 24 July 1834, ae 84yr.
David, s/o Enoch, d. 24 Jan. 1899, ae 78-9.
David F., b. 1825, d. 1885.
David Jr. s/o David d. 30 June 1818, ae 37yr.
Ellen F., d/o David & Sarah E., d. 24 Feb. 1865, ae 1-8.
Enoch, d. 5 Apr. 1833, ae 54yr.
Enoch, s/o Daniel, d. 5 Oct. 1888, ae 81-9, s/o Daniel & Hannah (Brown).
Helen F., d/o David & Sarah, . 27 Feb. 1865, ae 7-7.
Huldah Anna Brown, w/o David F., b. 1840, d. 1863.
J.E., Co. C, 14th, NH Inf.
Jeremiah F., s/o Hezekiam & Hannah S., d. 12 May 1878, ae 83-5-12.
Jerome, b. 29 Dec. 1847, d. 8 Oct. 1880.
Jerome, s/o Hezekiah, d. 1881, ae 32.

SEABROOK DEATHS

BOYD Cont.
John, d. 1874, ae 44.
John F., s/o John P. & Sarah E., d. 30 June 1853, ae 5-3.
John N., s/o David, d. 4 June 1896, ae 44yr.
John P. b. 7 Sep 1827 (or 29), d. 4 June 1873.
John W., s/o John P. & Nancy, d. 21 Apr. 1869, ae 10 ms.
Laura, w/o Enoch, d/o Andrew Walton, d. 17 Nov. 1889, ae 79-4-8.
Lydia, w/o Moses, d. 19 July 1886, ae 69yr.
Mabel, d/o Daniel & Eliza A. (Eaton), d. 10 Oct. 1883, ae 1-3-12?
Mable P., 1883-1884
Mary, w/o David, d. 10 Dec. 1828, ae 77yr.
Mary, w/o Thomas, d. 27 Dec. 1861, ae 61yr.
Mary, d/o Charles & Comfort (Stanwood), d. 1862, ae 61-2.
Mary M., w/o John N., d. 21 Mar. 1919, ae 70yr. 30 ds.
Mehitable, widow of David Jr., d. 30 Oct. 1849, ae 66yr.
Moses, s/o Daniel & Hannah, d. 11 Mar. 1874, ae 63yr.
Nancy Eaton, w/o John P., b. 19 Nov. 1835, d. 26 May 1921.
Polly, d. 18 Jan. 1872, ae 78.
Polly, w/o Enoch, d. 24 Aug. 1875, ae 86-3.
Polly, d/o Samuel Walton d. 1876, ae 86-3.(probably same as above)
Rosella F., w/o Jerome, b. 5 Jan. 1850, d. 12 Sep. 1881.
Russell H., s/o Clarence M. & Nancy E. (Souther), d. 4 Apr. 1902, ae 3-3-19.
Sarah Ann, d. 4 Oct. 1847, ae 23yr.
Sarah E., w/o David, d. 16 Jan. 1904, ae 78-2.
Son of Wm B. & Alice M. (Gynan), d. 3 July 1895.
Thomas, d. 11 Mar. 1849, ae 57yr.

BOYER:
Thomas s/o Daniel d. 28 Nov. 1825.

BOYNTON:
Jane, w/o William, b. 18 Aug. 1821, d. 30 Jan. 1889.
Jemima, d/o Elias Hall, d. 30 Jan. 1889, ae 67-5-12.
Lucinda d/o Wm., d. 13 Jan. 1900, 50yr.
William, s/o Wm, d. 21 Oct. 1897, ae 79-1-18.

BRAGG:
Abby, d/o Henry F. & Fanny, d. 10 June 1863, ae 0-0-5.
Amy, d/o Henry F. & Fanny, d. 28 May 1863, ae 6-2-1.
Ann, d/o Robinson, d. 19 May 1858, ae 90.
Betsey, w/o J.B. Brown, formerly wife of R. Bragg, d. 22 Oct. 1865.
Daniel E., s/o Dan. & Julia A., d. 27 Nov. 1868, ae 5-3.
Dau. of Henry F. & Fanny, d. 29 Mar. 1863, ae 0-11-20.
Ella Maria, d. 2 Oct. 1860.
Evelyn B., d/o Horace L. & Ellen P. (Gove), d. 13 Nov. 1894, 11ms.
Fanney, d/o Hubbard & Jane (Locke), d. 23 Nov. 1863, ae 27-1.
Frank, s/o Minnie Bragg, d. 8 Jan. 1890, ae 1-6-0.

BRAGG Cont.
Fred H., b. 1866, d. 19__.
George W., s/o John, d. 21 Nov. 1890, ae 32yr, shoemaker.
Henry F., b. 1834, d. 19__.
John, s/o John & Ann (Robinson), d. 30 June 1882, ae 90-0-11.
John L., s/o John, d. 7 Sep. 1903, ae 74-6-3, widower.
John T., s/o Geo. W., d. 2 May 1890, shoemaker.
Luella, d. Oct. 1869, ae 3.
Minnie, d/o John & Rhoda Dow, d. 19 July 1890, ae 21yr.
Patience, d/o Jeremiah & Jenny Brown & w/o John, d. 22 Apr. 1878.
Plumma J. Fowler, w/o Fred H., b. 1870, d. 1929.
Rhoda Ann, d/o Moses Dow, d. 2 Jan. 1899, ae 69-0-4.
Robert, d. 4 Dec. 1863, ae 53yr.
Sally A., w/o J.E. Ross, b. 15 Jan. 1848, d. 3 Nov. 1883.
Sarah M., w/o Henry F., b. 1844, d. 1921.
Son of Emma Bragg, d. 12 Jan. 1894.
William, s/o John & Patience, d. 4 Aug. 1850, ae 31yr.

BREED:
Vienna R. Gove, w/o Fred A., b. 24 Dec. 1833, d. 12 Aug. 1918.

BROWN:
Abbie, w/o Lowell. d. 19 Dec. 1813, ae 26-2-12.
Abby C., d/o B.F. & A.M., b. 22 Dec. 1841, d. 2 June 1862.
Abigail E., w/o Sewell, d. 2 Jan. 1847, ae 40yr.
Abigail M., w/o Benj. F., d/o Lowell Brown. b. 14 Jan. 1810, d. 13 Jan. 1888.
Abram, d. 8 Sep. 1892, 70yr.
Adaline, d/o Moses & Nancy, d. 5 Sep. 1844, ae 22-2.
Adaline, w/o Calvin E. & d/o Robert C. & Mary Beckman, b. 9 Aug. 1839, d. 22 July 1864.
Adeline, d/o Oliver & Ruth, d. 17 Nov. 1848, ae 33yr.
Albert A., s/o Albert C. & Ann, b. 10 Nov. 1859, d. 28 Dec. 1863, ae 11-0-15.
Albert C., b. 17 Apr. 1823, d. 23 Aug. 1895.
Almena, d/o Alick & Hulda L. (Eaton) d. 12 Sep. 1893, ae 0-7-9.
Ann, w/o Albert C., b. 15 Jan. 1826, d. 28 Aug. 1900.
Ann Eliza, d. 23 Mar. 1848, ae 17yr.
Anna, w/o Elisha, d. 18 Feb. 1803, ae 59yr.
Anna Maria, d/o Sewell & Abigail E, d. 2 Nov. 1859, ae 21yr.
Augustus Sewell, s/o Sewell & Abigail E., b. 2 Mar. 1834, d. 16 Jan. 1892.
Belcher, s/o Jeremiah & Jane (Felch), d. 27 Mar. 1881, ae 83-6.
Belinda Augusta, d/o Sewell & Abigail E., b. 2 June 1838, d. 10 June 1884.
Benjamin s/o Benjamin d. 16 Dec. 1822.
Benjamin d. 2 June 1826.
Benjamin, Co. B, 3rd NH Inf.
Benjamin, s/o John, d. 8 Aug. 1864, ae 73.
Benjamin F. s/o Stephen, d. 21 Oct. 1882, ae 71-9.
Benjamin F., b. 26 Jan. 1806, d. 21 Oct. 1888.

SEABROOK DEATHS

BROWN Cont.
B.L., Lt. Co. A, 1st Batt. Me. Inf.
Blanche, d/o George L. & Mary, d. 4 Mar. 1884, ae 13-7-24.
Calvin E., s/o B.F. & A.M., b. 22 Aug. 1837, d. 31 Mar. 1863.
Caroline A., d/o Edmund & Delia R., d. 24 Feb. 1854, ae 23yr.
Charles, s/o Benj. & Jane, d. Wash. DC, 10 Aug. 1864, ae 35yr, Co. I, 11th NH Regt NHV.
Charles L., s/o John & Rhoda, d. 12 June 1871, ae 70-9.
Charles P., s/o John P. & Mary A., d. 1863, ae 30-10.
Child of Benjamin d, 24 Feb. 1816.
Child of Jeremiah d. 6 Feb. 1810.
Child of Jeremiah d. 22 Jan. 1814.
Child of Lowell d. 22 Oct. 1822 at Hampton Falls.
Child of Belcher & Mary, d. 24 Aug. 1859, 5 ms.
Christopher D., d. 1863, ae 1-6.
Christopher D., s/o Isiah, d. 16 Dec. 1902, ae 71-9-5.
Clara M. Hatch, w/o John Alden, b. 10 May 1839, d. 1 Apr. 1927.
Clinton A., s/o Calvin F. & Adeline (Beckman), b. 5 Aug. 1860, d. 3 Nov. 1882.
Daniel, s/o Jacob E. & Louisa, d. 9 Jan. 1871, ae 0-0-9.
Dolly, d/o Lowell & Lorana, d. 30 Oct. 1817, 13ds.
Eldridge Kimball, s/o Sewell & Abigail E., b. 8 Mar. 1840, d. 12 Aug. 1869.
Eleanor, w/o James F., b. 1833, d. 1903.
Elisha Esq. J.P., d. 22 Feb. 1802, ae 69yr.
Eliza, w/o Josiah, d. 23 May 1836, ae 32yr.
Eliza Janvrin, w/o Nathan b. 1808, d. 1893.
Eliza, d/o Geo. Janvrin, d. 17 Jan. 1893, widow, ae 84yr.
Elizabeth M., d/o B.F. & A.M., b. 15 Jan. 1835, d. 21 Mar. 1851.
Elizabeth N., d/O Gardner Edmunds, d. 8 Apr. 1899, ae 74-11-28.
Ella M., d/o Charles & Anne M., d. 18 Nov. 1858, ae 3-10.
Eloner, d/o Daniel (Brown), d. 22 Dec. 1903, ae 70-0-15.
Emery, s/o John, d. 11 May 1899, ae 78yr.
Emma, d/o Sylvester & Abigail Chase, d. 17 Sep. 1859, ae 67.
Emma E., d/o Aloni Brown & Maud L. (Fowler), d. 13 Jan. 1898, ae 0-10-4.
Etta May, d/o Jacob E. & Louisa, d. 27 Dec. 1863, ae 1-4.
Eugene, b. 1854, d. 1908.
Frank, s/o Newell & Abigail (Leavitt) d. 7 July 1887, ae 58-6-15.
Frank W., s/o Stephen H. & Sarah f., d. 29 Dec. 1858, ae 10 ms.
George H., s/o B.F. & A.M., b. 18 Sep. 1847, d. 7 Jan. 1851.
George L., b. 14 Nov. 1825, d. 12 Oct. 1901.
George R., s/o Lowell & Lorana, d. 15 Sep. 1824, ae 0-17-11.
Grace L., d/o Henry, d. 12 apr. 1901, ae 30-0-12.
Hannah d. 17 Apr. 1823.
Hannah, d/o Benj. & Jane, d. 13 Oct. 1856, ae 27yr.
Hannah, w/o Sewell, b. 1815, d. 1902.
Hannah C., d/o Benj. Gunnuson, d. 26 Feb. 1901, ae 62-1-21.
Harriet A., w/o A.W. Gookin, b. 10 Mar. 1856, d. 17 Aug. 1882.
Henry, s/o Benj. & Miriam, d. 8 Nov. 1879, ae 86.

SEABROOK DEATHS

BROWN Cont.
Henry, s/o Daniel & Marey, d. 23 Nov. 1877, ae 33, drowned.
Henry S., s/o John P. & Sarah A., d. 8 June 1877, ae 43-4-9.
Herman P., s/o Alick A. & H.D. Eaton, d. 30 Oct. 1891, ae 2ms.
Hulda J., d/o Enoch & Lydia Gove, d. 6 Sep. 1880, ae 59.
Huldah, w/o Lowell Jr., d. 2 Sep. 1879, ae 59-2.
Jacob, s/o Jacob D. & Abby, d. 10 Dec. 1848, ae 0-3-10.
Jacob, s/o Joseph & Mary H. (Fowler), d. 11 Feb. 1884, ae 3-5-3.
Jacob C., s/o Abigail J. Brown, d. 19 July 1894, ae 1-1-1.
Jacob E., s/o Daniel, d. 27 July 1902, ae 60-1.
James F. b. 1830, d. 1908.
Jane, w/o Jeremiah, d. 11 Mar. 1831, ae 79yr.
Jane, w/o Benj., d. 14 Oct. 1860, ae 63-6.
Jaremiah, d. 13 Feb. 1846, Rev. War Pension.
Jennie T., d/o Bunavesta & Nancy J. (Eaton), d. 16 Feb. 1884, ae 1-1-10.
Jeremiah, d. 18 May 1818, ae 52yr.
John, Dr. d. 22 Oct. 1808 ae 77yr.
John, d. 8 July 1843, ae 67-7-6.
John A., b. 23 Mar. 1850, d. 31 Oct. 1920.
John Alden, b. 14 Oct. 1832, d. 7 Aug. 1916.
John Lewis, d. 25 June 1896.
John N., d. 26 Oct. 1880, ae 83?
John P., s/o John & Dolly, d. 11 Mar. 1863, ae 56.
Josie E. d/o Stephen H. & Sarah J., d. 9 Sep. 1878, ae 3-4.
Laura, d. 14 Jan. 1852, ae 39 yr.
Lorana J., w/o Lowell, d. 30 Nov. 1887, ae 90yr.
Lowell, d. 20 Aug. 1863, ae 85-3-7.
Lowell, d. 2 June 1887, ae 70-1, Carpenter.
Lowell, d. 29 Sep. 1890, ae 89yr.
Lowell, b. 7 Nov. 1797, d. 23 Apr. 1887.
Lowell Asbra, s/o Lowell & Judith J., d. 26 Sep. 1853, ae 14yr.
Lucinda H., d/o John P. & Sarah Ann, d. Feb. 1847, ae 6yr.
Lydia, w/o Jeremiah, d. 6 Sep. 1836, ae 59yr.
Lydia J. w/o Benj., d. 20 Nov. 1849, ae 47-7.
Maggie D, d/o Jacob, d. 25 Oct. 1886, ae 3-6-24.
Maria L., w/o John L., b. June 1856, d. Feb. 1873.
Maria L., d/o Samuel Beckman, d. 21 Feb. 1893, ae 36-8, md.
Mary, d/o Daniel & Mary, d. 23 Sep. 1879, ae 31.
Mary, w/o Lowell, d. 12 Apr. 1891, ae 90-6.
Mary, d. 28 Jan. 1891, Widow, ae 83 yr.
Mary A., b. 8 Mar. 1829, d. 19 Sep. 1909.
Mary A., w/o Belcher, d/o Samuel Rowe. d. 2 Aug. 1889, ae 63-0-28.
Mary Abby, d/o Jacob D. & Abby, d. 29 July 1857, ae 4-2.
Mary Ann, d/o Oliver & Ruth, d. 30 Oct. 1833, ae 24yr.
Mary C., d/o T.N, d. 1861, ae 3.
Mary J., b. 1854, d. 1927.
Mary Lizzie, d/o Chas. C. & Emerline (Follansbee), d. 26 Mar. 1896, ae 2-0-7.

SEABROOK DEATHS

BROWN Cont.
Mary L., d/o Emery Batchelder, d. 26 Jan. 1900, ae 41-4-20.
Moses, s/o Lowell & Lorana, d. 12 Oct. 1822, ae 0-18-21.
Moses?, s/o Bonavesta & Nancy (Eaton), d. 27 __ 1881, ae 1-6.
Nabby, w/o Lowell, d. 19 Dec. 1813, ae 26yr.
Nancy d. 2 Mar. 1828.
Nancy, w/o Moses, d. 13 Nov. 1852, ae 54-3.
Nancy, w/o John, d. 22 May 1857, ae 64-5.
Nancy, d/o Jeremiah & Lydia, d. 2 Mar. 1828, ae 26yr.
Nathan d. 1 Dec. 1811.
Nellie, d/o Jacob E., d. 26 Feb. 1888, ae 16-9-19.
Nellie C., d/o Bonavesta & Nancy J. (Fowler), d. 2 Mar. 1885.
Nellie H., d/o Elbridge & L.H. Eaton, d. 19 Jan. 1890, ae 1-0-8.
Newell, s/o John & Sarah, d. 10 Feb. 1875, ae 81-2-24.
Newell C., s/o Bonavesta & Nancy J. (Eaton), d. 31 Mar. 1886, ae 1-0-27.
Newell F., s/o Frank & Nancy M., d. 25 Sep. 1869, ae 11-9.
Oliver, d. 6 Apr. 1839, ae 61yr.
Perkins s/o John d. 11 Nov. 1825.
Polly d. 17 Apr. 1823.
Polly P., d/o Oliver & Ruth, d. 7 Aug. 1831, ae 18yr.
Rebecca d. 31 Oct. 1817, ae 22yr.
Rosamond, w/o William Rose, d. 12 Feb. 1905, ae 81yr,
Ruth, w/o Oliver, d. 11 Nov. 1835, ae 48yr.
Sadie E., d/o Jacob F. & Louisa (Fowler), d. 25 Apr. 1883, ae 18-6.
Sallie L., w/o Charles L., d. 28 May 1903, ae 70-9.
Sadie M., d/o John L. & Maria L., b. 7 Nov. 1878, d. 15 Sep. 1880.
Sallie L., d/o Jeremiah Locke, d. 28 May 1902, ae 70-9-4.
Sally, d/o John & Rhoda, d. 20 Dec. 1859, ae 39.
Samuel, s/o Jeremiah, d. 25 Apr. 1864, ae 84.
Sarah widow d. 18 Aug. 1824, ae 87yr.
Sarah, w/o John, d. 29 Dec. 1824, ae 74-4-7.
Sarah, w/o Webster, b. 1832, d. 3 Dec. 1892.
Sarah W., d/o Webster & Sarah, d. 15 Nov. 1863, ae 4-2-10.
Sarah, d/o Daniel & Mary, d. 1866, ae 16-3.
Sarah, d. 4 Mar. 1878, ae 69.
Sarah A., d/o Newell Brown & Abigail E. (Leavitt), d. 19 Sep. 1884, ae 58.
Sarah A., d/o John Hobbs, Widow, d. 30 Apr. 1888, ae 79yr.
Sarah Frances, d. 12 Aug. 1856, ae 22yr.
Sarah H., w/o Isaac A. Samson, d. 9 Feb. 1862, ae 26yr.
Sarah L. Samsom, d/o Lowell & Lorana, d. 9 Feb. 1862, ae 26-5-8.
Sarah W., b. 1859, d. 1863.
Sarilla, infant dau. of James F. & Eleanor.
Sevria J., d/o William Eaton, d. 28 July 1890, ae 57yr.
Sewell, M.D., d. 3 Mar. 1850, ae 52yr.
Son of Newell & Abigail P., d. 8 Sep. 1831, ae 0-4-5.
Son of Augustus & Hulda (Eaton), d. 10 Oct. 1896, ae 1day.
Sophia A., d. 1871, ae 37.

SEABROOK DEATHS

BROWN Cont.
Stephen, s/o Benj. & Jane, d. in NYC, Dec. 1853, ae 27yr.
Susan H., d/o Oliver & Ruth, d. 14 Jan. 1852, ae 39yr.
Susan J., d/o Wm Dow, d. 6 Oct. 1903, ae 85-11-6.
Sylvester L., s/o Newell & Abigail (Leavitt), d. 17 Dec. 1884, ae 52.
Thomas, s/o Benj. b. 21 May 1699, d. Nov. 1765.
Tristran, s/o Tristran & Rebecca, d. 1 Jan. 1852, ae 0-2-10.
Warren, s/o Sewell & Abigail E., drowned at sea, 26 Mar. 1860, ae 10yr.
Webster, b. 1833, d. 1920, Co. D, 14th Regt. NH Vol.
Widow of John d. 22 July 1814.
Widow of John Jr. d. 29 Oct. 1817.
Widow of John d. 29 Dec. 1825.
Wife of Lowell d. 19 Dec. 1813.
Willis B., s/o Christopher D. & Sovira, d. 2 Sep. 1862, ae 1-6.
William, s/o William & Esther, d. 28 Dec. 1812, ae 2-0-9.
William M., s/o Belcher, d. 18 July 1888, ae 36-4-21, shoemaker.
Willis F., s/o John L. & Maria L. (Beckman), d. 22 Jan. 1885.
W.P., d. 12 July 1888, ae 36-4.

BURRILL:
Micajah Jr., d. 14 Oct. 1812, ae 25yr.

BUSWELL:
Calvin, s/o Amos & Adaline, d. 20 Dec. 1880, ae 49.
Caroline G., d/o Calvin & Nancy, d. 1862, ae 2-4.
Milley C., d/o Calvin & Nancy, d. 1862, ae 5-0-14.
Nancy, d/o John & Nancy Walton, d. Aug. 1869, ae 33.
Nancy Ellen, d/o Wm T. & Lucinda (Knowles), d. 18 Aug. 1898, ae 2-7-5.
William T., s/o Calvin, d. 10 Feb. 1901.

BUTLER:
Colin, b. 23 Apr. 1840, d. 31 Dec. 1884.
Delia A, w/o Robert, b. 1852, d. ___.
Hulda A., d/o Sewell Brown, d. 30 Apr. 1893, ae 53-2, md.
Michael, d. 9 Apr. 1863, ae 65yr.
Robert, b. 1842, d. 1926, Co. H. 60th Mass. Vol.

BUZZELL: (see Buswell)
George W., s/o John W. & Sarah W. (Eaton), d. 22 Aug. 1553, ae 6-10.

CAREY:
Earle, s/o Hugh & Mary E. Eaton, d. 29 Mar. 1891, ae 2-6.
John S., s/o John S, d. 9 June 1892, ae 36-8-24, Mason.
Lucinda, d/o Hugh & Mary M. (Eaton), d. 23 Nov. 1883, ae 0-11-5.
Nancy E., d/o Wm Beckman, d. 22 Aug. 1900, 79yr.

CARR:
Edmund d. 14 Mar. 1807.
Robert d. 15 Mar. 1812.

CARTER:
Clarence, b. 1886, d. 1887.
Clinton, b. 1882, d. 1882.
Eddie P., b. 1896, d. 1896.
Elmer B., s/o Theodore P., b. 1880, d. 11 Aug. 1882, 2 yr.
Ethel M., b. 1884, d. 1884.
Harry, s/o Orrin B., d. 2 June 1898, ae 21-2.
Ina Ray, d/o Wm & Lucinda, d. 19 Aug. 1887, ae 22 days.

CASWELL:
Harry, s/o Henry N. & Lola M. (Eaton), d. 21 Mar. 1884, ae 0-8-12.
Henry N., s/o Richard G., d. 16 Jan. 1893, ae 45-4.
Mabel, d/o Henry D. & Lola M. (Eaton), d. 31 July 1885.

CHARLES:
Warren E., s/o Warren P. & Bessie A. (Janvrin), d. 19 Dec. 1901, ae 0-10-17.

CHASE:
Abbie B Redman, w/o John N., b. 22 Feb. 1848, d. 28 Dec. 1917.
Abbie L., w/o Amos L., b. 14 May 1842, d. 22 Nov. 1889.
Abigail, w/o Abraham & d/o Jeremiah Brown, d. 5 May 1882, ae 71-6.
Abraham, s/o Abraham, d. 8 Sep. 1869, ae 65-10-2.
Adna S., d. 4 Feb. 1882, ae 49yr.
Albert, s/o David & Lydia, d. 15 May 1859, ae 33.
Albert, d. 13 May 1869, ae 32-7.
Alvin S., d. 29 July 1884, ae 31yr.
Amos M., b. 1845, d. 1929.
Anna M., d. 20 Jan. 1862, ae 2-8.
Betsey J. Perkins, w/o John L., b. 1835, d. 1913.
Betsy, d. 4 June 1884, ae 76.
Caroline B., w/o Charles, d. 12 Nov. 1854, ae 23yr
Carrie S., d/o John Jr. & E.M. Jones, d. 12 July 1892, ae 4-7.
Charles, b. 1847, d. 1903.
Charles E., s/o J.L. & B.J., d. 19 Mar. 1861, ae 0-7-13.
Charlie, 1888 - 1892.
Chery, d/o Jonathan, d. 6 Sep. 1880, ae 66.
Child of David d. 2 Dec. 1809.
Child of David d. 16 Aug. 1812.
Child of David d. 16 Feb. 1820.
Child of Jonathan d. 24 Feb. 1817.
Child of Otis & Rhoda, d. 27 June 1864, ae 4.
Chivay P. b. 26 Jan. 1835, d. 23 Dec. 1902.
Clara D., b. 1824., d. 1879.

CHASE Cont.

Clara D., d/o Cheney, d. 15 Apr. 1896, ae 71-4.
David d. 19 May 1813.
David, d. 8 Dec. 1872, ae 91-7.
David, s/o Thomas & Hannah, d. 8 Dec. 1879, ae 90-7.
David, d/o Daniel, d. 12 Jan. 1892, 61yr.
David Clarence, oldest s/o David J. & Sallie R., d. 5 July 1859, ae 2-2.
David Joshua, d. 14 July 1860, ae 21-6.
David P., s/o David & Sally, d. 1860, ae 2-2.
David T., d. 14 July 1860.
David Jr., Capt. d. 12 Jan. 1892, ae 81-4.
Delia, d. 15 Apr. 1857, ae 27-10.
Elizabeth, d/o Enoch & Betsy, d. 27 July 1867, ae 23.
Emily S., w/o James, b. 13 Dec. 1845, d. 20 Sep. 1904.
Enoch, d. 1881.
Enoch, s/o Abraham, d. 5 Feb. 1891, ae 82-10, farmer.
Ephraim F., b. 1857, d. ____.
Frank E., s/o Jeremiah F. & Lucinda, d. 6 July 1870, ae 6-9.
Frank F., 1871 - 1872.
Frank P., s/o John L. & Betsey J., d. 29 Jan. 1880, ae 3-0-2.
Franklin, b. 1853, d. 1888.
George P., b. 1877, d. 1878.
George W., s/o John, b. 1840, d. 19 May 1903, ae 59-8-5.
Hannah, w/o Chivey, d. 14 Apr. 1883, ae 83-4.
Hannah H., d. 16 Sep. 1884, ae 63yr.
Hannah O., b. 20 Mar. 1822, d. 9 Mar. 1905.
Helen D., d/o Jeremiah & Esther (Brown), d. 27 Jan. 1885.
Henry C., s/o David, d. 12 May 1880, ae 31.
Henry Clement, s/o David & Sally L., b. 23 Sep. 1850, d. 12 May 1881.
Huldah C., b. 27 Nov. 1813, d. 8 Dec. 1891.
Infant dau. Thos. & Lucinda P. d. 13 June 1832.
Isaac s/o Elisha d. 3 Aug. 1823.
Ivory W., d/o Thos., d. 4 Apr. 1901, ae 50-6.
Jeremiah F., b. 28 Dec. 1824, d. 24 Jan. 1907.
Capt. John, s/o David, b. 23 Apr. 1814, d. 25 Nov. 1893.
John L., b. 1830, d. 1898.
John N., b. 17 May 1844, d. 11 Sep. 1929.
Jonathan G., s/o Jonathan & Mary, d. 14 May 1869.
Jonny, s/o Capt. Thos. & Mary, d. 27 Dec. 1864, ae 3-6.
Joseph, s/o Abram, b. 1810, d. 28 Feb. 1890, ae 79-2-25, fisherman.
Josephine, w/o Thomas, b. 7 Sep. 1839, d. 11 June 1908.
Josephine E., d. 19 Apr. 1891, ae 34yr.
Lucinda L., w/o Jeremiah, d/o Thos. Felch, d. 30 Mar. 1897, ae 68-6-21, md.
Lucinda P., w/o Thomas, d. 20 June 1847, ae 44-7.
Lucy, d/o Tristram, d. 9 Feb. 1886, 30yr.
Lucy J., d/o Enoch & Betsy, d. 1863, ae 25.
Lydia, d/o David & Lydia, d. 18 Oct. 1847, ae 19yr.

SEABROOK DEATHS

CHASE Cont.
Lydia A., w/o David & d/o Nicholas & Sarah (Felch), d. 28 Aug. 1859, ae 71.
Lydia G., w/o Joseph, d/o Chivey Chase, b. 1823, d. 16 Oct. 1894, ae 71-6-16.
Margaret H., d/o Jacob Fowler, d. 21 June 1901, ae 52-1-6.
Marion Bell, d/o Otis B. & Rhoda N., d. 28 June 1864, ae 3-5.
Mary, w/o Trueworthy, b. 1818, d. 1870.
Mary, w/o Thos., b. 12 July 1828, d. 10 Feb. 1904.
Mary E., d/o Charles & Elizabeth Page, d. 21 July 1869, ae 51.
Mary O., d/o Clara D.,b. 1859, d. 24 Feb. 1879, ae 20-1..
Mary P. Eaton, w/o Ephraim, b. 1861, d. ____.
Miriam, w/o Capt John, b. 23 Feb. 1822, d. 18 Dec. 1886.
Miriam, d. 18 Dec. 1886, 66 yr.
Nancy J. Walton, w/o George N., b. 23 Dec. 1861, d. 30 Oct. 1914.
Orvin, b. 1849, d. 1927.
Otis H., s/o Abram & Abigail, d. 13 Nov. 1864, ae 31-7.
Polly d. 25 Nov. 1813.
Ralph P., s/o John M. Jr. & E.M. Jones, d. 9 Feb. 1892, ae 1-3-2.
Rebecca, d/o Wm Walton, d. 4 Sep. 1893, ae 91-5.
Rhoda, d. 30 Jan. 1872, ae 59yr.
Sally, w/o Charles, d. 6 Aug. 1858, ae 68yr.
Sally Lock., w/o David Jr., d. 2 June 1893, ae 80-6-17.
S. Helen, w/o Edmund M. Houghton, b. 1840, d. 1908.
Son of Ira M. & Winifred M., d. 7 Oct. 1885.
Son of John H. 2d & Emma (Jones), d. 24 July 1895.
Stephen M., Corp. Co. D. 14th NH Inf.
Stephen M., s/o Jonathan, d. 2 Nov. 1871, ae 57-11-18.
Stephen W., s/o Stephen, d. 22 July 1903, ae 63-11-21.
Tappen, d. 10 Nov. 1861, ae 61yr.
Thomas, d. 23 Aug. 1714, ae 72.
Thomas d. 18 Nov. 1812.
Thomas, s/o Thos. & Betsy (Felch), d. 14 Aug. 1882, ae 77yr.
Thomas, b. 14 Jan. 1838, d. ____.
Trueworthy, b. 1816, d. 1901.
Widow of Thomas d. 19 Nov. 1821.
Wife of Charles of Hampton Falls d. 19 Apr. 1817.
Willie A., b. 18 Jan. 1860, d. 9 Aug. 1863.
William, s/o Jonathan & Mary, d. 20 Dec. 1859, ae 56.
Willis A., s/o Thos. J. & Josephine, d. 9 Aug. 1863, ae 4-7-5.

CHURCHILL:
Fred D., s/o Edsyl & L. Beckman, d. 14 Dec. 1891, ae 1-7-0.

CILLEY: (See Silley)
Abigail w/o Nicholas d. 14 Nov. 1823.
Charles E., s/o Sewell B., d. 8 July 1887, ae 34yr, shoemaker.
Child of William, d. 28 June 1864, ae 21?

SEABROOK DEATHS

CILLEY Cont.
Mark s/o Thomas d. 21 Mar. 1826.
Nancy, d/o Daniel Merrill, d. 3 Dec. 1894, 61yr, md.
Thomas d. 22 April 1817.
Washington, s/o William & Betsy, d. 28 Aug. 1868, ae 38.
W/o Thomas d. 19 Nov. 1825.
William, s/o Thomas & Joanna (Collins), d. 22 Sep. 1879.

CLEMONS:
wife of James d. 28 Aug. 1816.

CLIFFORD:
Gardner, b. 27 Nov. 1841, d. 1 Dec. 1902.
Luther A., s/o Gardner, d. 14 Nov. 1896, ae 29-7-12.
Lydia O, w/o Gardner, d. 11 Jan. 1895, ae 19-1.

CLOUGH:
wife of Joseph d. 22 Feb. 1816.

COBURN:
John W., s/o John, d. 28 Nov. 1902, ae 57yr.

COCHRANE:
David Webster, s/o Samuel & Rebecca, d. 22 July 1850, ae 21ms.
Joseph S. s/o Samuel & Rebecca, d. 10 Mar. 1856, ae 9ms.
Mary M., d/o Samuel & Rebecca, d. 3 Oct. 1858, ae 5-8.
Samuel, d. 26 Aug. 1871, ae 57-6.
Sarah B, d/o Samuel &Rebecca, d. 6 Nov. 1870, ae 28-9.

COFFIN:
Stephen d. 26 May 1822, ae 92 yr at Hampton.

COLLINS:
Abba Adalaide, d/o Robert & Mercy, d. 18 Sep. 1848, ae 1-9.
Abbie A. Rowe, w/o Merrill, b. 22 Dec. 1850, d. 23 Apr. 1911.
Betsey, w/o Ezekiel, d. 6 Nov. 1837, ae 74yr.
Charlotte w/o Thomas d. 3 Mar. 1828.
Child of John d. 12 Jan. 1814.
Child of John d. 5 Apr. 1823.
Child of Levi d. 22 Mar. 1826.
Child of Robert d. 17 Nov. 1816.
Child of John H. & Margaret, d. 20 Mar. 1871, ae 1-6.
Comfort widow of Tristram d. 1 Feb. 1816, ae 93yr.
Eliza, d/o Jonathan & Sarah Eaton, d. 1876, ae 71.
Ezekiel, d. 15 June 1848, ae 85yr.
Ezekiel, s/o Ezekiel, d. 18 Nov. 1877, ae 79 yr.
Francis Melvin, s/o Robert & Mercy, d. 5 Jan. 1856, ae 2-4.

SEABROOK DEATHS

COLLINS Cont.
Horace S., s/o John H. & Margaret A. (Cilley), d. 23 Mar. 1878.
Jacob, s/o Ezekiel & Betsy, d. 1866, ae 66.
Joanna, d. 21 Apr. 1848, ae 33yr.
Lavonia M., w/o Gardner, d. 6 June 1891, ae 59-1-6.
Lucy, d. 1861.
Mercy, d/o John Brown, d. 8 Jan. 1892, 78yr, md.
Newell Franklin, s/o Robert & Mercy, d. 21 May 1842 ae 5-9.
Polly d/o Samuel d. 1 Dec. 1823 ae 20yr.
Robert s/o Robert d. 7 Jan. 1809.
Robert d. 31 Dec. 1823.
Robert, s/o Tristram, d. 4 July 1893, ae 31-10.
Samuel s/o Robert d. 6 Feb. 1810.
Samuel, d. 21 Aug. 1891, ae 82yr.
Sarah, d/o Moses & Rhoad (Eaton), d. Jan. 1877, ae 78 yr.
Tabitha, d/o Joshua & Ruth Eaton, d. 28 Apr. 1859.
Tristram, s/o Zachary Dow & Sarah, d. 10 July 1879, ae 54-8.

COOKIN:
George, s/o Willard & Harriett (Brown), d. 30 Apr. 1882, ae 3-6-20.
Harriet, d/o Webster & Sarah W. (Coughlin), d. 17 Apr. 1882, ae 25-8-7.

COOMBS:
William C., d. 20 Aug. 1882, ae 27-5-5.

COREY:
Charles H., Rev. b. 12 Dec. 1834, d. 5 Sep. 1899.
Fannie Sanborn, w/o Rev. Chas., b. 4 Jan. 1845, d. 22 July 1919.

CRANE:
Hannah W., d/o John Webster, d. 28 Jan. 1902, ae 77-10-3, wid.

CUDWORTH:
Dau. of Eugene & Lillian (Boyd), d. 9 Sep. 1898.

CUMMINGS:
George E., s/o S.L., d. 8 Sep. 1890, ae 33-5.
Theodore H. and R.B. children of W.H. & Mary B., d. _____.
Theodore H., s/o William H., d. 2 Mar. 1848, ae 7ms.
William H., Killed Calif. 22 Mar. 1858, ae 37yr.

DAFFRON:
John, s/o Hall, d. 27 Sep. 1892, ae 73yr, shoemaker.

DANLEY:
John, d. 17 Oct. 1902, 58yr.

SEABROOK DEATHS 69.

DAVIS:
Ralph, s/o Geo. H. & Alice A. (Hull), d. 27 May 1901, ae 0-7-23.

DEARBORN:
Dr. Edward, d. 6 Mar. 1851, ae 75-4, s/o Jonathan..
Hannah S., w/o Samuel H., b. 30 Jan. 1842, d. 6 Oct. 1918.
Jonathan, Doctor, d. 12 Dec. 1878, ae 73.
Phebe, widow of Dr. Edward, d. 16 Mar. 1852, ae 75yr.
Samuel H., b. 7 Nov. 1830, d. 30 Jan. 1892, 1st Sgt, Co. I, 11th NH Regt.

DODGE:
John d. 5 Feb. 1816 at Hampton Falls.
William d. 7 Oct. 1818 at Hampton Falls.

DOW:
Aaron d. 15 May 1812.
Aaron U., s/o Arthur & Nellie F. (Gove), d. 5 June 1900, ae 0-10-10.
A.B., Co. D, 14th NH Inf.
Abbott L., s/o J.P. & S.J., d. 8 Mar. 1853, ae 8ms.
Abigail, w/o Zebulon, d. 17 Sep. 1841, ae 82yr.
Abraham, 9mo. 1783, ae 69yr.
Abram, b. 2 Oct. 1832, d. 9 June 1902, Sgt. Co. D 3rd NH Inf., Co. C. 24th VRC
Adaline J., d/o Thos. Felch, d. 3 Nov. 1903, ae 65-2-11.
Adelaide A., w/o Abram, b. 2 Aug. 1849, d. 22 Jan. 1892.
Adelaide A., d/o Walter P. & Belinda, d. 21 Apr. 1849, ae 2-5.
Albert M., s/o Jacob, d. 10 June 1899, 72-7-6.
Alfred, s/o Abram W. & S.J. Perkins, d. 6 Oct. 1890, ae 10ms.
Alfred E., s/o Alfred B., d. 7 Feb. 1891, ae 27-9.
Alfred N., b. 25 Oct. 1841, d. 12 Aug. 1909, Co. D 3rd Regt. NH Vol.
Almira, 1828 - 1885.
Andrew J., b. 24 May 1882, d. 12 Nov. 1912.
Angelia, d/o Newell & Nancy, d. 28 Sep. 1857, ae 3ms.
Anna A., w/o W. Colby, d. 22 Aug. 1873, ae 19-6.
Anna M., d/o Jeremiah Chase, d. 22 June 1903, ae 35-3-18.
Annie N., d/o Alfred N. & Ella F., b. 12 Sep. 1863, d. 1 May 1864.
Arthur W., s/o Warren & Rhoda A. Dow, d. 29 Jan. 1890, ae 3-2-23.
Arvesta L., w/o Joseph A., b. 5 May 1863, d. _____.
Augusta A., d/o Robert & Nancy M., d. 1 Dec. 1870, ae 19.
Augusta A., d/o Ira F., d. 14 Feb. 1895, ae 21-9-11.
Benjamin, d, 24 Mar. 1858.
Bertie F., s/o Levi, d. 28 June 1898, ae 29-0-24.
Betsy, w/o Jacob, b. 1833, d. 1876.
Betsy F., d/o William & Sarah, d. 1876, ae 43.

SEABROOK DEATHS

DOW Cont.
Betsey L., widow of Zaccheus & d/o Thos. & Abigail Brown, d. 6 Mar. 1869, ae 61yr.
Carrie H., d/o David F. & Z.A. Fowler, d. 29 Mar. 1892, ae 4-4.
Charles, b. 12 Nov. 1859, d. 17 Feb. 1872.
Charles, s/o Elihue, d. 3 Mar. 1896, 83-3.
Charles A., s/o Albert M. & Keziah, d. 22 July 1860, ae 1-3.
Charles A., d/o Jonathan & Hannah, d. 30 Nov. 1877, ae 19-9.
Charles Franklin, s/o Elihu & Charlotte, d. 7 Mar. 1835, ae 4-6.
Charles H., s/o J.A. & A.L., b. 1892, d. 1892.
Charles J., s/o Jacob & Betsy F., d. 25 May 1869, ae 1-1.
Charles L., s/o Dan. B. & Ruth a., d. 14 Sep. 1867, ae 2-6.
Charles O., s/o Dennis & Sally A., d. 12 Jan. 1879, 1-8.
Charles S., d. 1 Nov. 1898, ae 1-6-8.
Charles T., d. 30 May 1860.
Charles Jr., s/o Elihu & Lydia, d. 6 July 1870, ae 18-5.
Charlotte, w/o Elihu, d. 16 Oct. 1842, ae 35yr.
Climena, d. 28 Oct. 1887, ae 31-6.
Daniel s/o David d. 18 Nov. 1819.
Daniel, s/o Levi & Martha, d. 1863, ae 16.
Daniel B., s/o Edw. D., b. 3 Nov. 1833, d. 6 Nov. 1902.
Daniel F.W., s/o Thos. & Mary, d. 11 Oct. 1850, ae 3-2.
Daniel F.W., s/o Thos. & Mary, d. 22 Feb. 1854, ae 2-3.
Daniel W., d. 14 Nov. 1850, 4 yr.
David, d. 13 Dec. 1850, ae 78.
David C., s/o David F. & Zelphia (Fowler0, d. 20 Mar. 1885, 12 ds.
David E., s/o Hibbard & Martha, d. 25 Nov. 1870, ae 76.
Dennis H., b. 9 Apr. 1831, d. 24 Sep. 1910.
David d. 18 Aug. 1811.
David, d. Nov. 1850, ae 94 yr, Vet. Rev. War.
David, b. 13 Dec. 1850, ae 78yr.
David E., b. 8 Apr. 1837, d. 1 Aug. 1867.
Edmund, s/o Reuben & Sarah J., d. 26 May 1858, ae 1-2.
Edward D., d. 7 Feb. 1846, ae 19-3.
Edward D., s/o Tristram & Hannah, d. 29 Mar. 1870, ae 23-7.
Edward D., d. 13 Aug. 1880, ae 74yr 5ms.
Edward E., s/o Jacob & Sarah, d. 21 Jan. 1835, ae 1-5.
Elias, s/o Phineas & Mary D., d. 3 Oct. 1867.
Elihu, d. 24 Aug. 1853, ae 75-3.
Elihu, s/o Robert, d. 7 Feb. 1864, ae 65-7.
Eliza B., d/o F.P. & N.M., b. 1891, d. 1891.
Elizabeth w/o Moses d. 17 Dec. 1818, ae 46yr.
Ella F. Butler, w/o Alfred N., b. 22 July 1846, d. 15 Dec. 1933.
Ellen Augusta, d/o Robert & Ruth, d. 3 Feb. 1837, ae 1-1.
Elroy C., s/o Newell, d. 9 June 1902, 41-4-24.
Elsie B., d/o Frank P. & Nellie M. Small, d. 9 Aug. 1890, ae 4ms.
Elvira R., d/o Stephen Ran____, d. 1 Jan. 1881, ae 67.

SEABROOK DEATHS

DOW Cont.

Elvira Ross, w/o George F., d. 11 Jan. 1882, ae 67yr.
Ethel J., d. 16 Feb. 1892, ae 1-9-10.
Eugene, s/o Reuben & Sarah, d. 2 Aug. 1851, ae 1yr.
Flora May, d. 30 Aug. 1892.
Frank F., b. 1 May 1870, d. ____.
Frank H., s/o F.P. & N.M., b. 1889, d. 1891.
Frank P., s/o :owe;; B. & Eliza A. (Dow), d. 2 Sep. 1883, ae 26.
Franklin, s/o Moses F. & Joness, d. 15 Apr. 1875, ae 7-0-15.
Franklin R., s/o Frank P. & Nellie M. Small, d. 1 Aug. 1890, ae 1-5-0.
Flora May, d/o Chas. F. & Annie L. Dow, d. 28 Feb. 1890, ae 1-0-23.
George F., d. 2 Apr. 1871, ae 60yr.
George F., s/o Benj. & Hannah, d. 2 Apr. 1875, ae 60-5.
George H., s/o John P., d. 28 Dec. 1894, ae 32-6.
George S., s/o Moses & Hannah Dow, d. 6 Sep. 1880.
George W., b. 6 Sep. 1837, d. 20 Feb. 1879.
Gertrude L., d/o Nicholas Gynan & Martha R. (Fowler), d. 21 Nov. 1883, 21-2.
Hannah, d. 2 Aug. 1853, ae 44-7.
Hannah, d/o Phineas & Mary A., d. 26 June 1879, 1 yr.
Hannah M., w/o David, d. 9 Sep. 1857, ae 81yr.
Hannah Phillips, w/o Benj., d. 1mo. 14 da 1805, ae 50yr.
Harry Walton, s/o Elias H. & Villia (Reed), d. 18 Mar. 1893, ae 1-6-13.
Henry, d. 22 Jan. 1738, aged 64.
Infant, of F.P. & N.M., b/d 1898.
Isaiah, b. 1790, d. 17 June 1872.
Isaiah Jr., s/o Wm & Sally, d. 24 May 1863.
Isaiah, s/o Linne Dow, d. June 1879, ae 82.
Isreal, d. 16 Mar. 1885, ae 82-4.
Jacob d. 13 Feb. 1820.
Jacob, Capt., d. 18 Sep. 1855, ae 74-3.
Jacob, s/o Robert & Sally Brown, d. Sep. 1882, ae 84.
Jacob, d. 1 Dec. 1882, ae 85-11.
Jacob, d. 1 Apr. 1846, ae 22yr.
Jacob, b. 1831, d. 1888.
Jacob, d. 26 Oct. 1887, ae 56-5-27, cabinet maker.
James M., d. 1 June 1882, ae 47-5-7.
Jemima, b. 1793, d. 2 June 1879.
Jeremiah s/o David d. 8 Oct. 1824.
Jennie, d/o Levi, d. 16 Mar. 1889, ae 25-10.
John, s/o Moses & Elizabeth, d. 4 Apr. 1858.
John, d. 29 July 1860.
John A., b. 1840, d. 1911.
John H., s/o Phineas & Mary, d. 3 June 1862, ae 15-2.
John M., s/o John M., d. 5 Mar. 1869, ae 0-7-14.
John M., s/o William, d. 11 June 1902, 75yr,
John N., s/o Warren W. & Rhoda A. (Dow), d. 20 Oct. 1902, ae 18-10-20.
John P., s/o Isiah & Joanna (Felch), b. 26 Oct. 1817, d. 7 July 1883.

SEABROOK DEATHS

DOW Cont.

Jonathan S., s/o Dearborn, d. 5 Aug. 1900, ae 64-1-5.
Joseph, s/o Joseph & Sally, d. 18 June 1851, ae 4yr.
Joseph, s/o Zebulon & Abigail, d. 5 May 1867.
Joseph, b. 13 May 1887, ae 84-6.
Joseph A., b. 29 Feb. 1860, d. ____.
Joseph F., d. 26 Apr. 1840, ae 25yr.
Joseph N., Co. G, 48th Mass. Mil. Inf.
Josiah, d. 18 Apr. 1718, 39yr.
Josiah d. 14 Sep. 1827.
Josiah F., d. 14 Jan. 1850, ae 13 days.
Julia, d/o Newell & Nancy, d. 3 Nov. 1851, ae 2-6.
Julia, d/o George & Adaline, d. 4 Mar. 1867, ae 4.
Julia A., d/o Wallace Knowles, b. 16 July 1841, d. 7 Oct. 1893.
Julia A., d/o Reuben & Sarah J., d. 6 June 1858, ae 3-6.
Julia A., d/o Joseph & Sally, d. 9 Oct. 1856, ae 17yr.
Julia A., d/o Geo. F. & Adaline, d. 4 Mar. 1867, ae 3-6.
Julia E., d/o Reuben & Sarah, d. 6 Aug. 1851, ae 4-2.
Keziah, d/o Samuel Collins, d. 4 Feb. 1891, ae 53-3, Md.
Laura P., d/o Tristram & Mariam, d. 1 Feb. 1860, ae 15-10.
Lemuel, s/o Warren W. & Sally (Souther), d. 29 Jan. 1899, ae 3-3.
Levi, s/o Tristram, b. 25 Oct. 1883, d. 5 Sep. 1902.
Liddia J., d. 27 Mar. 1850, ae 2-6-0.
Liona D., w/o Henry H., b. 15 Mar. 1859, d. 28 July 1899.
Lizzie E., d/o Benj. & Mary, d. 13 Oct. 1866, ae 46yr.
Lois, widow of Jacob, d. 1 Oct. 1844, ae 77yr.
Lorenzo, s/o J.A. & A.L., b. 1887, d. 1888.
Louis R., s/o Dan. & Lizzie (Gynan), d. 1 Feb. 1884, ae 18-4.
Lowell Brown, s/o Robert, d. 17 Apr. 1824, ae 4yr.
Lowell B., s/o Jacob, d. 21 Apr. 1894, 69yr.
Lucinda, d. 17 Dec. 1907, ae 75yr
Lucy A., w/o James M., d. 3 Apr. 1902, ae 62yr.
Lucy J., d/o Joseph & Sally, d. 21 dec. 1864, ae 24-2.
Lucy S., w/o Abram, d. 21 Dec. 1864, ae 24-2.
Lydia d/o Hubbard Locke, d. 20 Sep. 1899, ae 75-7-20.
Lydia A., d/o Daniel Walton, d. 20 Mar. 1899, ae 73-11-1.
Martha d. 9 May 1807.
Mary, w/o Benj., d. 20 Feb. 1842, ae 84yr.
Mary, d. 18 May 1739, w/o Henry.
Mary A., d/o Elias Felch, d. 29 May 1898, ae 72-9, wid.
Mary C., d. 14 Sep. 1856, ae 45yr.
Mary E., d/o Joseph N. & Mary E., d. 15 Mar. 1868, ae 1-7.
Mary E., d. 1876, ae 1yr.
Mary J., w/o John P. & d/o Michael Butler, b. 1833, d. 23 Nov. 1883, 50-9.
Millie, d/o Edwin, d. 6 Nov. 1864, ae 0-3.
Milly H., d/o Jacob & Betsy F., d. 1863, ae 1-6.
Miriam J. d. 12 Nov. 1882, ae 62-3.

SEABROOK DEATHS

DOW Cont.
Moses, s/o Aaron & Mary, d. 10 Dec. 1869, ae 61.
Moses F., Co. E 1 Batt. Mass. H.A.
Nancy, w/o Samuel, d. 26 Jan. 1857, ae 55yr.
Nancy, d/o Daniel Walton, d. 27 Mar. 1897, ae 76yr, wid.
Nellie, w/o Frank F., b. 3 Oct. 1873, d. ____.
Nelson R., s/o Simeon, d. 20 Feb. 1885, ae 45.
Newell F. s/o Newell & Betsey, d. 17 Mar. 1864, ae 17-11, Co. I 14th Regt. NHV.
Newell, s/o Tristram, d. 29 Oct. 1882, ae 68.
Newell Jr., s/o Benjamin & Mary, d. 30 Aug. 1878, ae 56.
Noruthrup, d. 21 Dec. 1808.
Oliver, d. 26 Feb. 1850, ae 34-4.
Orrin B., s/o Robert, d. 2 Nov. 1903, ae 49-11-16.
Pauline, d/o James W. & L. Perkins, d. 16 June 1891, ae 1yr.
Phebe, widow of Abraham, 6mo. 1818, ae 101yr.
Philip C., s/o Simeon E. & Susan, d. 12 Dec. 1869, ae 41.
Phinehus A., d. 9 Oct. 1867, ae 22.
Phineas, s/o Tristram, d. 28 Jan. 1893, ae 71-7, fisherman.
Polly A., b. 26 Sep. 1832, d. 26 Oct. 1901.
Rachel, w/o Tristram, d. 5 Apr. 1870, ae 79yr.
Ralph H., s/o J.A. & A.L., b. 1896, d. 1923.
Rebecca, d/o David & Rebecca, d. 18 Aug. 1809, ae 27yr.
Rebecca d. 18 Aug. 1809.
Rebecca, w/o Stephen, d. 15 Feb. 1910, ae 79-10-6.
Rebecca J., d/o J.P. & S.J., d. 1 June 1855, ae 8ms.
Reuben, d. 27 Mar. 1833, ae 67-7.
Rhoda, d. 6 Jan. 1835, ae 16-6.
Rhoda, w/o Elihu, d. 17 Apr. 1876, ae 93-1.
Rhoda, w/o Edward D., d. 26 July 1872, ae 72yr.
Rhoda, d/o Tristram & Lizzie Collins, d. 25 July 1879, ae 74.
Rhoda E., d/o Jeremiah P. & Phebe M. Eaton, d. 15 dec. 1870. ae 40-9.
Rhoda R., w/o Philip C., d. 15 Dec. 1870, ae 39-9.
Robert, d. 13 Mar. 1843, ae 66yr.
Rosa E., d/o Elihu & Lydia (Locke), d. 5 Feb. 1894, ae 27-0-3.
Sally, w/o Robert, d. 24 Sep. 1857, ae 80yr.
Sally, w/o Joseph & d/o Thos. Brown, d. 28 Dec. 1881, ae 83yr.
Sally, d/o Jonathan & Sally Eaton, d. 12 Nov. 1882, ae 86.
Sally A.F., d/o Tristran T. & Sarah A., d. 31 Aug. 1865, ae 1-0-22.
Sally K., d/o Tristram & Sarah, d. 1866.
Samuel s/o Aaron d. Apr. 1809.
Samuel, d. 1862, ae 80.
Samuel C., s/o J. & B.F., b. 1855, d. 1898. Samuel, d. 9 May 17(73), ae 71yr
Samuel E., s/o Jacob, d. 30 Nov. 1897, ae 45-11-27.
Sarah, w/o Alfred, d. 16 July 1872, ae 33-6.
Sarah A., d/o Joseph & Sally, d. 15 Sep. 1845, ae 2-6.
Sarah A., w/o Jacob & d/o Thos. Eaton, d. 8 Mar. 1878, ae 78yr.

DOW Cont.

Sarah E., d/o David F. & Y.A. Fowler, d. 10 Mar. 1892, ae 2-7-8.
Scott A., s/o Tristram, d. 14 May 1903, ae 37-1-20.
Sewell, 1820 - 1880.
Sewell B., d. 27 Nov. 1847, ae 20-8.
Son of Josiah d. 13 Dec. 1819.
Son of Joseph A. & A.L. Small, d. 22 Aug. 1892, ae 5ms.
Son of Alvah H. & Susie M. (Eaton), d. 9 Oct. 1893, ae 24ds.
Son of Fred S., d. 26 Nov. 1895.
Son of Frank P. & Nellie M. (Small), d. 19 May 1897.
Stephen, d. 22 Sep. 1893, ae 66-10.
Stillman C., d. 26 Mar. 1907, ae 46-4-27.
Susan J., w/o John P., d. 17 Oct. 1856, ae 27-9.
Susan J., w/o John P., b. 3 Jan. 1823, d. 14 Oct. 1857.
Susan T., d/o J.S., d. Mar. 1861.
Thomas A., s/o Jacob & Sarah)Eaton), d. 14 June 1886, ae 63-8-5.
Tristram, s/o Zachus & Jonna, d. 1 Nov. 1868, ae 76.
Tristram, s/o Tristram & Rachel, d. 8 Mar. 1880, ae 66.
Walter B., s/o David F. & Zelphia A. (Fowler), d. 11 Feb. 1885.
Weare s/o Joseph d. 24 June 1813 at Hampton Falls.
Wildemina, d/o David F. & Zelphia A. (Fowler), d. 20 Sep. 1882, ae 3ms.
Willard a., s/o Levi B. & Martha, d. 1876, 3ms.
Widow d. 31 May 1816.
Wife of Daniel d. 14 Nov. 1813.
William, s/o Zecheus & Fanny, d. 24 May 1869, ae 75.
Zaccheus, d. 5 Nov. 1866, ae 57yr.
Zelphia A., w/o John A., b. 1846, d. 1884.

EASTMAN:

Adaline, d/o Daniel & Matilda, d. 1860, ae 9.
Caleb C., b. 1873, d. 1873.
Daniel, b. 1815, d. 1896.
Dorothy G., w/o Jeremiah, b. 1847, d. ____.
David C., b. 1872, d. ____.
Jeremiah, b. 1843, d. 1915, Corp. Co. I, 61st Mass. Inf.
Matilda, w/o Daniel, b. 1811, d. 1891.

EATON:

Abbie A Beckman, w/o Charles F., b. 20 Sep. 1862, d. ____.
Abby M., w/o Charles A., b. 1 Nov. 1831, d. 23 Jan. 1893.
Abel, Co. G, 6th NH Inf.
Abel, s/o Ezekiel C. & Nancy, d. 1876, ae 40 yr.
Abigail B., d/o Joshua Eaton, d. 6 Dec. 1893, ae 53-2, md.
Abner L., s/o Lowell, d. 21 Feb. 1896, ae 53-6-4.
Ada F., d/o Wyman & Mary (Jones), d. 20 June 1897, ae 22yr.
Adna C., s/o Samuel & Abigail, d. 26 Mar. 1862, ae 3-3.
Alema P., d/o Robert C. & M.A. Fowler, d. 11 Oct. 1891, ae 13-3.

EATON Cont.

Alexandria, d/o Caleb & Louisa, d. 3 July 1877, ae 18-4.
Alexander M., b. 1859, d. 1876.
Alice F., d/o Chas. H. & Susan R., b. 1850, d. 27 Dec. 1887, ae 37yr. Teacher.
Alvah, b. 24 Apr. 1836, d. 14 Nov. 1901.
Alvah A., 1865 - 1908.
Alvira P., b. 29 Apr. 1833, d. 2 Feb. 1911.
Anda, s/o Geo. P. & Ellen J., d. 4 Mar. 1897, ae 22-4-24.
Andrew J., s/o Christopher Jr. & Clarissa, d. 13 Apr. 1869, ae 4-7-21.
Ann widow of Joshua d. 29 Oct. 1819.
Arthur H., s/o Jacob F. & Eliza A. (Souther), d. 27 Mar. 1885.
Arthur R., s/o Fred A. & Emma M. (Fowler), d. 18 Sep. 1898, ae 1-4.
Augustus, s/o Samuel & Susan, d. 6 Oct. 1848, ae 1yr.
Belinda d/o Simeon d. 30 Dec. 1826.
Belinda, d/o Jacob & Rebeckah, d. 1874, ae 20.
Bertie, b. 30 June 1884, d. 19 Aug. 1884.
Bertie L., s/o Lewis D. & Harriet E., d. 24 Aug. 1872, ae 3yr.
Bessie, d/o Wm H. & E.A. Bagley, d. 1 Mar. 1891, ae 5-0-5.
Betsy B., d/o Robert Dow & Sally Brown, d. Dec. 1882, ae 77.
Betsey, w/o True, d/o Benj. Brown, d. 10 Aug. 1889, ae 85-1-18.
Betty P. d/o Ephraim d. 12 Nov. 1825.
Bryant, d. 6 Aug. 1829, ae 69yr.
Bryant, s/o Joshua, d. 21 Mar. 1892, ae 63yr.
Burton L., s/o Lewis & Harriett, d. 1879, 3 yr.
Caleb Jr. s/o Caleb d. 3 June 1826.
Calvin, s/o Henry, d. 20 July 1900, ae 47-10-18.
Caroline, d/o Jacob & Rebeckah, d. 1874, 17 yr.?
Carrie M., d/o Isreal, d. 9 Feb. 1890, ae 24-10-7.
Cassie J., d. 1876, 9ms.
C.W., Co. D, 3rd NH Inf.
Celia A., d/o Abner, d. 7 Feb. 1869, ae 2.
Charles, s/o Lewis D., d. 4 Aug. 1901, ae 18-5-2.
Charles F., b. 14 Nov. 1859, d. _____.
Charles R., s/o Lowell, d. 29 Jan. 1875.
Charles W., s/o Henry & Abigail, d. 4 July 1868, ae 28.
Charles W., s/o Chas. E. & Lucy A (Perkins), d. 18 July 1887, ae 0-10-11.
Charlotte M., d/o Joseph Johnson & Margaret England, d. 6 Apr. 1882, 22-8-6.
Charlotte M., d/o Jacob Eaton 2d & Sarah (Fowler), d. 30 Dec. 1884, ae 1-8.
Child of Caleb d. 15 July 1825.
Child of Henry d. 11 Dec. 1820.
Child of Jabez Jr. d. 3 Mar. 1828.
Child of Jonathan d. 8 Feb. 1816.
Child of Christopher M. & Clara, d. 1866, ae 2-1.
Child of Almon & Mary E., d. 3 Apr. 1870, ae 0-0-14.
Child of Almon & Mary E., d. 8 Apr. 1870, ae 0-0-20.
Clara R., d/o Lowell & Pauline, d. 5 Mar. 1875, ae 34-3.

EATON Cont.

Clarisa, d/o Peleg? & Susan, d. Feb. 1860, ae 50.
Clarissa, w/o Washington,d/o Enoch Boyd, d. 20 Jan. 1899, ae 70-5, wid.
Clarissa, d/o Wallace M. & Lena (Beckman), d. 12 Apr. 1902, 3ms.
Clinton J., b. 27 Nov. 1866, d. 16 June 1915.
Cynthia, d/o John & Nancy, d. 4 Feb. 1826, ae 1-3-15.
Cynthia, w/o Joshua, d. 17 May 1850, ae 43yr.
Cynthia A., d/o George P. & Ellen J., d. 1876, ae 3-6.
Daniel, s/o Henry & Hannah, d. 16 Feb. 1854, ae 36-6.
Dolly S., d/o Wm & Nancy Beckman, d. 1863, ae 46.
Dorcus, w/o Joshua, d. 8 Dec. 1871, ae 72-7.
Eben s/o John d. 5 Mar. 1811.
Eben, s/o Moses & Rhoda, d. 10 Dec. 1878, ae 14-4.
Edward D. d. 14 Mar. 1884.
Edwin, b. 1813, d. 1891.
Edwin A., s/o Edwin & Mary (George), d. Apr. 1870, ae 23-7.
Edwin Morris, s/o Edwin & Mary J., d. 17 Apr. 1870, ae 24-2.
Eliza M., d/o Geo. & Lizzie F. (Randall), d. 18 May 1888, ae 0-3-9.
Elizabeth, d/o Wyman, d. 1 July 1864, ae 50.
Elizabeth, d/o Jacob Fowler, d. 3 Aug. 1864, ae 69.
Emma D., d/o Wyman & Margaret (Follansbee), d. 24 Oct. 1885, ae 7yr.
Emma Pearl, d/o Wm W. & Margaret, d. 7 May 1890, ae 10-10-2.
Enoch, s/o Joshua & Eleanor, d. 27 July 1878, ae 18yr.
Ephraim s/o Benjamin d. 24 June 1824.
Eunice, w/o George F., d. 26 July 1889, ae 86-0-20.
Eva C., d/o Almon S. & M.E. Wright, d. 5 Feb. 1890, ae 1-0-10.
Frank O., s/o Reuben & Annie W., d. 11 Apr. 1866, ae 6-9-13.
Frannie S., d/o Henry & Elizabeth, d. 27 Mar. 1878, ae 1-9-12.
Frederick, s/o Moses B. & Betsy, d. 1 Apr. 1879, 2yr.
George B., s/o John A. & S.I. Brown, d. 11 Jan. 1891, ae 2-9-16.
George F., b. 27 Jan. 1824, d. 15 June 1888.
George F., s/o Jacob 2d & S.E., d. 6 Apr. 1889, ae 19ds.
George M., s/o Jacob 2d & Sarah (Fowler), d. 22 Jan. 1885, ae 3-1.
Gertie A., d/o Louis D. & Harriet E., d. 11 Aug. 1882, ae 8yr.
Gertrude A., d/o Levi D. & Harriet A. (Bragg), d. 11 Aug. 1881, ae 8.
Giles, s/o Joshua & Ruth, d. 2 Jan. 1866, ae 83-4.
Gilman F., s/o John M., d. 16 Oct. 1896, 43yr.
Hannah, widow of Henry, d. 11 Nov. 1857, ae 50yr.
Harry, 1875 - 1889.
Helen M., d/o John R. & Jane, d. 3 July 1880, 9 ds.
Henry, d. 6 May 1838, ae 77yr.
Henry, d. at sea, Coast of Newfoundland, 28 Aug. 1811.
Henry, s/o Albert M. & Phoebe K., d. 31 Mar. 1886, ae 1-5-10.
Hial, s/o Almer & Mary, d. 20 Jan. 1878, ae 2-9.
Hial F., s/o Almon, d. 11 July 1880, ae 1-3.
Howard L., s/o Chas. C. & M.R. Moreland, d. 27 Mar. 1891, ae 7-7.
Hubert W., s/o Henry & Abigail M., d. 7 Oct. 1851, ae 4-0-26.

SEABROOK DEATHS

EATON Cont.
Ida G., d/o Louis D. & Harriet (Bragg), d. 24 Feb. 1902, ae 20-10-20.
Infant dau. of Wm A. & Ruth A. Eaton, d. 16 Mar. 1892, ae 11-10.
Isiah D., s/o Thos., d. 12 Aug. 1899, 70yr.
Isreal, s/o Joshua & Dorcus, d. 20 Feb. 1853, ae 20-8.
Jabez s/o Jabez d.6 June 1819.
JacobF., s/o Jacob & Rebecca, d. 1 Aug. 1867, ae 10-0-8.
Jacob, s/o Jacob, d. 18 Jan. 1894, ae 64-0-4.
Jacob F., s/o Isiah, d. 16 May 1898, ae 52-6.
Jacob L., s/o Jacob R. & Rebecca, d. 29 Jan. 1879.
James C., s/o Chas & Abby, d. 1 Aug. 1854, ae 1-0-11.
James E., s/o Ellsworth & Emma F. (Souther), d. 11 Apr. 1900, ae 0-5-11.
Jane M., w/o Samson, d/o Robert,d. 28 July 1895, ae 64yr, wid.
Jeremiah P., d. 19 Jan. 1846, ae 41-3-27.
John d, 18 Jan. 1817.
John, s/o Samuel. d. 26 Jan. 1890, ae 73-2-28, railroad.
John Colby, s/o John, d. 3 Jan. 1883, ae 54.
John C., s/o Frederic & Lizzie (Bragg), d. 10 Apr. 1882, ae 0-7-20.
John H., s/o Lowell & Palina (Hunt), d. 19 Aug. 1869, ae 21.
John M., s/o Jonathan & Sally, d. 9 Sep. 1859, ae 80.
John O., s/o Abram, d. 6 June 1864, ae 56.
John S, s/o John & Carrie, d. 16 July 1887, ae 10ms.
Joshua, d. at sea, 14 Oct. 1851, ae 49yr.
Joshua, d. 1 Mar. 1870, ae 68-8.
Joshua, s/o Joshua & Cynthia (Collins), d. 5 Aug. 1882, ae 54.
Judith A., d/o Bemj. Palmer, d. 18 July 1883, ae 67-10-17.
Julia A., w/o Luther, d. 19 Jan. 1857, ae 23-11-19.
Lena, d/o Isaac & Ann R., d. 28 Mar. 1878, 10 ms.
Lester N., s/o Joshua & Elinor, d. 21 Aug. 1868, ae 6-0-21.
Linna C., d/o Wm & Sarah, d. 23 Mar. 1868, ae 9-5.
Lizzie, d/o John M. Dpw, d. 21 Oct. 1894, ae 27yr.
Lizzie F., d/o Chas. Randall, d. 13 Mar. 1895, ae 23-2, md.
Louisa A., b. 1855, d. 1866.
Louisa V., d/o Caleb & Louisa, d. 1866, ae 9.
Lucinda M., d/o Wyman & M.A. Eaton, d. 8 Mar. 1892, ae 1-9-20.
Lucretia, w/o William 2nd, d. 19 Jan. 1886, ae 63-6.
Lydia d. 26 Dec. 1813.
Lydia w/o David d. 2 July 1827.
Lydia C. Walton, w/o Alvah, b. 23 July 1839, d. 6 July 1911.
Maggie, d/o James B. & Sadie, d. 24 May 1887, ae 4yr.
Maggie M., d/o Chas. W. & Lizzie G. Dow, d. 15 Feb. 1891, ae 1-10-8.
Margaret A w/o Molle, 1839 - 1915.
Martha L., d/o Louis d. 26 Dec. 1867, ae 14-1.
Martha, d/o Henry Brown, d. 24 June 1892, widow, ae 77-6.
Mary, w/o Edwin, b. 1819, d. 1883.
Mary, w/o Jacob F., d. 18 Nov. 1842, ae 21yr.
Mary A., d. 9 Dec. 1891, ae 38yr, md.

SEABROOK DEATHS

EATON Cont.
Mary Abbie, d/o Samuel, d. 24 Oct. 1893, ae 45yr.
Mary C., d/o Samuel & Abigail, d. 1862, ae 3-3.
Mary D., d/o Chas. 2d & Ann R. Fowler, d. 2 Oct. 1890, ae 2-4-8.
Mary E., d/o Joshua Eaton & Cynthia (Collins), d. 16 Jan. 1884, ae 45-5.
Mary Jane, d/o John M. & Martha, d. 1877, ae 43.
Mary L., w/o Enoch A., d. 24 Aug. 1856, ae 28-3.
Mary L., d. 1876, ae 1yr.
Mary L., d/o Calvin & Mary, d. 8 Aug. 1880, ae 5-5.
Mary Lydia, d/o Christopher Jr. & Clara R., d. 1876, ae 7yr.
Mehitable, d/o Thos. & Rhoda, d. 25 Nov. 1870, ae 76.
Moses, s/o Moses, d. 10 May 1890, ae 70-1.
Moses B., s/o True, d. 1 May 1895, ae 62yr, md.
Nancy, d/o Henry & Hannah, d. 1866, ae 51.
Nancy, d/o Caleb & Louise, d. 19 Jan. 1871, ae 17.
Nancy, d/o Phineas & Polly (Beckman), d. 25 Dec. 1870, ae 11.
Nancy, d/o John & Sally, d. 9 Mar. 1879, ae 62.
Nancy C., d/o Jacob F. & Eliza A., d. 8 Oct. 1877, ae 2-6.
Nancy E., b. 1833, d. 1871.
Nelson, s/o Washington & Clarissa, d. 27 May 1874, ae 21-6.
Newell, s/o Washington & Clarissa, d. 29 Nov. 1863, ae 8ms.
Nicholas, s/o Almon & Mary L., d. 30 Sep. 1868, ae 1-8.
Oliver, d. 15 July 1868, ae 72yr.
Paulina, d/o Abram Hunt, d. 1 Sep. 1882, ae 63-1-1.
Phebe w/o Winthrop d. 13 May 1825.
Phebe, d/o Winthrop & Phebe, d. 1 Sep. 1878, ae 90-7.
Phebe E., d/o Robert & Dolly S., d. 19 Oct. 1844, ae 2-2.
Phebe K., w/o Jeremiah P., d. 5 June 1875, ae 71-8.
Phebe K., d/o Jeremiah & Phebe, d. 17 July 1812, ae 1-8-27.
Polly S., w/o Robert, d. 15 Jan. 1862, ae 15-2.
Ralph D., s/o Andrew J. & Lucy (Beckman), d. 12 Dec. 1899, ae 15-0-23.
Reuben, s/o Reuben, d. 12 Nov. 1896, ae 63yr.
Reuben D., s/o Samuel & Sally, d. 12 Apr. 1876, ae 62-10.
Reuben, s/o Thomas & Sally, d. 18 Apr. 1877.
Rhoda, d/o William & Hannah, d. 28 Mar. 1859, ae 2-1.
Rhoda J., d/o Almon & M.E. Wright, d. 11 June 1892, ae 20-0-22.
Robert D., s/o Samuel & Betsey, d. 11 May 1842, ae 0-13-24.
Robert F., s/o Wm N. & Ida (Bragg), d. 8 July 1887, ae 10ms.
Roxanna, d/o Newell F. & Emma Eaton, d. 12 Nov. 1890, ae 3yr.
Ruth A., d/o Winthrop & Mehitable, d. 29 Jan. 1879, ae 92-9.
Sallie, w/o Reuben D., d/o Moses Brown, Wid., d. 9 May 1889, ae 75-3.
Sallie A., d/o William & Clara A. Collins, d. 16 Jan. 1894, ae 0-9-7.
Sally, d/o Henry & Hannah, d. 28 Feb. 1836, ae 5-6.
Sally, w/o Thomas, d. 4 Aug. 1835, ae 64yr.
Samson L., d. 13 June 1886, ae 62yr.
Samuel s/o Briant d. 23 Mar. 1810.
Samuel s/o John d. 20 Jan. 1820.

SEABROOK DEATHS

EATON Cont.
Samuel, s/o Samuel & Mary, d. 14 Aug. 1840, ae 27-11.
Samuel, s/o Samuel & Mary, d. 5 Mar. 1870, ae 76.
Samuel C., s/o Joshua, d. 20 Aug. 1888, ae 58yr, shoemaker.
Sarah w/o Henry, d. 12 Jan. 1810, ae 67yr.
Sarah, w/o Briant, d. 7 Jan. 1838, ae 68yr.
Sarah, d/o Ebenezer Tilton, d. 9 Oct. 1882, ae 89-3.
Sarah E., d/o Samuel & Judith, d. 22 Sep. 1862, ae 16-0-11.
Sarah E., d/o John Fowler, d. 25 July 1890, ae 34yr.
Sarah W., w/o Ephraim, b. 31 July 1793, d. 9 Oct. 1882.
Simeon, s/o Jeremiah & Phoebe, d. 13 June 1886, ae 61yr.
Son of Ephraim d. 6 Mar. 1828.
Son of Fred & Mary, d. 6 Mar. 1864, ae 2ms.
Son of Jacob 2d & S.E. Fowler, d. 8 Aug. 1890, ae 5ms.
Son of Robert L. & Alice F. Rowe, d. 18 Nov. 1891.
Susan, d/o John &Susan Beckman, d. Apr. 1860, ae 76.
Susan, d. Sep. 1869, ae 1.
Susan C., d/o Robert Collins, d. 29 Sep. 1888, Widow, ae 76-4.
Susan E., d/o Moses Souther & Susan E. (Fowler), d. 11 Dec. 1884, ae 36-3.
Thomas s/o Eben d. 31 Mar. 1824.
Thomas, d. 12 Feb. 1847, ae 75yr.
Thomas, d. 7 Nov. 1870, ae 45.
True, d. 25 Nov. 1875, ae 75yr.
Viana, d/o Jesse L. & Ann, d. 17 Jan. 1878, 10ms.
Washington, s/o Winthrop, d. 26 Nov. 1889, ae 84-2-8, merchant.
Wells H., b. 1830, d. 1894.
Wessie, d. 11 Aug. 1901.
Wife of John d. 22 July 1807.
William, s/o William, d. 7 Dec. 1864, ae 31.
William H., s/o John & Elizabeth, d. 1 Jan. 1871, ae 2-1.
William T, s/o True, d. 26 Sep. 1902, ae 63yr.
Willie A., s/o Alvado & C.A. Eaton, d. 29 Feb. 1892, ae 10-11-13.
Willie N., b. 10 May 1886, d. 3 Sep. 1889.
William, s/o Thos. & Sally, d. 30 Dec. 1887, ae 35yr, shoemaker.

EDMUNDS:
Mary A., d/o Benj. Dow, d. 19 Oct. 1903, ae 78-1-29. Wid.

ELDREDGE:
Emma C, d/o William & Abigail, d. 2 Aug. 1857, ae 3-5.

EVANS:
Brice L., s/o Wm & Grace T. (Brown), b. 16 July 1891, d. 16 Aug. 1892.
Charles F., s/o Joseph & Eliza A., d. 2 Mar. 1869, ae 11ms.
Child of Miles d. 8 Sep. 1825.
Child of Miles d. 19 Sep. 1825.
Eliza A., d/o Thos. Felch, d. 14 July 1897, ae 66-9-20, wid.

SEABROOK DEATHS

EVANS Cont.
Jane N. Frost, w/o John C., b. 4 Nov. 1841, d. 25 Dec. 1917.
John C., b. 27 Nov. 1829, d. 5 Oct. 1910.
Mary Jane, w/o William, d. 8 Oct. 1845, ae 36-10-22.
William, d. 15 Apr. 1860, ae 53-6-20.

FALLS:
George d. 21 Feb. 1822 at Hampton Falls.
George, s/o Geo. & Sally, d. 24 Aug. 1834, ae 11-8.

FALCH/FELCH:
Abagail, d/o Enoch & Polly Boyd, d. 22 Feb. 1867, ae 44.
Almira, d/o Joshua & Ruth Eaton, d. 14 Dec. 1880, ae 67.
Amos, s/o Daniel & Jane (Eaton), d. 1866, ae 57-2.
Angella, d/o Amos & Polly, d. 20 Aug. 1858, ae 0-1-7.
Bertie, s/o Albert & Mary f., d. 14 Nov. 1871, ae 2.
Bertie F., s/o Freman & Mary F., d. 12 Mar. 1871, ae 1-3.
Charles F., s/o Daniel, d. 1 July 1897, ae 61-8.
Charles F., d. 1 Feb. 1898, ae 62-7.
Child of Thomas d. 13 Nov. 1823.
Daniel, d. 25 Nov. 1861, ae 40yr.
Daniel, s/o Elias & Elizabeth, d. 25 Nov. 1861, ae 40-2.
Daniel F., d. 17 Nov. 1862, ae 14-1-10.
Daniel F., s/o Amos & Polly, d. 1862, ae 1-2.
David B., s/o Elias & Elizabeth, , d. 6 Nov. 1862, ae 27.
Dora A., d/o Frank L. & Alice A. (Knowles), d. 18 Sep. 1895, ae 5ms.
Eddie F., s/o Edw. D., d. 25 Oct. 1895, ae 20-8.
Edward D., s/o Amos, b. 1836, d. 20 Jan. 1902, ae 66-0-21.
Elias. s/o Samuel & Nancy, d. July 1870.
Elias, d. 19 July 1876, ae 43yr.
Elias, s/o Daniel, d. 19 Oct. 1863, ae 62yr.
Eliza, d/o Elias & Elizabeth, d. 25 Sep. 1845, ae 2yr.
Elizabeth, w/o Elias& d/o Moses & Polly Dow, , d. 11 June 1862, ae 62.
Enoch B., s/o Elias, d. 28 Mar. 1900, 70yr.
Fred F., d. 6 Sep. 1884, ae 63-5.
Frederic T., s/o Samuel & Susan E. (Dow), d. 6 Sep. 1884, ae 53-5-10.
George A., s/o Freeman & Mary F., d. 5 July 1872, ae 5-3.
George A., s/o Seaman & Mary, d. 15 July 1879, 5 yr.
Henry s/o Daniel d. 27 June 1807.
Henry, d. 9 Jan. 1888, ae 36-5.
Jane A. Blake, w/o George D., b. 3 Oct. 1838, d. 15 Dec. 1910.
Jemima widow of Samuel d/o Thos. Cilley d. 5 June 1817.
Jeremiah s/o Nicholas d. 12 Aug. 1824.
John s/o Nicholas d. 15 Nov. 1809.
John, s/o Albert F. & Mary F. (Knowles), d. 21 Aug. 1886, ae 5-5-0.
John, s/o Freeman & Mary F., d. 20 Aug, 1888, ae 8-7.
John F., b. 23 Sep. 1848, d. 18 Aug. 1904.

SEABROOK DEATHS

FALCH/FELCH Cont.
John H., s/o John & Nancy, d. 20 Aug. 1860, ae 19-11.
Josiah, s/o Thos., d. 2 July 1900.
Julia A., d/o George E. & Josephine, d. 30 Sep. 1879, 3yr.
Lucy, d/o Freeman & Mary F., d. 1 July 1863, ae 2-6.
Lucy J., w/o John E. Collins, d. 28 Feb. 1861, ae 28yr.
Mary, d/o ___ Randall & Elizabeth (Rowe), d. 1881, ae 69.
Mary F., d/o Stephen Knowles, d. 23 Feb. 1899, ae 52-4-16.
Milan C., 1831 - 1873.
Nancy, w/o Samuel, d. 7 Jan. 1854, ae 46yr.
Nancy, d/o Ambrose Walton, d. 26 Jan. 1888, widow, ae 73yr.
Nancy L., w/o Fred F., d. 24 Apr. 1881, ae 38yr.
Nicholas, d. 13 Apr. 1841, ae 85-10. A soldier of the Rev. War.
Roscoe F. s/o Fred R. & Nancy L., d. 19 Mar. 1879, ae 0-8-10.
Rose E., d/o Fredrick F. & Nancy L., d. 19 Mar. 1878, ae 0-8-10.
Sadie J., d/o Edward & Mabel F. (Dow), d. 29 May 1896, ae 9ms.
Samuel s/o Daniel d. 3 Jan. 1811.
Samuel, Capt., d. 17 Nov. 1848, ae 46-7-21.
Samuel s/o Samuel d. 17 July 1818.
Samuel, s/o Daniel, d. 14 Mar. 1890, Wid., ae 86-7-29.
Samuel A., s/o Samuel & Susan, d. 26 Nov. 1838, ae 1-2-10.
Sarah, d/o Jonathan Brown, d. 23 July 1898, wid., ae 44-4.
Sherman L., d. 10 Jan. 1892, ae 1-1-18.
Sarah d/o Daniel d. 1 Jan. 1808.
Sarah, widow of Nicholas, d. 20 Oct. 1849, ae 88-7.
Sarah E., w/o John N. Locke, b. 1848, d. 1916.
Son of Josiah & Lucy J. (Eaton), d. 26 Feb. 1893, ae 0-2-1.
Susan C., d/o Samuel Dow, d. 6 Dec. 1884. ae 70-6.
Thomas, s/o David & Jane (Eaton), d. 2 June 1882, ae 82-6.
Thomas J., b. 1875, d. 1904.
Tristram, s/o Amos & Polly, d. 20 July 1852, ae 14ds.

FELTCH:
Almira, b. 12 July 1812, d. 14 Dec. 1879.
Ames, d. 21 Jan. 1866, ae 59yr.
John, d. 11 May 1886, ae 72yr.
Mary, w/o Ames, d. 1 Apr. 1881, ae 69yr.
Nancy, w/o John, d. 16 Jan. 1888, ae 73yr.
Reuben, b. 12 June 1812, d. 15 Mar. 1842.

FIELDS:
John. s/o William H. & Susie J. (Dow), d. 15 July 1882, ae 11ms.

FIFIELD:
Jonathan d. 9 Oct. 1818.
Sarah, w/o Jonathan & d/o John & Sarah Brown, d. 10 May 1806, ae 21yr.
Widow d. June 1826 at Hampton Falls.

SEABROOK DEATHS

FITTS:
Ada, w/o John P., d. 17 Nov. 1871, ae 16yr.
Agnes, d/o John & Sarah, d. 1 Nov. 1878.
Annie E., d/o John P. & Sarah, d. 1 Oct. 1877, ae 4-10.
John P., d. 3 July 1875, ae 27yr.

FLANDERS:
Frank W., Co. B, 8th Regt Mass. Inf. U.S.V. 1867 - 1910.
Jane, d/o Stephen Bagley, d. 22 Jan. 1858, ae 69.
Josephine Dow, w/o Wallace W., d. 21 Sep. 1884, ae 40-1-17.
Wallace W., Co. F, 57th Regt. Mass. Inf., 1841 - 1911

FOGG:
Almira F., d/o Albert Gove, d. 29 Aug. 1878, ae 21.
Blanch, w/o Ebenezer, d. 16 July 1817, ae 36yr, d/o Samuel Walton.
Caroline Robbins, w/o James, b. 27 June 1834, d. ____.
Callie B. Chase, w/o Joseph A., b. 1845, d. 1923.
Charles, d. 1 Sep. 1917, ae 82-4.
David Jr. s/o David d. 12 Dec. 1820.
David, b. 1813, d. 1889.
Ebenezer s/o Simon d. 16 Nov. 1809.
Ebenezer, d. 10 May 1844, ae 77yr.
Ella H., b. 10 Nov. 1861, d. 14 Dec. 1880.
Elmira F., w/o Warren D., d. 20 Apr. 1878, ae 21-10.
Enoch C., s/o David & Jane, b. 1846, d. 3 Jan. 1879, ae 33.
Frank B., b. 1875, d. 1914.
George A., b. 1844, d. 1918.
Huldah A., w/o Charles, d/o Elvie Dow, d. 12 Apr. 1897, ae 69-7, md.
James, b. 13 June 1833, d. 30 Sep. 1901.
Jane M., w/o David & d/o Abram & Sarah Chase, b. 1816, d. 4 Jan. 1870.
John W., s/o Richard, b. 17 Aug. 1833, d. 5 Aug. 1899.
Joseph A. b. 3 Jan. 1842, d. 16 Jan. 1880.
Joseph A., s/o David & Jane M., d. 26 Jan. 1889.
Lester L., s/o John W. & Mary E., b. 10 Dec. 1862, d. 26 Apr. 1879.
Lester L., s/o John W. & Mary, d. 26 Apr. 1880, ae 16.
Marion I., w/o Charles B. Edgerly, b. 1886, d. 1918.
Mary E., b. 20 May 1838, d. 23 Feb. 1918.
Mary H., d/o Richard & Mary, d. 4 Jan. 1878, ae 38-5.
Mary P., w/o Richard, d. 9 July 1882, ae 71-11.
Richard, d. 18 June 1877, ae 71-1.
Samuel, s/o Richard & Mary, d. 4 July 1855, ae 9-10-22.
Son of Benjamin & Annie (Knowles), d. 7 Nov. 1885.

FOLLANSBEE:
Addie M., d/o H.P., d. 24 July 1889, ae 16-7-18.
Arabella, d/o Reuben & Sevirn, d. 25 Apr. 1851, ae 2yr.
George E., s/o Horace & Mary L. (Felch), d. 8 Sep. 1883, ae 10 ms.

SEABROOK DEATHS

FOLLANSBEE Cont.
George H., s/o H. & M.C. Felch, d. 28 June 1891, ae 6-1-24.
Horace, s/o Reuben, d. 15 Mar. 1900, 54yr.
Marquis, s/o Preston C. & Blanche (Randall), d. 16 June 1899, ae 1-2-5.
Mary L., d/o Enoch Fetch, d. 8 Apr. 1890, ae 35-7-29, md.
Reuben, s/o John, d. 14 July 1890, ae 68yr.
Savina, d/o Henry Brown, d. 19 Oct. 1864, ae 46.

FOOTE:
Charles, b. 20 Jan. 1873, d. 1 May 1906.
Charles D., b. 22 Feb. 1845, d. 15 Sep. 1910.
Ethel, twin, d/o Chas. B. & Caroline A. (Randall), d. 26 May 1885.
Eva. twin, d/o Chas. B. & Caroline A. (Randall), d. 26 May 1885.
John C., b. 1838, d. 1907.
Julia A., d/o Daniel E. & Lena (Souther), d. 29 July 1896, ae 1-2-0.
Lucin, d. 1 May 1882, ae 72.
Lydia, d/o Moses & Rhoda (Eaton), d. 3 Apr. 1886, 69yr.
Samuel, s/o Lucian & Lydia, d. 17 Oct. 1847, ae 10-9-15.

FORREST:
John, d. 14 Dec. 1902.

FOSTER:
B. Frank, d. 3 Nov. 1878, ae 31yr.
Benjamin F., s/o James & Matilda, d. 3 May 1846, ae 1-10.
James, d. 13 Apr. 1878, ae 70yr.
James F., s/o James & Matilda, d. 26 Nov. 1864, ae 20.
Matilda A, w/o James, d. 9 May 1856, ae 51yr.

FOWLER:
Abbie J., d/o Thos. Eaton, d. 5 Mar. 1894, ae 30-4-20.
Abraham, d. 1 Apr. 1864, ae 72.
Abraham, s/o Abraham & Martha, d. 14 Nov. 1842, ae 13-1-28.
Anna E., d/o Israel & Nancy, d. 20 May 1869, ae 2.
Annette F., d/o John F. & S.A. Fowler, d. 3 Mar. 1892, ae 3-4-7.
Augusta, w/o John F. Pike, b. 20 Feb. 1861, d. 14 Feb. 1890.
Betsy, d. 20 Mar. 1871, ae 82.
Bryan, s/o Samuel F. & Sadie A. (Eaton), d. 30 Nov. 1898, ae 1-3.
Caroline, d/o James F., d. 21 Nov. 1902, ae 60-7-23, wid.
Charles, d. 20 Aug. 1878, ae 29yr.
Charles W., s/o Warren & Sarah, d. 8 Apr. 1866, ae 1ms.
Charlotte M., d/o Geo. & M.J. (Steward), d. 1 Feb. 1892, ae 4yr.
Chestina, d/o Jacob & Rebecca (Eaton), d. 15 Dec. 1990.
Child of Abraham d. 6 July 1825.
Child of James A. & Betsy, d. 1862, ae 5ms.
Child of E.D., d. 4 June 1864, ae 1-7.
Child of Lowell B., d. 31 Aug. 1864, ae 0-6.

SEABROOK DEATHS

FOWLER Cont.
Child of Jacob S. & Martha S. (Merrill), d. 25 Sep. 1884, 3 ds.
Child of Arthur E. & Jennie, d. 25 May 1900.
Child of Sewell B. & Ruth (Eaton), d. 11 Dec. 1902.
Cyrus D., s/o Samuel & Betsy, d. 6 Jan. 1867.
Dau. of Andrew J. & Mary C., d. 28 Feb. 1900.
Dau. of C. Albert & Lottie (Souther), d. 20 Mar. 1902.
Dau. of Jacob S. & Martha L. (Merrill), d. 24 Sep. 1885.
Dau. of John L. & Emma (Souther), d. 1 July 1885, stillborn.
David, d. 4 May 1886, ae 66yr.
David, d. 28 July 1848, ae 56yr.
David P., s/o Robert E., d. 24 Sep. 1900, ae 29-3.
Dennis, s/o David, d. 9 June 1902, ae 72-7-15.
Earnest, s/o Dennis A. & Sarah E. Eaton, d. 12 Oct. 1890, ae 8-1-5.
Ebin d. 16 Dec. 1819.
Eben, d. 3 May 1892, ae 73yr.
Edward D. d. 28 Feb. 1884, ae 55.
Eliza, d/o John Souther, d. 17 Jan. 1883, ae 76-4-6.
Elizabeth E., w/o Eben, d. 19 Feb. 1890, ae 68yr.
Elizabeth K., d/o Samuel Harding, d. 19 Feb. 1890, ae 68-3, md.
Emeline S., d/o Israel F. & Ann (Eaton), d. June 1884, ae 1-4.
Emeline, w/o Richard, d/o Chas. Robinson, d. 26 July 1895, ae 65-6.
Emily, d/o Annenias, d. 3 Oct. 1894, ae 61yr.
Esther Gertie, d/o A. Alber & Lottie (Souther), d. 27 Aug. 1901, ae 0-9-9.
Francis F., s/o Sewell B. & Hannah, d. 22 Jan. 1864, ae 11-4.
Francena, d/o John F. & Sally A. (Fowler), d. 19 July 1884, ae 5 ms.
George Arthur, s/o Joshua & Hannah, d. 26 July 1878, ae 3-8.
George B., s/o Robert E., d. 24 Apr. 1900, ae 24-3-3.
George E., s/o Cyrus & Mary, d. 5 Sep. 1878, ae 1yr.
George S., s/o John L. & Abbie J. (Eaton), d. 13 Sep. 1885.
George W., s/o George & Margaret, d. 27 Sep. 1877, ae 8ms.
George W., s/o Geo. & M.J. (Steward), d. 4 Feb. 1892, ae 2-10.
Hannah, d/o Abner & Mary of Hill, NH, d. 18 Nov. 1835, ae 40yr.
Herbert, s/o Edward & Mehitable, d. 4 Sep. 1867, ae 7.
Ira N., s/o Lowell & Chestine Eaton, d. 16 Jan. 1891, ae 1yr.
Jacob s/o Thomas d. 12 Aug. 1813.
Jacob A., s/o Richard & Sarah (Souther), d. 27 Aug. 1892, ae 27-2.
Jacob C., s/o Newell A., d. 24 Mar. 1894, ae 32-3-20.
Jacob S., s/o Chas. M. & C. (Eaton), d. 1 Jan. 1883, ae 8 ms.
James, s/o Jonah & Mary E., d. 20 Mar. 1880, ae 80.
James F., s/o James F., d. 22 Apr. 1864, ae 30.
James H., d. at Hatteras Inlet, N.C., 27 Feb. 1862, ae 35yr, Member Co. C, 6th Regt. NH Vol.
James P., s/o James F. & Mary J., d. 22 Apr. 1864, ae 29-9.
James Russell, s/o Nancy Fowler, d. 17 Sep. 1902, ae 0-5-7.
Jennie L., d/o John L. & E.F. Souther, d. 3 Aug. 1890, ae 0-6-25.
Joseph, s/o Abner, d. 29 Oct. 1878, ae 3yr.

SEABROOK DEATHS 85.

FOWLER Cont.
Laura A., d/o James H. & Betsy, d. 25 Dec. 1861, ae 4ms.
Laura E., d/o Frank & Jane (Eaton), d. 4 June 1892, ae 11ms.
Laura Ellen, d/o Joshua E., d. 3 Sep. 1987, ae 24yr.
Lowell B., s/o Samuel, d. 24 Jan. 1895, ae 64-4.
Margaret, w/o Thomas, d. 10 Oct. 1834, ae 74yr, d/o Jeremiah & Betsy Lord of Cape Nordlet, Me.
Margaret E. d/o Richard Jr. Sarah, d. 19 May 1869, ae 4-4.
Margie E., d/o Lowell B., d. 10 Feb. 1901, ae 25-6-6.
Marion F., d/o W.L. & C.M., d. 9 Feb. 1896, ae 1-8.
Marion, d/o Walter L. & Clara M. (Eaton), d. 9 Feb. 1898, ae 1-8.
Martha, w/o Abraham, d. 10 Oct. 1853, ae 52yr.
Mary C., d/o John O., d. 27 May 1901, ae 18-4-20.
Mary J., w/o James F., d. 26 June 1858, ae 55-9-21.
Mary L., d/o David A. & Almira (Eaton), d. 9 Nov. 1884, ae 3-3.
Mary S., d/o Sylvanus & Abigail Eaton, d. 25 June 1858, ae 56.
Mehitable, w/o Edward D., d. 30 Sep. 1865, ae 39yr.
Mehitable, d/o Joseph & Emma Wright, d. 9 Sep. 1865, ae 34.
Mercy C., d/o David, d. 26 Oct. 1898, ae 65-11.
Mercy C., d/o Robert & Annie M. (Bently), d. 9 Aug. 1900, ae 15-11-11.
Oscar, s/o Joseph C., d. 30 Aug. 1888, ae 11-9.
Philena, w/o Benjamin Rackliff, d. 2 Oct. 1876, ae 83yr.
Polly or Molly, w/o David, d. 7 Apr. 1873, ae 83-5.
Ralph N., s/o James & Florence (Eaton), d. 9 Mar. 1902, ae 0-9-27.
Richard, s/o Abram, d. 27 Mar. 1900, ae 82-11-16.
Robert W., s/o Robert E., d. 29 Sep. 1900, ae 26yr.
Sally, w/o Thomas Jr. & d/o Thos. Knowles, d. 26 Mar. 1878, ae 80-7-26.
Samuel s/o Samuel d. 23 Feb. 1823, ae 82yr.
Sarah, d/o Cyrus A. & Lottie N. (Souther), d. 9 July 1899, ae 3ds.
Sarah, d/o Jacob Souther, d. 19 Aug. 1900, ae 61-3-27.
Sarah F., d/o Milfrid, d. 30 Nov. 1893, ae 1-8.
Sarah N., w/o David, d/o John Souther, d. 10 Mar. 1899, ae 78-5.
Sewell B., s/o Ananias, d. 25 Apr. 1902, ae 62-7.
Son of Dennis & Emily, d. 20 Mar. 1864, ae 0-11-7.
Son of Sewell Jr. & Ruth (Eaton), d. 15 Apr. 1893, ae 25ds.
Son of Charles, d. 15 May 1895.
Son of Levi C. & Florence (Moreland), d. 15 Jan. 1899, ae 0-5-12.
Thomas, d. Apr. 1842, ae 81yr.
Thomas Jr., d. 8 Feb. 1854, ae 60-5.
Tristram A., b. 19 Sep. 1853, d. 27 Feb. 1905.
Viva L., d/o Samuel F. & Sadie A. (Eaton), d. 25 Dec. 1894, ae 2-9-0.
Widow of Eben d. Dec. 1820.
Wife of Jacob d. 23 Feb. 1825.
William F., s/o James H. & Betsy, d. 11 Mar. 1856, ae 4ms.
William L., s/o Frank, d. 1 Apr. 1887, ae 0-11-15.

SEABROOK DEATHS

FRENCH:
Abigail, w/o John, d. 22 Feb. 1867, ae 44-2.
Charles, s/o Jos. & Betsy, d. 3 June 1864, ae 0-7.
Charles C., b. 21 Apr. 1842, d. 10 June 1900.
John, d. 31 July 1891, ae 73-8.
Lucian s/o Doct. d. 3 Mar. 1828.
Mary E., b. 24 Dec. 1833, d. 19 Oct. 1908.
William d. 9 Mar. 1812.
William d. 9 Apr. 1812.
William H., b. 20 May 1847, d. 15 May 1910.

FRETCH:
John, s/o Wm S., d. 31 July 1891, ae 73-8, shoemaker.
Mary E., d/o Ebenezer Ramsdell, d. 19 Oct. 1903, ae 69-9-25.

FULLER:
Benjamin F., d. 8 Sep. 1854, ae 33yr.
Mary A., d/o Benj. & Adaline, d. 24 Mar. 1853, ae 1-8.

FULLINGTON:
Polly d/o John d. 18 Jan. 1817.

GEORGE:
Adoniram, d. 7 July 1829, ae 31yr.
Ann, w/o Samuel, d. 7 Mar. 1800.
Anna wife of Samuel, d. 7 May 1809.
Betsy widow, d. 19 Feb. 1826 at Hampton Falls.
Child of Nancy d. 31 Jan. 1813.
Child of Samuel d. 31 Jan. 1813, ae 19ms.
Mary B. Chase, w/o Samuel & d/o C. Chase & Hannah Fogg, b. 1820, d. 30 Apr. 1882, ae 62-5.
Sally P. widow of Adoniram, d. 26 Oct. 1869, ae 74-4.
Samuel Jr. s/o Samuel d. 29 Oct. 1811.
Samuel, NH Regt, Rev. War.
Samuel George Jr., s/o Samuel d. 29 Oct. 1811, ae 23-8-17.
Sarah Ann, d/o Samuel & Nancy, d. 31 Jan. 1813, ae 19ms.
Wife of Samuel d. 6 May 1809.
W.J., "Old Mrs." d. 2 Jan. 1812.

GILL:
Daniel d. 14 June 1809.

GOODHUE:
W.F., Co. A 8th Mass. Inf.

GOODWIN:
George E., b. 1845, d. 1930.
Sarah E. Fogg, w/o George E., b. 1847, d. 1921.

GOOKIN:
George, s/o A.W. & H.A., b. 30 Oct. 1878, d. 20 May 1882.
Harriet A., b. 1856, d. 1882.

GORDON:
Anna, w/o G.C., b. 21 Mar. 1840, d. 12 Oct. 1897.
William F., d. Mar. 1881, ae 61.

GOVE:
A.A., Co. I, 5th NH Inf.
Abigail, d. 24 July 1818, ae 58yr.
Adelaide A., w/o Lewis F., b. 8 Mar. 1854, d. ____.
Agnes, b. 4 Sep. 1858, d. 8 May 1897.
Albert, b. 26 Mar. 1823, d. 2 Mar. 1911, Co. D, 14th Regt. NHV.
Almira, w/o David, b. 19 May 1816, d. 14 May 1880.
Alvin A., s/o Albert, d. 22 June 1888, ae 44yr, shoemaker.
Anna, d/o Stephen, d. 18 Nov. 1875, ae 88.
Anne Maxfield, b. 1841, d. 1915.
Arthur B, s/o Hiram & Fannie, b. 15 Nov. 1883, d. 22 Mar. 1900.
Benjamin, d. 3mo 2da 1835, ae 80yr.
Benjamin F., b. 3 Jan. 1835, d. 30 Sep. 1903, widower.
Benjamin Jr., d. 11 Nov. 1833, ae 56yr.
Betsey, d. 31 Aug. 1873, ae 80yr.
Child of Charles d. 10 Sep. 1826.
Child of Joshua d. 24 June 1816.
Clara L., d/o L.F. & A.A., b. 1870, d. 1872.
Clarissa d. 6 Aug. 1826.
Clarissa A., d/o Nathaniel & Nancy, d. 10 Nov. 1858, ae 34.
Daniel C., s/o Alvin A., b. 7 Feb. 1880, d. 13 May 1903.
Daniel J., s/o Josiah & Ellen, d. 2 Oct. 1858.
David, s/o Winthrop & Eliza, d. 17 Feb. 1868, ae 83-6.
David, s/o Hiram & F.A. (Eaton), d. 15 May 1892, ae 2-3.
David, s/o David, b. 4 Feb. 1816, d. 28 Mar. 1897.
David E., s/o Ernest & Anna M. (Chase), d. 2 Aug. 1887, ae 0-3-25.
Eddie, s/o Hiram & Fannie, d. 20 Apr. 1888, 10-10.
Ednah, d/o Reuben Smith, b. 20 Nov. 1841, d. 12 Mar. 1900, ae 58-3-22.
Edward, s/o Stephen, d. 3 Sep. 1877, ae 84-11-18.
Edward, b. 1826, d. 1891.
Edward 3rd, b. 1801, d. 1853.
Edward D., b. 1836, d. 1910.
Edward L., s/o Edward, d. 17 Mar. 1891, ae 65yr.
Edward P., s/o Hiram & Frances (Eaton), d. 12 Apr. 1888, ae 10-11.
Eliza L., d/o Simeon Locke, d. 26 Jan. 1881, ae 75-2.
Eliza S. Locke, w/o Edw 3rd, b. 1806, d. 1881.
Elizabeth, d. 1871, ae 52.
Elizabeth, w/o Edward, d. 3 Feb. 1872, ae 76-11.
Elizabeth N., d. 28 Dec. 1880, ae 77yr.

SEABROOK DEATHS

GOVE Cont.
Eunice d/o Eleanor d. 26 July 1825.
Eva Florance, d/o Benj. & Ednah, d. 11 Feb. 1864, ae 17wks.
Fannie S. Eaton, w/o Hiram, b. 22 Sep. 1850, d. 7 Feb. 1914.
Glory, d/o Lewis & Custa, d. 1 Aug. 1879, ae 1-8.
Hannah, w/o Benj Jr., d. 1 Feb. 1848, ae 78yr.
Hiram. b. 6 Oct. 1848, d. _____.
Hiram, d. 23 Mar. 1852, ae 40yr.
Hiram, s/o Hiram & Fanny, d. 14 Mar. 1871, ae 0-4-2.
James s/o Levi Jr. d/ 25 Oct. 1826.
John d. 26 Jan. 1814.
John d. 29 Mar. 1885, ae 76.
Jonathan, b. 2 May 1695, d. 6 Aug. 1760.
Joseph, d. 24 Nov. 18_, ae 76yr.
Josiah, s/o Richard, b. 15 July, d. 20 Oct. 1889, farmer.
Josiah A., d. 8 Jan. 1826, ae 17-2.
Joshua, s/o Joshua, d. 8 Aug. 1871, ae 51.
Katie D., w/o Hazon L. Davis, b. 1840, d. 1898.
Levi Jr. s/o Levi d. 30 Nov. 1826.
Levi, d. 20 Oct. 1826, ae 40yr.
Levi, s/o Hiram & Frances (Eaton), d. 9 Dec. 1888, ae 2-8-9.
Lewis, s/o Nathaniel & Nancy, d. 10 Sep. 1864, ae 50.
Lewis F., b. 5 Oct. 1846, d. 10 May 1922.
Lydia, b. 21 June 1790, d. 12 Dec. 1873.
Lydia w/o Edward d. 3 Feb. 1820.
Lydia, d/o Nathan & Jane, d. 5 Jan. 1864, ae 75-5.
Lydia D., d/o Abram & Dolly Dow, d. 6 Oct. 1868, ae 53-6.
Lydia M., w/o Stephen M., d. 12 June 1852, ae 30yr.
Lydia M., w/o Edward, d. 3 Feb. 1820, ae 49yr.
Lydia M., d/o Josiah & Ellen, d. 9 Aug. 1859, ae 0-9-8.
Mary E., d. 1876, ae 52-5.
Mary J., w/o Edward L., d. 27 Sep. 1865, ae 35yr.
Mary Janvrin, w/o Edward D., b. 1848, d. 1878.
Mary L., d/o Thomas & Ruth C. Knowles, d. 1866, ae 35-1.
Nancy, w/o Warren Dedham, d. 13 Sep. 1844, ae 33yr.
Nancy A., d/o John & Sarah, d. 4 May 1834, ae 1yr.
Nancy B. Tuttle, w/o Albert, b. 12 Oct. 1823, d. 1 Feb. 1903.
Nancy S., d/o Josiah & Phebe A., d. 14 Nov. 1853, ae 8yr.
Nathaniel, d. 4 Mar. 1852, ae 26yr.
Nathaniel, d. 31 Aug. 1849, ae 59yr.
Phoebe A., d/o Zaccheus Heath, b. 6 Apr. 1819, d. 14 Aug. 1893.
Sally, d. 1862, ae 80.
Sarah, d/o Joshua F. & Lydia, d. 9 Oct. 1858, ae 2.
Sarah, w/o Levi, d. 28 Apr. 1861, ae 73yr.
Sarah E., d/o Josiah & Ellen, d. 9 Oct. 1858.
Sarah E., b. 29 Dec. 1839, d. 22 Mar. 1895.
Stephen d. 27 Aug. 1821.

GOVE Cont.

Stephen M., s/o Edward, d. 5 July 1880, ae 58-10.
Susan, w/o David, d. 29 Sep. 1877, ae 87-6.
Wanthrope d. 30 July 1808 ae 77yr.
Widow of Enoch d. 19 Oct. 1820.
Wife of Joshua d. 3 Sep. 1827.
Wife of John d. 25 Mar. 1814.
Wife of Stephen d. 2 May 1823.
William M., b. 28 Oct. 1831, d. 3 Mar. 1851.
Willie, s/o Hiram & Fannie, b. 11 Feb. 1879, d. 2 Apr. 1891.
Willie, s/o Hiram & Fannie (Eaton), d. 2 Apr. 1894, ae 15-1-9.
Winifred F., d/o Chas. E. Paige, d. 30 June 1900, ae 29-3-1.
___throp, d. 30 June 1808.

GREELEY:

Abigail widow of John d. 14 Sep. 1819.
Dau. John D. & Lucinda A. (Brown), d. 31 Mar. 1885.
Dudley L., s/o Edward & Synthia, d. 13 Oct. 1830, ae 16-2-25.
Ednah Smith, d/o Robert & Sabrina, d. 8 Jan. 1832, ae 2-7.
Frank S., s/o John D., d. 11 Aug. 1891, ae 15yr.
Grace Lillian, d/o Chas. H. & Lillian s. (Boyd), d. 12 Dec. 1895, ae 9ms.
Harriet A., d/o Robert & Sabrina, d. 23 Mar. 1833, ae 5ms.
John B., b. 21 July 1837, d. 22 Apr. 1904.
John D., b. 1841, d. 1930.
Josie M., d/o John D. & Lucinda (Brown), d. 10 Dec. 1884, ae 0-8-10.
Lucinda A., b. 1848, d. 1907.
Nancy Smith, d/o Robert & Sabrina, d. 30 Nov. 1845, ae 11-2.
Robert, s/o John, b. 25 Aug. 1803, d. 17 Jan. 1885, ae 81-5.
Sabina Smith, w/o Robert & d/o Jacob & Edna Smith, b. 1 June 1806, d. 13 Mar. 1866.

GREEN(E):

Benjamin, d. 28 Nov. 1814.
Elbridge T., b. 22 Jan. 1859, d. 26 July 1926.
Elizabeth, w/o Nathan, d. 21 Sep. 1756, ae 34yr.
Elizabeth B., w/o Micajah, b. 30 Sep. 1802, d. 11 Aug. 1870.
Fred L., s/o Jeremiah B. & Sarah A, b. 1 Sep. 1857, d. 4 Mar. 1853.
Isaac, d. 12 May 1718, ae 70.
Jacob d. 7 Apr. 1826 ae 84yr.
Jeremiah, d. 17 Aug. 1770, ae 30-11.
Jeremiah B., S/O Micajah, b. 24 Feb. 1827, d. 23 Mar. 1897, ae 70-1.
Josephine, d/o James C. & Louise N., d. 1862, ae 12-8.
Micajah, b. 7 Dec. 1802, d. 22 May 1860.
Sarah A., d. 29 Sep. 1891, ae 63-8, md.
Sarah A., w/o Jeremiah B., b. 7 Jan. 1828, d. 29 Sep. 1897.
Widow d. 21 Mar. 1819.

SEABROOK DEATHS

GREENLEAF:
Paul d. 5 Apr. 1814.
Paul d, 12 Nov. 1820 ae 87yr.
Susan d/o Paul d. 10 Dec. 1815.

GUNNISON:
Benjamin, s/o Joseph & Ann, d. 13 Feb. 1859, ae 44-3-13.
Benjamin E., s/o Benj., d. 12 Apr. 1888, ae 52-3-22.

GYNAN:
Child of John F. & Lucy, d. 4 Jan. 1880.
Child of Thos. M. & Sadie L. (Brown), d. 25 Apr. 1883.
John F., s/o Nicholas, d. 30 June 1895, ae 37 yr.
Mary L., d/o Christopher Brown, d. 13 Jan. 1884, ae 25.
Miriam H., w/o Nicholas, b. 10 Sep. 1839, d. 24 June 1906.
Nicholas, b. 29 Aug. 1832, d. 20 Aug. 1890, Co. D, 3rd NH Vol.

HAID:
John O., d. Jan. 1886, 33yr.

HALE:
Laura Anna, d/o Augustus & Adaline, d. 13 Mar. 1843, ae 7ms.

HALEY:
Jennie Sue, d/o James & Nancy, d. 23 Feb. 1877, ae 31-4-23.

HALL:
Alta, d/o Frank H. & Dollie (Eaton), d. 21 Sep. 1900, ae 14-1-29.

HANES:
Abram E., d. 24 Dec. 1893, farmer.

HARDY:
Abbie A, w/o Charles A., b. 17 Sep. 1842, d. 28 Sep. 1898.
Charles A., b. 28 Apr. 1839, d. 6 Apr. 1926.
Clara D. Hadley, widow of John E. & w/o Arthur W. Gordon, b. 1869, d. 1919.
Dau. of Sally Hardy, d. 4 June 1898, ae 9ds.
Henry M., d. 3 Oct. 1894, ae 75yr.
John E., b. 16 Aug. 1867, d. 10 May 1900.
Jonathan d. 6 Jan. 1817 at Hampton Falls.
Laura Belle, d/o William H. & Sally (Eaton), d. 5 May 1885.
Son of Wm H. & Sally Eaton, d. 20 July 1891, ae 4ms.
Wife of John d. 8 Aug. 1811.

HASTINGS:
Frank, s/o Charles & Sarah, d. 25 Jan. 1864, ae 1-6.

HATCH:
Arthur C., s/o John W., d. 29 Jan. 1890, ae 24yr.
John W., d. 28 Jan. 1890, ae 51yr.
Mary F., d/ Joseph S. Lane, d. 30 July 1903, ae 61-0-10, wid.

HEALY:
Child of Roells, d. 12 Nov. 1825.
Levi d. 19 May 1812.

HEATH:
Mary, w/o Nehamiah, d. 16 Apr. 1716, ae 28yr.

HENRY:
Bradbury d. 21 May 1815.

HERIMAN:
Joseph d. 10 Apr. 1817 at Hampton Falls.

HIDDEN:
Henry Charles, s/o John O. & Hannah L. (Souther), d. 5 Mar. 1885.
John O., s/o John, d. 4 Jan. 1886, ae 33.

HIGGINS:
George I.O., b. 14 Nov. 1887, d. 2 Jan. 1888.
George W., b. 3 Oct. 1851, d. 3 Aug. 1905.
Jennie R., d/o Geo. W. & Lydia J. (Beckman), b. 6 Dec. 1884, d. 12 Dec. 1885.

HINES:
James C., b. 24 Mar. 1836, d. 19 July 1886, Co. A 8th Mass. Regt.
Mary J. Scribner, w/o James C., b. 1838, d. 1910.

HOFFMAN:
Orah Barton, b. 1859, d. 1917.

HUBBARD:
Widow d. 29 Nov. 1824.

HULL:
Eunice Wells, d/o Rev. Elias & Betsy Hull, d. 31 July 1810, ae 12-10.

HUNT:
Elinor widow d. 30 Oct. 1828.

HUTCHINSON:
Justin, s/o Nathaniel, d. 9 Oct. 1898, ae 74-10, widower.

SEABROOK DEATHS

JACKSON:
Dau. of Henry S. & Charlotte E. (Gardner), d. 18 dec. 1895.

JANVRIN:
Abigail, w/o William, d. 17 Oct. 1806, ae 42yr.
Amy, d/o Samuel C. Eaton, d. 26 Oct. 1887 , ae 21yr.
Betsy widow of John d. 21 Apr. 1809.
Daniel E., s/o John, b. 19 Jan. 1830, d. 4 June 1890, fisherman.
Dau. of Stephen F., d. 26 Feb. 1894, ae 0-5-6.
Dau. of Stephen & Margaret (Eaton), d. 15 Sep. 1896, ae 10ms.
Dolly, widow of George, b. 26 Sep. 1763, d. 12 Apr. 1848, ae 84yr.
Dolly, d/o George & Dolly, d. 11 May 1864, ae 72-0-11.
Eliza, d/o James & Mary, d. 25 Apr. 1811, ae 4-5.
Elizabeth, w/o John b. 12 Jan. 1722, d. 2 Apr. 1809, ae 87yr.
Emely W., d/o William & Mary, d. 21 Apr. 1859, ae 17-10.
Emely, d. 12 June 1875, ae 33?
Emma H., d/o William & Mary W., b. 1841, d. 1859
Ernest E., s/o Wesley & Plennia (Fowler), d. 22 May 1893, ae 4-6-1.
Frank A., s/o William & Mary W., b. 1846, d. 1892.
George, b. 6 Mar. 1762, d. 21 Sep. 1841, ae 79yr.
George, s/o George & Dolly (Lovering), d. 12 Feb. 1881 (b. 11/9/1794), ae 87-3.
George R.F., s/o John & Amy (Eaton), d. 3 Dec. 1887, ae 0-1-17.
Harrison, s/o Joshua & Mary, d. 1862, ae 22-10.
James, d. 6 Nov. 1822, ae 64yr.
James s/o John d. 5 Nov. 1822 at Hampton Falls.
Jane, w/o John, d. 11 Mar. 1833, ae 81yr.
John, s/o John, b. 8 July 1707, d. 7 Oct. 1780, ae 73.
John, d. 2 Nov. 1837, ae 83yr.
John, d. 1837, ae 83.
John, s/o Joshua, d. 15 Feb. 1886, ae 77yr.
John A., s/o William & Mary W., b. 1822, d. 1849.
John T., d. 7 June 1887, ae 22-6, shoemaker.
Joseph, s/o John d. 13 Sep. 1902, ae 74-10-4.
Joshua, s/o Joshua, d. 24 Aug. 1882, ae 79-9.
Joshua N., lost at Sea, d. 1817, ae 41.
Lottie M., d/o Wm T. & Annie Fowler, d. 1 June 1890. ae 0-7-8.
Luanna L., d/o Alvin & Suanna (Eaton), d. 7 Dec. 1901, ae 11-4-14.
Mary, w/o James, d. 12 July 1830, ae 74yr.
Mary, d. 7 Aug, 1866, ae 84.
Mary D., d/o Jacob Brown, d. 5 Nov. 1895, ae 28-3-5, md.
Mary Walton, w/o William, b. 1805, d. 1898.
Merenda, d/o George & Dolly, b. 19 Mar. 1805, d. 6 Aug. 1837, ae 32yr.
Munroe T., s/o Daniel J. & Rebecca E. (Souther), d. 19 Nov. 1894, ae 1-6-6.
Nancy B. Eaton, w/o Daniel E., b. 28 Feb. 1836, d. 26 Nov. 1898.
Plumia, d/o John C. Eaton 2d, d. 2 Dec. 1900, ae 6-6-30.
Sarah E., d/o William & Mary W., b. 1845, d. 1872.
Son of John & Mary, d. 12 Mar. 1864, ae 11-7.

SEABROOK DEATHS

JANVRIN Cont.
Son of John S. & Emma (Eaton), d. 24 Apr. 1885.
Son of John & Evilina (Beckman), d. 29 Mar. 1897, ae 4ms.
Son of Geo. C. & Fannie E. (Beckman), d. 25 Feb. 1901, ae 0-2-15.
Stephen S., s/o Daniel, d. 23 Oct. 1896, ae 36-1-13.
Wallace, s/o William & Mary W., b. 1832, d. 1854.
William, d. 3 Feb. 1839, ae 39yr.
William, s/o Wm J. & Abigail, b. 1799, d. 17 May 1858, ae 59-5.
William S., d. 12 Sep. 1857, ae 62yr.
William T., s/o John, d. 16 Mar. 1865, ae 20.
William T., s/o John & Mary A. (England), d. 7 Dec. 1893, ae 30yr, shoemaker.

JOHNSON:
Stephen C., b. 27 June 1812, d. 4 Apr. 1896.

JONES:
Clara A., d/o Frank P. & Alice (Felch), d. 5 Feb. 1892, ae 3-10.
Clara M., d/o Frank & Alice C., d. 25 Dec. 1880, ae 0-11-19.
Clara Emma, d/o Frank & Ella, d. 6 July 1887, ae 0-10-20.
Elbridge G., b. 1852, d. 1917.
Eliza A., w/o Moses M., d. 3 Oct. 1853, ae 31yr.
George, s/o Frank P., d. 25 Dec. 1880, ae 0-11-10.
George F, s/o Frank & Alice, d. 6 July 1887, ae 0-10-20.
Joseph W., d. 13 Dec. 1901, ae 32yr.
Julia E., d/o C.P. & W.L., d. 1 Dec. 1861, ae 1-5-4.
Mary J., b. 1827, d. 1913.
Samuel d. 18 July 1826.
Wife of Simon d. 9 Mar. 1822.

KENNISON:
Francis W., b. 1829, d. 1904.
John C., b. 1829, d. 1904, Co. I, 11th NH Vol.
John C., s/o John C. & Frances W., d. 11 Sep. 1863, ae 1-1-20.

KNAPP:
Sarah H., w/o Joseph, b. 27 Aug. 1815, d. 9 Jan. 1881.

KNOWLES:
Abbie Jane, d/o William H. & Mary A., d. 27 Feb. 1875, ae 21yr.
Alva W., b. 1852, d. 1918.
Angelia F. Collins, w/o Alva W., b. 1851, d. 1932.
Ardesire, w/o Charles, b. 21 June 1839, d. 10 Mar. 1902.
Augustus, s/o Stephen, d. 4 June 1901, ae 56-10-24.
Bertha, d/o Wallace & Abbie (Munsey), d. 12 Sep. 1893, ae 0-7-6.
Bertie E., s/o Wallace & A.B. (Munsey), d. 4 Aug. 1892, ae 1-4.
Charles B., s/o Stephen, b. 6 Jan. 1833, d. 25 Mar. 1889.
Charles S., s/o Moses, d. 28 May 1887, ae 35yr, shoemaker.

KNOWLES Cont.
Child of Charles & A., d. 1862.
Cinderilla, d/o Augustus & Hannah E. (Felch), d. 2 June 1882.
Dana S., s/o Dana S. & Lena (Fowler), d. 1 June 1896, ae 14ds.
Daughter of H.C., d. 27 July 1890, ae 4yr.
Elizabeth F., d. 25 Feb. 1861.
Eva G, d. 10 Nov. 1877, ae 3-2.
Frank, s/o William & Nellie K. (Beckman), d. 27 Feb. 1883.
Ganialial, d. 22 Aug. 1811.
Georgeanna, d/o Moses, d. 10 Aug. 1879, ae 1-2.
Hannah A., d/o Stephen & Sally, d. 22 Apr. 1873, ae 19yr.
Hannah E., d/o Moses B. & Rhoda J., d. 3 Oct. 1856, ae 11wks.
Hannah E. Felch, w/o Augustus, d. 6 June 1909, ae 57-2-24.
Henry W., s/o Moses N. & Annie E. (Souther), d. 15 Jan. 1899, ae 1yr.
John d. 25 Dec. 1824.
John, b. 26 Feb. 1820, d. 27 Aug. 1860.
Josie B., d/o Stephen F. & Sarah C., b. 6 May 1886, d. 30 Apr. 1909.
Lewis A., b. 25 Sep. 1856, d. 25 Jan. 1914.
Lottie M., d/o Dennis D. & Alice J., d. 1876, ae 2-1.
Lucy, d/o Henry & Melvina (Randall), d. 11 Mar. 1881, ae 3 yr.
Mary A. Dow, w/o John, b. 2 Feb. 1825, d. 1 Apr. 1903.
Melvina, w/o Henry C., d/o David E. Randall, d. 17 Aug. 1890, ae 33-11-24.
Moses d. 27 Nov. 1825 at Hampton Falls.
Moses H., s/o Theodore, b. 24 Feb. 1830, d. 29 July 1896.
Nelli M., d/o Dennis & Alice J. (Eaton), d. 21 Mar. 1886, ae 5-10.
Orren L., s/o Chas. & Andesua, d. 2 Dec. 1861, ae 1-2.
Rhoda J. Collins, w/o Moses H., b. 23 Sep. 1834, d. 6 Jan. 1904.
Sallie, d/o Daniel Walton, d. 13 Apr. 1897, ae 86yr, wid.
Sally, d/o John Leach, d. 2 Apr. 1864, ae 72.
Sarah E. Eaton, w/o Stephen F., b. 2 Jan. 1843, d. 29 Apr. 1919.
Son of Wm M. & Nellie M. (Beckman), d. 18 June 1885, stillborn.
Son of Wm Gretchell & Lizzie M., d. 28 Nov. 1902.
Stephen, d. 11 July 1878, ae 71yr.
Stephen F., b. 6 Sep. 1839, d. 18 Nov. 1906, USN.
Susan d. 4 June 1811.
Thomas, s/o Stephen & Sally, d. 13 Apr. 1880, ae 24.
Thomas L., d. 23 Aug. 1879, ae 26yr.
Wallacw A., s/o Wallace & A.B. (Munsey), d. 14 July 1892, ae 10-2-24.
Widow d. 22 May 1814.
Wife of John d. 28 dec. 1824.
William H., s/o Theodore, d. 26 July 1895, ae 67yr, widower.
William M., s/o Moses, d. 15 Mar. 1892, ae 32yr, shoemaker, md.

KNOX:
Joseph, s/o Elijah, d. 7 Oct. 1871, ae 18.

LAMPREY:
Allie F., d/o William & Mary Knowles, d. 27 Feb. 1875, ae 21-1-12.

LANE:
Abbie J. French, w/o John A., & widow of Harrison Janvrin, b. 4 Aug. 1834, d. 21 Dec. 1910.
Angeline, d/o Joseph s. & Hannah, d. 3 Nov. 1835, ae 0-11-8.
Charles S, s/o John M. & Hannah Vennard, d. 19 Sep. 1862, ae 4-0-14.
Cirnet? d. 6 Sep. 1819.
David B, s/o Joseph E. & Emeline, d. 1 Mar. 1846, ae 0-7-21.
Emeline, w/o Joseph E. & d/o Enoch & Polly (Boyd), d. 3 Nov. 1861, ae 43.
Hannah, w/o Joseph, d. 13 Oct. 1839, ae 27yr.
John A., b. 16 Apr. 1827, d. 8 Aug. 1910, Co. C 13th NH Vol.
Joseph, s/o Thomas, d. 17 Oct. 1882, ae 79.
Joseph E., s/o Joseph s. & Hannah, d/ 15 Sep. 1842, ae 10-6-23.
Joseph S., d. 17 Oct. 1882, ae 27yr.
Norman M., d. 1860, ae 37.
Samuel S., s/o Joseph S. & Hannah, d. 16 Dec. 1842, ae 3-7.

LANGLEY:
Charity H., d. 21 Nov. 1897, ae 89yr.
Thomas W., d. 3 Sep. 1895, ae 86-3.

LANGMEAD:
Child of Edmund d. 8 Nov. 1822.

LEACH:
John, d. 21 Sep. 1850, ae 71, Ship Carp.

LEAVITT:
John d. 4Mar. 1825.
Lewis D, Capt., d. 21 Sep. 1836, ae 22-4.
Sally d. 13 Apr. 1822.

LETORA:
John F., s/o Francis, d. 30 Apr. 1892, 52yr, agent.

LIGHTBODY:
Emma A., w/o George C., b. 1858, d. 1927.
George C., b. 1854, d. 1904.

LITTLEFIELD:
Eunice, d/o Josiah & Bethiel, d. 25 Mar. 1859, ae 70-3
Samuel, d. 6 Oct. 1847, ae 35yr.
Stephen, s/o John, d. 24 Dec. 1895, ae 83yr, md.

SEABROOK DEATHS

LOCKE:
Abbott A., b. 1838, d. 1922.
Adaline, b. 17 Feb. 1811, d. 10 Jan. 1894.
Annie M., b. 20 Sep. 1858, d. 10 May 1914.
Arvilla A., w/o John, d. 1 May 1863, ae 35yr.
Betsy A., d/o Joseph Janvrin, d. 9 Sep. 1882, ae 73-2.
Caroline W., w/o Dudley S. & d/o David Nudd, , d. 21 Jan. 1881, ae 73yr.
Charles, s/o Jeremiah & Lois (Sanborn), b. 1811, d. 11 June 1882, ae 72-10.
Charles T., b. 1841, d. 1908
Charles T. Jr., s/o Alvin & Alwilda E. Eaton, b. 6 June 1888, d. 1 June 1890.
Clarence E, s/o John & Sarah S., b. 30 Dec. 1861, d. 23 Oct. 1890.
Dudley S., s/o John & Molly (Sanborn), d. 11 May 1884, ae 84.
E.L., child of George & Mima, d. 17 Apr. 1880, ae 5-7.
Eliza Chase, w/o Charles, b. 1809, d. 1848.
Elizabeth, w/o Thomas, d. 15 Mar. 1830, ae 86-9.
Elnorah L., d/o George G. & Mima L,. b. 26 Feb. 1875, d. 19 Apr. 1880.
Emily W., b. 5 May 1844, d. 22 Dec. 1910.
Gertrude Locke Beckman, b. 1860, d. 1928.
Hannah w/o John d. 12 Mar. 1810 ae 22yr.
Hannah, w/o Samuel, d. 11 Nov. 1863, ae 80-6.
Hannah P., w/o James, d. 2 Sep. 1850, ae 37yr.
Hannah Smith, w/o Jeremiah P., b. 7 Aug. 1830, d. 2 Apr. 1905.
Harriet M., d/o George W. & Martha, d. 26 Oct. 1867, ae 3-0-17.
James, s/o John & Molly, b. 22 Apr. 1807, d. 27 Feb. 1868.
James B., s/o James, b. 1845, d. 5 Sep. 1897, ae 52yr.
Jeremiah, b. 1775, d. 1815.
Jeremiah s/o Timothy B. d. 18 Dec. 1818.
Jeremiah A., b. 24 Apr. 1819, d. 5 May 1893.
Jeremiah F., s/o Benj., b. 6 Dec. 1828, d. 11 Jan. 1901.
Jeremiah L., d. Nov. 1881, ae 2ms.
Jeremiah T., s/o Alvin & Alwilda, b. 19 Sep. 1881, d. 18 Nov. 1881.
John s/o Timothy B. d. 1 Apr. 1822, ae 50yr.
John s/o Thomas d. 9 Feb. 1829, ae 34yr.
John, s/o Benj., b. 4 Jan. 1827, d. 25 May 1888, ae 61-4-21.
John, d. 1 Apr. 1822, ae 58yr.
John B., b. 20 July 1836, d. 17 July 1896.
John D., s/o Dudley S., b. 31 Dec. 1832, d. 26 Feb. 1902.
John M., s/o Jeremiah F., d. 17 July 1896, ae 29-11-3.
John N., b. 1841, d. 1903.
John S., b. 13 Aug. 1853, d. 12 July 1855.
John William, s/o James, d. 13 May 1903, ae 61-7-9.
John Jr., d. 9 Feb. 1820, ae 34yr.
Josiah s/o Timothy B. d. 23 Sep. 1816, ae 60yr.
Julia D., d/o Newell & Hannah T., d. 30 Oct. 1848, 7-11.
Laura, d/o George & Mima, d. 22 Apr. 1880, ae 3-4.
Laura J., d/o George G. & Mima L., b. 9 Apr. 1877, d. 23 Apr. 1880.
Lois Sanborn, w/o Jeremiah, b. 1778, d. 1853.

LOCKE Cont.

Lucinda H., b. 29 Apr. 1826, d. 19 May 1914.
Lydia, w/o Timothy, d. 28 Aug. 1780, ae 46-10.
Martha M. Brown, w/o John D., b. 13 Sep. 1832, d. 17 Apr. 1908.
Mary Dow, w/o Simon, b. 1770, d. 1858.
Mary H., d. 25 Sep. 1871, ae 22yr.
Mildred S., d/o Wm B. & Frances R. (Rowell), d. 27 Sep. 1897,ae 0-3-17.
Mima L., b. 22 Feb. 1862, d. 3 Oct. 1909.
Newell, d. 24 Oct. 1888, ae 79-5.
Patience, 2nd w/o Timothy B., d. 18 Jan. 1816, ae 73-3
Sally, w/o Blake, d. 19 Apr. 1827, ae 64yr.
Samuel, d. 13 Sep. 1855, ae 79-7.
Sarah S., w/o John, b. 5 June 1843, d. 21 Jan. 1872.
Sarah E., d/o James E. & Ida S. (Miller), d. 4 June 1899, ae 1-4-6.
Sarah E., w/o John N., b. 1848, d. 1916.
Sarah S., d/o Oliver & Miriam, d. 20 Oct. 1871, ae 29.
Simon, b. 1760, d. 1833.
Son of Frank & Bessie B. (Walton), d. 21 June 1887, ae 17ds.
Son of Alvin H. & A.E. Eaton, d. 2 Aug. 1890, ae 0-3-22.
Susan w/o Lowell & d/o Joshua Janvrin d. 19 Apr. 1822.
Thomas, d. 15 Mar. 1835, ae 88-2.
Timothy B. d. 12 May 1822, ae 87yr.
Timothy B., d. 12 May 1816 or 1822, ae 87-6.
Wife of Blake & d/o Thos. Brown d. 9 Apr. 1826.
Wilber L. s/o Alvin & Alwilda, b. 10 Apr. 1890, d. 2 Aug. 1890.

LOVERING:
Fanny d. 2 Mar. 1828.

McCOY:
Vina M., d/o Wm W. & Carrie M. (Walton), d. 4 Oct. 1899, ae 7ms.

McKENNY:
Lizzie D., s/o Chas. Knowles, d. 9 May 1891, ae 25yr, md.
Son of Frederick & Lizzie D. (Knowles), d. 10 July 1885.

McLAUGHLIN:
Annie, w/o William, b. 1865, d. ___.
William, b. 1858, d. 1894.

McQUILLAN:
Elijah P., d. 2 Sep. 1868, ae 52yr.

MACE:
Abigail d. 13 May 1823.

SEABROOK DEATHS

MARSHALL:
Betsy, d/o Ezekiel Collins, d. 16 Feb. 1878, ae 72-6.
Joseph, s/o Alexander, d. 31 July 1894, ae 80yr, widower.

MAUSER:
John B., s/o Chas. C, d. 18 Sep. 1886, ae 38yr.

MERRILL:
Ana G., d/o Frank & Emma (Dow), d. 10 June 1882, ae 9yr.
Daniel d. 19 Aug. 1809.
Daniel S., b. 10 June 1848, d. 12 Jan. 1926.
Howard R., b. 31 July 1880, d. 13 Sep. 1898.
Ina, d/o Frank & Vienna (Eaton), d. Mar. 1886, ae 3yr.
Joseph N., b. 23 Oct. 1852, d. 18 Oct. 1892.
Laura, d/o Franklin & Vienna (Eaton), d. 5 June 1883, ae 4-3.
Lucinda, w/o Truman, d. 27 Aug. 1876, ae 25-6.
Lurana S. Weare, w/o D.S., b. 27 Jan. 1860, d. 23 May 1932.
Wife of Benjamin d. 2 Oct. 1826.

MILLER:
Ethel A., d/o Clifford A. & Etta F. (Dow), d. 11 May 1896, ae 7ms.

MILTON:
Martha L. Shaw, w/o William F., b. 12 Sep. 1832, d. 18 Nov. 1916.
William F., b. 5 Dec. 1831, d. 2 May 1919.

MOODY:
Helene G., d/o Rufus, b. 20 Jan. 1878, d. 5 Mar. 1894, ae 20-3-20.

MOORE:
Edwin E., s/o Abby E., d. 27 Feb. 1876, ae 32 or 52.
Mary E., d/o Jeremiah Felch, d. 3 Sep. 1895, ae 72yr, wid.

MORELAND:
Betsy, d. 1881.
Hilda d/o Herbert & Sallie A. (Eaton), d. 26 Mar. 1900, ae 4-1-15.

MORGAN:
Comfort, w/o Capt. William, d. 21 Feb. 1878, ae 73-8.
John, s/o Wm H. & Rebecca, d. 29 Jan. 1864, ae 4.
Robert T., d. Wash, DC, 16 Sep. 1862, ae 31-9, Co. C, 6th Regt NH Vol.
William, Capt., d. 26 Feb. 1856, ae 55yr.

MORRILL:
Abigail, w/o True, b. 12 Dec. 1832, d. 9 May 1874.
Adeline B., d/o Daniel, d. 1881, ae 38.

MOULTON:
Olive d. 7 Oct. 1818.

MUNSEY:
Nathan, Co. A, 49th Mass. Inf., s/o Robert, d. 2 Oct. 1898, ae 71-4, widower.

NEWES (SEE NOYSE):
Mary A., d. 23 Aug. 1869, ae 38.

NORTH:
Lydia, w/o Joseph, d. 13 June 1732, ae 38.

NORTON:
Bonus, d. 30 April 1718, ae 60yr.
Jemima w/o James & d/o Elisha Dow b. 8 Mar. 1738/9 d, 7 Jan. 1816 ae 96yr.
Sarah d/o James d. 6 Jan. 1814.

NOYSE:
Edmund d. 20 Mar. 1823.
Edmund d. 26 June 1824, ae 97yr.
Samuel, d. 4 Mar. 1840, ae 62yr.
Sarah, d. 14 June 1851, ae 65yr.
Sarah, w/o William, d. 25 Dec. 1857, ae 43yr.
Wife of Edmund d. 19 Mar. 1817.
William, d. 27 July 1856, ae 73yr.

NUDD:
Mary Ann, w/o Stacey L., d. 2 May 1872, ae 63yr.
Stacey L., d. 10 Jan. 1866.

OSGOOD:
Abegal M., d. 9 Mar. 1869, ae 76.

OWEN:
Reese, s/o John, d. 20 June 1901, ae 60yr, md.
Thomas, s/o Reese & Jonna, d. 6 Oct. 1879, ae 1-6.

PAGE:
Betsy, d/o Davis, d. 21 May 1864, ae 63.

PAIGE:
Charles E., s/o Emery, d. 18 Jan. 1889, shoemaker.

PARKER:
John M., d. 23 July 1876, ae 35.

SEABROOK DEATHS

PEARL:
Fred H., s/o Moses & M.A. Eaton, d. 27 Mar. 1892, ae 6yr.
Jerrie, s/o Moses & M.A. Eaton, d. 25 Mar. 1892, ae 7ms.

PERKINS:
Abram W., s/o Warren, b. 2 Jan. 1834, d. 21 Oct. 1898.
Augusta, b. 1834, d. 1919.
Augustus Newell, s/o David & Sarah, d. 17 May 1840, ae 10yr.
Benjamin, b. 1821, d. 1891.
Benjamin, d. 16 Feb. 1830, ae 63-9.
Benjamin, s/o Samuel, d. 2 Oct. 1891, ae 70-7.
Dana d. 23 Aug. 1816.
David, s/o David & Rhoda, d. 14 Jan. 1860, ae 55-7.
Fannie B., dd/o Isreal E. Fowler, d. 2 Sep. 1902.
Julia M. Hobbs, w/o Benj., b. 1835, d. 1919.
Lizzie, d/o Joseph & L.M. Beckman, d. 18 Feb. 1892, ae 3-7-17.
Luella S., w/o Benj, d.9 July 1848, ae 24yr.
Martha, w/o Abram, b. 11 Feb. 1838, d. 4 Sep. 1896.
Mary, w/o Benj., d. 19 Aug. 1827, ae 58-10.
Mary M., w/o Samuel, b. 22 Feb. 1792, d. 28 Aug. 1878.
Nellie M., d/o J. & L.M., d. 24 Apr. 1890, ae 0-2-21.
Samuel, s/o Benj. & Mary, b. 13 Oct. 1790, d. 14 Feb. 1860.
Samuel L., s/o Benj. & Luella, d. 30 July 1848, ae 7wks.
Sarah, d/o Daniel Dow, d. 4 Mar. 1886, ae 77-8-9.
Sarah, w/o David, d. 14 Mar. 1896, ae 77-7.
Widow d. 13 Aug. 1819.
Wife of Benjamin d. 29 Aug. 1827, ae 57yr.

PEVEAR/PERVEAR:
Benjamin d. 25 Feb. 1820.
Daniel, b. 9 Dec. 1796, d. 15 Dec. 1874.
Hepsibah Brown, w/o Daniel. b. 16 Sep. 1793, d. 12 Mar. 1868.
John d. 6 May 1825 at Hampton Falls.
Wife of Daniel d. 19 Feb. 1820 at Hampton Falls.

PHILBRICK:
Ann M. Crooke, w/o Charles S., b. 21 Feb. 1837, d. 20 Nov. 1915.
Arabella stiles, w/o George A., b. 13 Feb. 1858, d. _____.
Belinda D. Knight, w/o John, b. 27 Jan. 1795, d. 15 Dec. 1824.
Charles S., b. 19 July 1846, d. 8 Feb. 1921.
Clara, w/o Joseph, b. 19 May 1803, d. 18 Oct. 1886.
Climena, d/o Joseph & Clara, b. 3 Apr. 1840, d. 9 Oct. 1923.
Edward Dearborn, s/o John & Belinda D., b. 27 June 1823, d. 2 Aug, 1848.
Eliza, d/o Joseph & Clara, b. 7 May 1836, d. 14 Mar. 1927.
Emily R. Bullard, w/o Charles S., b. 25 Aug. 1848, d. 13 Jan. 1877.
George, s/o Joseph & Clara, b. 5 Oct. 1828, d. 7 Aug. 1833.
George A., b/ 11 Nov. 1842, d. Sep. 1935.

SEABROOK DEATHS

PHILBRICK Cont.
Henry D., s/o Joseph & Clara, b. 10 June 1844, d. 31 Aug. 1844.
Helen, d/o Joseph & Clara, b. 20 Sep. 1834, d. 26 Jan. 1905.
John, s/o Joseph & Louisa (May), b. 24 Sep. 1791, d. 25 Sep. 1884.
John L., s/o John & Adeline (Locke), d. 9 Oct. 1883, ae 34-8-2.
John Thomas, s/o John & Belinda D., b. 5 Feb. 1849, d. 4 Oct. 1884.
Joseph, s/o Joseph, b. 11 May 1796, d. 19 Sep. 1863.
Joseph H., s/o Joseph & Clara, b. 7 Oct. 1838, d. 28 Dec. 1853.
Mary Barton, d/o John & Belinda D., b. 12 Sep. 1840, d. 6 Oct. 1841.
Ralph S., s/o George A. & Arabella S., b. 15 June 1888, d. 21 May 1889.
Sabra, d/o Joseph & Clara, b. 30 July 1830, d. 30 Sep. 1831.
Wife of John d. 7 dec. 1824.

PIERCE:
George, s/o George & Mary Ann, d. 19 Aug. 1840, ae 9ms.
Mary S., w/o William H., d. 12 Aug. 1860, ae 26yr.
Walter T., s/o William, d. 11 Jan. 1884, ae 9-4-24.

PIKE:
Eva Vernan, w/o J.H. Van Mater, b. 15 Oct. 1850, d. 20 June 1872.
Ferdinard, s/o Nicholas & Sally, d. 24 Oct. 1842.
Miriam Boyce, d/o Nicholas & Sally, d. 11 Mar. 1846, ae 3-11.
Nicholas, s/o John, d. 15 Feb. 1886, ae 80-8.
Sally Smith, w/o Nicholas, d. 13 Apr. 1898, ae 85-6-21.
Sewell d. 11 Mar. 1816.

PROFMAN:
William P., s/o William & Mary, d. 22 July 1877, ae 28-10-26.

RANDALL:
A____, d/o John Eaton & Hannah (Fowler), d. 18 Sep. 1883, ae 65.
Abigail, w/o Edward, d. 17 Sep. 1884, ae 69yr.
Adeline, d/o David & Hannah, d. 7 Feb. 1861, ae 2-6.
Betsy J., w/o Jason Lamprey, b. 9 June 1838, d. 19 Oct. 1891.
Basil K., s/o Edw P. & Nellie M. (Eaton), d. 26 Mar. 1900, ae 2yr.
Carrie S., Geo. W. & Mima (Fowler), d. 22 Apr. 1882, ae 0-3-12.
Child of G. Warren & Mima (Fowler), d. 9 Aug. 1880., ae 1yr.
Dau. of Arthur W. & Betsy J. (Dow), d. 16 Sep. 1885.
Dolly, d/o Geo. W. & M.J. Fowler, d. 23 May 1889, ae 0-10-17.
Edward, d. 19 Feb. 1897, ae 84yr, widower.
George S., d. b. 1839, d. 1922.
Helen B., d/o A.W. & Bessie J. Dow, d. 11 Oct. 1890, ae 1-3-15.
Jacob F., s/o Chas. W. & Lillian V., d. 1 Apr. 1896, ae 0-10-2.
Jacob S., s/o George W. & Jemima, d. 25 Sep. 1874, ae 0-2.
Jemima J., d/o Herbert & Mary (Souther), d. 18 Jan. 1901, ae 3-9-10.
John E., s/o Edward D., d. 16 Sep. 1864, ae 35.

SEABROOK DEATHS

RANDALL Cont.
John H., Co. B, 14th NH Inf.
John L., s/o Herbert J. & Mary B. (Souther), d. 14 Aug. 1903, ae 1-2-20.
Lillian, d/o Chas. W. & Lillian V., d. 11 May 1896, ae 5-1-23.
Myrna J, w/o George S., b. 1848, d. ____.
Sarah A., d. 27 Feb. 1887, ae 35-7.
Son of Geo. Jr. & Bertha F., d. 8 Feb. 1893, ae 0-11-22.
Wallace, s/o Wm & Sarah A., d. 28 Aug. 1877, ae 3-3.
Wallace, s/o William & Mary (Eaton), d. 29 Mar. 1885.
William H., Co. D, 14th NH Inf.

REID:
Charles A, b. 3 Dec. 1877, d. 4 Feb. 1881.
Nellie R., b. 25 Nov. 1883, d. 19 Apr. 1889.

RICHARDS:
Herbert, s/o David & Jane (Carmean), d. 17 July 1902, ae 0-3-28.

ROBBINS:
Judith d/o Bryant & Sally (Eaton), d. 19 June 1871, ae 54.
Judith, w/o Nathan, d. 19 June 1881, ae 65-8.
Nathan, s/o Willard & Mary, d. 7 June 1881, ae 79-4.

ROBERTS:
Jonathan d. 14 Oct. 1819.
Judith d. 9 Dec. 1817.
Lettita d/o Elisha d. 10 Jan. 1808.

ROBINSON:
Cynthia A., d/o Reuben & Cynthia Eaton, 2 Oct. 1882, ae 27-11-21.
John d. 25 May 1812.

RODGERS:
Widow d. 28 Oct. 1811.

ROGERS:
Son of John & Martha C. (Souther), d. 1 Apr. 1885.

ROSSITER:
Benjamin, s/o David & Rhoda, d. 10 Nov. 1824, ae 2yr.
Rhoda, w/o Capt. David, d. 11 Sep. 1831, ae 39yr.

ROWE:
Abigail Dismore, w/o George, b. 13 Oct. 1831, d. 26 Dec. 1917.
Allie Theodore, d. 21 Apr. 1905, ae 21yr.
Anna, d/o William & Susanna, d. 20 Aug. 1858, ae 2yr.
Arthur L., b. 1800, d. 1875.

SEABROOK DEATHS 103.

ROWE Cont.
Arthur, d. 1876, ae 75yr.
Benjamin, d. 1861, ae 60.
Benjamin, s/o Samuel, d. 24 Sep. 1882, ae 53-1.
Benjamin, d. 14 Jan. 1861, ae 89-3.
Blake s/o Ruben d. 23 Sep. 1816 ae 24yr.
Child of Gomaliel d. 16 Feb. 1825.
Darren, b. 1835, d. 1912.
Dau. of Jeremiah & Mary L. (Walton), d. 8 Dec. 1894.
Eliza, d. 1862, ae 48yr.
Eliza F., b. 1833, d. 1922.
E. Lovering, w/o Samuel?, b. 1827, d. 1907.
Emeline J., w/o Francis H., b. 1830, d. 1913.
Fanny L.B., d/o Benj. & Mary, d. Aug. 1874, ae 5ms.
Francis H., Co. B, 1st NH Inf. b. 1834, d. 1900.
Gamaliel, s/o Reuben, d. 17 Mar. 1890, ae 88yr.
George, b. 18 Oct. 1831, d. 17 Nov. 1923, USN
George A., b. 1831, d. 1905.
Gorham M., b. 1812, d. 1902.
Jacob, d. 3 Dec. 1900, ae 80yr.
Jane, d. 10 July 1859, ae 69yr.
Jerry, s/o Jeremiah & Mary Walton, d. 21 Aug. 1892, ae 0-2-24.
John, s/o Francis, d. 1876, ae 9yr.
Lydia A., d. 12 Feb. 1852, ae 37yr.
Mary E., d/o Gamaliel & Jemima (Eaton), d. 12 Sep. 1886, ae 54-7.
Mary F., w/o Benjamin & d/o John Muchmore, d. 17 Oct. 1882, ae 50-8.
Ruben d. 15 Mar. 1826.
Ruth L., w/o Arthur L., b. 1798, d. 1878.
Samuel, d. 1866.
Samuel, b. 1825, d. 1895.
Sarah, w/o Jacob, d. 22 Mar. 1876, ae 40yr.
Sarah d. 22 Mar. 1878, ae 46yr.
Son of Samuel d. 14 Dec. 1816.
Stephen E., s/o Francis & Emeline, d. 14 Aug. 1858, ae 2-10-25.
Wife of Aaron d. 30 July 1825.
William E., s/o George, d. 19 Aug. 1880, ae 23-6.
William S., b. 1844, d. 1914.

SANBORN:
Ann Gove, w/o James, b. 19 Sep. 1814, d. 23 Feb. 1902.
Betsey M., d/o James & Sarah, d. 20 Sep. 1831, ae 24-6.
Charles H., d. 24 Aug. 1896, ae 79yr.
David C., b. Jan. 10, 1831, d. Alamo, Tenn. 6 Feb. 1884.
Emily T. Gove, w/o Charles H., d. 2 Dec. 1906, ae 83-9.
Hannah G., w/o William H., d/o David Chase, d. 13 Jan. 1895, ae 82-6-20.
James d. 25 May 1826 at Hampton Falls.
James, d. 22 Sep. 1859, ae 74yr.

SEABROOK DEATHS

SANBORN Cont.
James, s/o James & Sarah (Melcher), b. 10 June 1813, d. 23 Dec. 1885.
Mary A., d/o James & Ann, d. 9 Dec. 1845, ae 4yr.
Sarah, w/o James, d. 10 Jan. 1846, ae 64yr.
Theophilus d. 7 Oct. 1826 at Hampton Falls.
William, s/o James & Sarah (Melcher), d. 8 May 1882.
William H., b. 11 June 1808, d. 8 May 1882.
William H., b. 11 June 1833, d. Wash. DC 3 Feb. 1864. Co. I 14th NHV

SANGER:
Frank G., b. 15 Dec. 1847, d. 17 Dec. 1903.

SARGENT:
Louise B., illeg. d/o Louise Sargent, d. 11 Apr. 1886, ae 0-5-24.
Owen P., s/o Owen P., d. 1 Jan. 1880, ae 38yr.
Sallie A., d. 29 Apr. 1893, ae 51yr, widow.

SCOONS:
Clementine, d/o Clement & Mary F., d. 19 Feb. 1860, ae 3yr.

SCRIBNER:
Betsey A., b. 1809, d. 1848.

SHORT:
Maria M., d/o Ephraim Eaton, d. 26 July 1893, ae 77yr, widow.

SMALL:
Alvira I., d/o Geo. H. Randall, d. 1 June 1900, ae 21-6-7.
Bernice G., d. 16 April 1890, ae 0-1-15.
George A., s/o Peleg & Hulda, 15 July 1879, ae 6yr.
Henry C., b. 8 Jan. 1878, d. 10 Apr. 1885.
Hulda A., d/o James Beckman, d. 21 Feb. 1891, md.
John M., s/o Harrison & Irene Randell, d. 28 July 1892, ae 5ms.
Katie A. Felch, w/o Charles A., b. 29 Mar. 1864, d. 16 May 1913.
Levi, b. 28 Mar. 1836, d. 9 Mar. 1889.
Levi D., s/o Geo. G & Abbie C. Dow, d. 15 Feb. 1889, ae 2-11.
Moses B., b. 12 Mar. 1832, d. 19 Apr. 1914.
Peleg T., s/o James, d. 21 Nov. 1894, ae 62yr.
Samuel P., s/o Peleg T., d. 1 Dec. 1900, ae 43-1-25.
Sarah M.P. Perkins, w/o Moses B., b. 9 Dec. 1829, d. 1 Jan. 1910.
Son of Harrison & Irne (Randall), d. 23 Aug. 1895, ae 3ms.
Son of Frank & Myrtle B. (Fowler), d. 18 Dec. 1898.

SMITH:
Abigiail, w/o John, d. 1 Apr. 1839, ae 87yr.
Abigail, w/o Josiah & d/o John Brown, d. 14 Apr. 1879, ae 79-9.

SEABROOK DEATHS

SMITH Cont.

Abram, d. 14 Apr. 1858, ae 80-4.
Abram, s/o John & Nancy, d. 10 Apr. 1858, ae 59.
Abram M., b. 17 Jan. 1836, d. 22 Feb. 1926.
Almira, d/o Reuben & Miriam, d. 20 Jan. 1828, ae 1-9.
Almira A., d/o John Boyd & Polly (Fogg), d. 30 May 1882, ae 56yr.
Almira A., w/o William F., b. 1827, d. 1888.
Amber F.L., d/o John R. & Aminetta ? G., d. 4 Oct. 1879, ae 0-11-7.
Angenette G. Hobbs, w/o John G., b. 10 July 1885, d. 25 Sep. 1911.
Anna F. Carlton, w/o Abram M. & d/o Carlton, , d. 26 Feb. 1871, ae 35-3-21.
Annie Laura, d/o C.A. & N.B., d. 8 Apr. 1866, ae 8wks 5ds.
Anson, s/o Melvin & Mary R., d. 8 Sep. 1876, ae 1-6.
Betsey, d. 16 May 1831, ae 47yr.
Bobbie, s/o A.M. & L.G., d. 4 Mar. 1883, ae 6ms.
Charles Anson, s/o Reuben, d. 2 Jan. 1898, ae 66-5.
Charles Anson, s/o C.A. & N.B., d. 25 Mar. 1856, ae 5-1.
Charles Carlton, s/o Abram M. & Anna, d. 4 Mar. 1871, ae 19ds.
Child of Reuben d. 20 Jan. 1828.
Child of Samuel & Eliza, d. 6 June 1871.
Clara Frazier, w/o William H., b. 22 Feb. 1854, d. 27 Apr. 1926.
David s/o Jacob d. 4 June 1820 ae 73yr.
Eben E., b. 21 Apr. 1832, d. 23 Mar. 1920.
Ednah, w/o Jacob, d. 9 Feb. 1860, ae 81yr.
Ednah, d/o Jacob & Ednah, d. 1 Apr. 1829, ae 19yr.
Ednah, d/o Samuel & Ednah Eastman, d. 9 Feb. 1860, ae 81yr.
Elbridge A., b. 31 Oct. 1841, d. 20 June 1907.
Eliza, w/o Jeremiah, d. 21 Jan. 1894, ae 87-5.
Eliza Walker, w/o Samuel J., d/o James Walker, b. 1827, d. 29 Oct. 1900, ae 73-1-29.
Emily J. Heath, gndau. Jacob & Ednah, drowned 1 Aug. 1835, ae 13yr.
Eunice, w/o Stephen Littlefield, d. 24 Mar. 1859, ae 70yr.
George W., b. 1838, d. 1911.
Gertie S., d/o Melvin & Mary R., d. 17 Aug, 1874, ae 0-5-8.
Gertrude, d/o Melvin & Mary L., d. 18 Apr. 1875, ae 0-5-1.
Hannah, w/o Stephen, d. 29 Mar. 1833, ae 73yr.
Hannah Charles, d/o John & Nancy, d. 5 Apr. 1869.
Harry Lewis. s/o Josepj L. & Annie A., d. 1876, ae 21ds.
Herbert Leslie, s/o C.A. & N.B., d. 18 Dec. 1863, ae 1-2.
J. Warren, s/o James & Emma, d. 8 Nov. 1871, ae 9-7-28.
Jabez s/o John d. 15 Jan. 1811.
Jabez, s/o Jacob & Ednah., d. 14 Mar. 1836, ae 16yr.
Jacob, d. 24 Nov. 1843, ae 68yr.
Janis, d. 18 Oct. 1840, ae 1-4.
Jeremiah, s/o Edna Smith, d. 7 May 1878, ae 73-2.
John Esq., d. 6 Dec. 1828, ae 78yr.
John C., s/o Abram, b. 7 Jan. 1825, d. 18 Nov. 1901, md.
Josiah, d. 14 Aug. 1870.

SEABROOK DEATHS

SMITH Cont.
Julia Maria, d/o Josiah & Abigail, d. 3 Aug. 1837, ae 3-9.
Lucy Ann, d/o Walter P. Dow, d. 5 Apr. 1902, ae 64-1-5.
Lydia J., d/o Samuel & Polly, d. 1 Aug. 1835, ae 15-3.
Mary, w/o Abram, d. 20 June 1878, ae 77-9.
Mary A., b. 14 Feb. 1831, d. 29 Mar. 1912.
Mary E., d. b. 1840, d. 1911.
Mary J., d/o Lowell Eaton, d. 13 Oct. 1897, ae 44yr, md.
Mary Jane, d. 5 Nov. 1867, ae 35-10.
Mary P., d/o Jeremiah, b. 29 Aug. 1837, d. 4 June 1900, ae 62-9-29, md.
Melvin, s/o Richard & Susan, d. 15 Jan. 1877, ae 24-2-23, or 29-8.
Melvin Anson, s/o Melvin & Mary A., d. 1877, ae 1-6
Melvina A., d/o Wm Boynton, b. 13 Mar. 1844, d. 9 Apr. 1902.
Miriam, w/o Reuben, d. 26 Feb. 1833, ae 32yr.
Nancy B., w/o Charles A. & d/o Robert & Dolly Eaton, d. 18 Dec. 1870, ae 36-0-30.
Nancy C., d/o Henry & Hannah Eaton, d. 1866, ae 51yr.
Nathan, d. 9 Mar. 1832, ae 42yr.
Polly, w/o Reuben, d. 13 Feb. 1855, ae 65-10.
Polly B., d. 26 Feb. 1889, ae 71-5.
Priscilla, d/o Philley Morgan, d. 11 Oct. 1891, Widow, ae 72yr.
Rachel Stevens, d/o Archibald T. & Mary B. Sampson, b. 12 Jan. 1898, d. 8 Feb. 1898.
Reuben, s/o Samuel & Polly, d. 20 Aug. 1869, ae 65-5.
Richard, s/o Samuel, b. 20 June 1814, d. 17 Dec. 1894.
Robert L., s/o Abram M. & Lizzie C., d. 2 Mar. 1875, ae 0-5-9.
Sabrina O., d/o C.A. & N.B., d. 4 Mar. 1833, ae 0-9-13.
Sadie T., d/o John W. Dow, d. Mar. 1903, md.
Sally, d. 5 Oct. 1833, ae 60yr.
Samuel, s/o Daniel & Sally, d. 19 Apr. 1859, ae 79yr.
Samuel J., b. 1822, d. 1906.
Sarah E., d/o Reuben & Miriam, d. 21 Dec. 1833.
Stephen, d. 3 Mar. 1832, ae 72yr.
Stephen M., s/o Nathan & Eunice, d. 9 Feb. 1833, ae 2-4.
Susan, w/o Richard, d/o Joshua Dow, b. 9 Mar. 1818, d. 21 Aug. 1894.
Susie T., d/o Eben E. & Vesta E., b. 3 Apr. 1870, d. 18 July 1930.
Vesta E., w/o Eben E., b. 24 Apr. 1836, d. 22 Apr. 1920.
Wife of Jonathan d. 7 Mar. 1823.
William F., s/o Reuben, b. 1828, d. 5 Aug. 1897, ae 69-1-16.
William H., b. 28 May 1850, d. 2 Apr. 1891.

SOUTHER:
Abram, s/o John, d. 18 Aug. 1889, ae 73yr, fisherman.
Alma B., d/o Wm g. & Luann, d. 16 Feb. 1880, ae1-0-15.
Alma W., d/o Wm G. & Cinda A., d. 14 Feb. 1880, ae 1. (probably same girl)
Augustus C., s/o E.S., d. 6 Nov. 1889, ae 34-4.
Betsy, d/o Jacob Fowler, d. 6 Oct. 1882, ae 68-4.

SEABROOK DEATHS

SOUTHER Cont.
Betsy, d/o David Fowler, d. 15 May 1896.
Charles M., s/o Melom & Mary (Bagley), d. 19 Dec. 1882, ae 3-5-26.
Chester L., s/o Leonidas & H.A. Eaton, d. 20 Mar. 1891, ae 4-10.
Edna A., d/o John E. & Helen (Eaton), d. 5 Nov. 1903, ae 3-2-13.
Erastus S., s/o Robert & Betsy, d. 24 Jan. 1875, ae 18-9.
Fannie E., d/o Abram & Rachel J. (Wright), d. 21 Sep. 1882, ae 3-11-4.
George W. d. 19 Apr. 1887, ae 62-11.
George M., s/o Melvin & M.C. Bagley, d. 30 Mar. 1892, ae 0-11-27.
Gertrude H., d/o George & Mary, d. 14 Feb. 1878, ae 6ms.
Helen, d/o John E. & Helen Eaton, d. 25 Oct. 1890, ae 2ms.
Henry, s/o John H. & Sarah, d. 8 Mar. 1880, ae 1yr.
Hurbert E., s/o Wm G. & Lucinda, d. 26 Sep. 1879, ae 9 ms.
Jacob N., s/o Richard & Betsy, d. 4 July 1877, ae 23yr.
James S., s/o Geo. F., d. 30 Nov. 1895, ae 35yr.
John C., s/o John E. & Helen Eaton, d. 12 Mar. 1892, ae 0-3-18.
Joseph M., s/o Robert & Betty, d. 3 Dec. 1878, ae 23yr.
Leroy, s/o Manuel & Martha, d. 31 Mar. 1884, ae 22-1.
Martha, d. 4 Oct. 1891, ae 66yr.
Mary F., d/o Abram & Sarah, d. 1866, ae 11yr.
Mary T., d/o Abram & Sarah E., d. 17 July 1865, ae 17-1-18.
Mehitable, d. 24 Sep. 1864, ae 84yr.
Moses D., s/o Thos/. d/ 6 Aug. 1903, ae 81-9, widower.
Nancy E., d/o George & Betsy, d. 23 Mar. 1877, ae 23-6.
Nellie Grant, d/o Lewis & Nancy E., d. 1876, ae 10 wks.
Rebecca, d/o William & Lucinda (Bartlet), d. 22 Dec. 1885.
Robert, s/o Robert D., d. 4 May 1891, ae 44-10-22, shoemaker.
Robert D., s/o Thomas & Mehitable, d. 23 Feb. 1870, ae 46yr.
Samuel, s/o George, d. 21 Jan. 1882.
Sarah, d/o Wm H. Bartlett, d. 13 July 1895, ae 43-4.
Sarah E., w/o Abram & d/o Ezekiel Eaton, d. 23 Feb. 1883, ae 65-4.
Sarah E., d/o Wm G. & Lucinda A. (Bartlett), d. 13 Aug. 1898, ae 6ms.
Sarah H., d/o John E. & Helen (Eaton), d. 24 July 1899, ae 1-8-0.
Sewforce, s/o Robert & Betsy, d. 2 June 1877, ae 24yr.
Son of Thomas d. 8 June 1826.
Son of Leonides & Hannah A. (Eaton), d. 25 Dec. 1887.
Son of Stephen H. & Emma G. (Fowler), d. 5 Sep. 1900.
Susan widow d. 17 Nov. 1823.
Susan A., d/o Samuel Fowler, d. 14 Oct. 1895, ae 70yr, md.
Thomas, d. 1862, ae 80yr.
William T., s/o Abraham, d. Dec. 1899, ae 49-5.

STAKEPOLE/STACKPOLE:
Eliza G, w/o Daniel, d. 25 Oct. 1847, ae 37-2.
Henrietta, w/o John, d. 4 Nov. 1848, ae 39-4.
Mary A., d. 17 July 1893, ae 47yr.

SEABROOK DEATHS

STAPLES:
Arthur C., s/o Samuel H., d. 3 Mar. 1887, ae 19-2-22.
Charles, s/o Samuel E. & Martha, d. 2 Aug. 1880, ae 4ms.
Ralph J., s/o Samuel E. & Martha, d. 31 Mar. 1885.
Samuel E., s/o Benj., d. 1 Sep. 1898, ae 64yr.
Son of Geo. H. & Carrie M. (Walton), d. 23 Oct. 1899.

STEVENS:
Relief, d/o Moses Hadley, d. 24 Dec. 1883, ae 87-1-9.

STEWART:
Mercy A., d/o James Hall, d. 11 Jan. 1891, widow, ae 48-7.

STICKNEY:
Sally d. 13 Nov. 1826.

TITLON:
David, s/o David, d. 19 Aug. 1858, ae 60yr.
David S., s/o Phineas, b. 1815, d. 22 June 1881.
Martha, w/o Peter G. & d/o Geo. F. Dow & Elvira Ross Fowler, d. 13 Aug. 1883, ae 43yr.
Peter G., d. 22 Sep. 1865, ae 54yr.
Sarah M., w/o David S., b. 1817, d. 11 May 1906.

TRUE:
Lydia W., d/o John Wright, d. 11 Nov. 1878, ae 38yr.
Son of Chas. & Sarah (Woods), d. 3 Mar. 1895.
William D., s/o Charles & Sarah E. Woods, d. 14 Dec. 1889, ae 2-9.

TUCKER:
Deacon d. 14 Aug. 1814.

TUTTLE:
Hannah S., d/o Jeremiah & Molly Felch, d. 29 Sep. 1868.
John B., d. 1876, ae 57yr.
John, d. 1877, ae 8yr.

TWOMBLY:
John F., s/o James, d. 19 Nov. 1897, ae 50-7, md.
Mary, w/o E.D. & d/o Noah Johnson, d. 16 Jan. 1848, ae 26yr.
Zelphia, w/o John F., d/o Tristram Dow, d. 1 Jan. 1903, ae 70-2-5.

TYLER:
Son of ____ d. 2 Mar. 1828.

SEABROOK DEATHS

VARNEY:
Chestina V., w/o Joseph A., b. 1849, d. ____.
Joseph A., b. 1851, d. 1923.

VENNARD:
Joseph L., d. 13 Apr. 1897, ae 27-3-12.

WADDLE:
Annie, d. 12 Sep. 1889, servant.

WALKER:
Albert F., d. 15 May 1891, ae 79-8.

WALTON:
Andrew, s/o Samuel, b. 10 Oct. 1779, d. 5 Dec. 1867.
Andrew, s/o Cyrus & Rosanna (Moreland), d. 19 Jan. 1883, ae 9 yr.
Ann M. Field, w/o Benjamin, b. 1842, d. 1923.
Arvilla, widow of Henry, b. 20 Jan. 1816, d. 3 Mar. 1906.
Benjamin, b. 1840, d. 19__.
Benjamin F., s/o C.B. & Almira H., d. 30 Apr. 1851, ae 1-1-3.
Betsy, d/o John Janvrin, d. 10 Dec. 1878, ae 85yr.
Caroline C., w/o Samuel, d/o Wm Beckman, d. 14 Mar. 1896, ae 53-3-11, md.
Charles B., s/o Reuben & Jeanette, d. 12 Oct. 1861, ae 13-1-1.
Charles L., d. 1 Sep. 1838, ae 1-2.
Child of Jonathan d. 5 Mar. 1810.
Clara A., w/o William H., d. 29 Aug. 1864, ae 28-9.
Clara E., d/o Nicholas Gynan, d. 10 Nov. 1899, ae 39-2-17.
Clara K., w/o Charles B., b. 23 Mar. 1860, d. 10 Nov. 1899.
Daniel, d. 21 July 1867, ae 60-7-11.
Daniel, d. 3 Sep. 1874, ae 76-7.
Daughter of John d. 7 Feb. 1825.
Edwin, s/o Jonathan, d. 30 Oct. 1864, ae 37. Enlisted Sep. 1862, co. D, 14th, NH Vol.
Elbridge A., s/o William H. & Clara A., d. 12 June 1863, ae 0-4-9.
Eliza, d/o Simeon Dow, d. 29 Aug. 1864, ae 28-0-9.
Elizabeth, w/o William, d. 10 Dec. 1877, ae 85-6.
Elsie, d/o Joshua Eaton & Ruth (Morrill), d. 23 July 1884, ae 76yr.
Elsie, w/o Samuel, b. 1831, d. 1910.
Ernest W., s/o Daniel A. & Nellie M. (Fowler), d. 14 Aug. 1893, ae 3ms.
Hannah P. Pike, w/o Samuel Walton 1822 - 1886.
Henry, s/o Jonathan & Lily, d. 8 Nov. 1867, ae 60-0-15.
Jeanette C., w/o Reuben, b. 1841, d. 1910.
John, s/o Caleb & Mary, d. 9 Jan. 1839, ae 4-0-14.
John, s/o William, d. 10 June 1864, ae 67yr.
John, s/o Daniel & Nancy, d. 15 July 1879, ae 77yr.
John H., s/o John, 1841 - 25 Feb. 1892, shoemaker.
John N., 1832 - 1893.

SEABROOK DEATHS

WALTON Cont.
John William, s/o William & E.A., d. 14 Dec. 1852, ae 19-9.
Jonathan, s/o Samuel & Ruby, d. 10 July 1875, ae 90yr.
Jonathan, d. 4 Apr. 1894, ae 83-2.
Joseph A., s/o Joseph & Emmy, d. May 1879, ae 1-8.
Mary, w/o Jonathan & d/o Phineas & Polly Beckman, d. 25 Mar. 1865, ae 54yr.
Mary A., w/o Otis T. Eaton, d. 22 Jan. 1882, ae 34-7.
Mary L., d/o Abner True, d. 29 July 1901, ae 53-11-14.
Matilda, w/o Daniel, d. 11 July 1886, ae 87-3-7.
Nancy, w/o Daniel, d. 20 Dec. 1861, ae 86-4.
Nancy, d/o Benj. Brown, d. 20 Dec. 1864, ae 50-9.
Nancy, w/o John & d/o Thos. Eaton, d. 7 Oct. 1882, ae 77-11-27.
Nicholas Tracy, s/o Samuel & Hannah, d. 31 Dec. 1851, ae 2-10-6.
Polly, w/o Jonathan & d/o Benj. & Marian Brown, d. 16 July 1858, ae 72yr.
Reuben, b. 1831, d. 1907.
Samuel, s/o Samuel & Mary F., d. 27 Dec. 1858, ae 66-11.
Samuel, s/o Daniel, b. 1807, d. 5 Aug. 1899, ae 91-9.
Samuel, 1822 - 1909.
Samuel S., d. 20 Jan. 1912, ae 82-9-18.
Sewell B., d. 17 Apr. 1892, ae 62-4-23.
Terasa Chase, w/o William E., b. 1844, d. 1915.
William, s/o Daniel, d. 6 Jan. 1892, ae 77-7, farmer.
William, d. 24 Mar. 1846, ae 40yr.
William E., b. 1842, d. ____.
William Jr., s/o Daniel & Matilda, d. 13 Jan. 1871, ae 32yr.

WEARE:
Annie, d/o John & R. Jane, d. 2 Feb. 1885, ae 17-6.
Benjamin F., b. 29 May 1833, d. 12 Feb. 1918.
Clarissa A., b. 3 Nov. 1834, d. 1 Feb. 1916.
Elizabeth, w/o Nathanial, d. 16 Feb. 1712, ae 73yr.
Frank, s/o John & Ruth, d. 27 Jan. 1864, ae 8-5.
Fred L., b. 21 June 1865, d. 16 Feb. 1936.
George A., b. 6 Jan. 1833, d. 3 Mar. 1910.
Hubbard s/o Jonathan d. 22 Nov. 1822.
J. Franklin, w/o John & Ruth C., d. 27 Jan. 1864, ae 8-8-14.
John, d. 10 Jan. 1800, ae 43yr.
John, d. 22 July 1877, ae 82-8.
John, s/o John, d. 28 Nov. 1900, ae 75-8-14.
John M., b. 5 May 1814, d. 21 Dec. 1898, ae 84yr.
John McNabb, adopted son of John M. & Mary M., d. 8 Aug. 1874, ae 21-11.
John M. Jr., d. 8 Aug. 1875, ae 21-11. (probably same as above)
Jonathan, d. 6 Nov. 1790, ae 67yr.
Joseph, s/o Joseph H. & Betsy M., d. 1881, ae 75yr.
Joseph Hubbard, d. 12 Nov. 1822, ae 41yr.
Lizzie E, d/o David H. Elkins, d. 22 May 1899, ae 35-1.
Lizzie K., w/o Everet A., b. 25 Apr. 1864, d. 22 May 1899.

WEARE Cont.
Louise Smith, w/o Fred L., b. 5 Sep. 1869, d. _____.
Lucy W. Smith, w/o Benj. F., b. 13 May 1839, d. 20 Mar. 1911.
Lydia, w/o John, d. 11 Dec. 1858, ae 66yr.
Lydia J. Fogg, w/o Benj. F., b. 13 July 1844, d. 16 Apr. 1875.
Mary, d/o Stephen Brown, Wid., d. 28 Nov. 1889, ae 83-9.
Mary M., w/o John M., b. 3 Jan. 1814, d. 1 Feb. 1894.
R. Jane, d/o Reuben Felch & Almira (Eaton), d. 14 June 1884, ae 52.
Ruth C., w/o John & d/o Abram & Polly Dow, d. 3 Feb. 1859, ae 38-11-1.
Sarah, w/o Jonathan & d/o Joshua Lane, d. 8 June 1784, ae 57yr.
Sarah L., d/o Joseph H. & Betsy, d. 7 July 1831, ae 20yr.
Sarah L., d. 15 Feb. 1871, ae 86-7.
Thankful, w/o John, d. 2 Dec. 1798, ae 44yr.
Widow d. 12 Sep. 1811,
____ of John d. 9 Oct. 1824.
____ of John d. 28 Oct. 1824.

WELLS:
Edgar P., d. 4 July 1877, ae 18-10.
Wugene S., d. 28 Feb. 1879, ae 21-6.
Luelle B., d/o Eben F., 1873 - 1899.
Mary F., w/o Parker, d. 10 May 1884, ae 65yr.
Parker, d. 8 Feb. 1888, ae 65yr.

WHIDDEN:
John A., b. 6 Oct. 1842, d. 9 June 1895.

WHITTIER:
Clara A. Brown, w/o David A., b. 1851, d. 1933.
David A., b. 1847, d. 1918.

WHITE:
Alice R., d/o Horace & Susan (Fowler), d. 14 Apr. 1883, ae 1-3-0.

WILBER:
Therman, s/o Albert J. & Florence M. (Brown), d. 16 Oct. 1901, ae 0-5-12.
Thelman, s/o Albert J. & Florence M. (Brown), d. 18 Oct. 1901, ae 0-5-14.

WILSON:
Lucy, w/o Robert, d. 30 Sep. 1844, ae 26yr.

WINGATE:
Georgie A., b. 7 Oct. 1849, d. 7 Jan. 1905.

WOOD:
Lanella B., d/o Eben F., d. 9 May 1899, ae 25-4-6.

SEABROOK DEATHS

WORTH:
Lydia, w/o Joseph, d. 13 June 1732, ae 38yr.

WORTHAM:
Widow d. 11 Sep. 1815.

WORTHLEY:
Jessie, d. 23 Nov. 1894, ae 83-7-11.
Mary E., d/o Jesse & Rhoda B., d. 19 Mar. 1842, ae 1-8.
Rhoda B., w/o Jessie, d. 26 Apr. 1857, ae 46yr.

WRIGHT:
Abigail, d/o John, d. 15 Dec. 1864, ae 30.
Child of David, d. 13 Sep. 1864, ae 0-3.
James, s/o James & Angeline, d. 1875, ae 14yr.
James F., s/o James W. & Lousie F. (Beckman), d. 28 Dec. 1886, ae 0-3-1.
James W., d. 5 Feb. 1887, shoemaker.
John, s/o John & Ida E. (Bragg), d. 15 Oct. 1883, ae 0-6-4.
John P., s/o David, d. 19 Sep. 1882, ae 23yr.
___tice, d/o Thomas & Mehitable Luther, d. Feb. 1867, ae 54yr.

YEATON:
Anna G., d. 22 Sep. 1891, ae 62-2-11.
Anna H. Sanborn, w/o Moses, b. 1854, d. 1912.
Moses, b. 1850, d. ____.

Sources:

Seabrook Town Records Bk A, B, 2, 3 & 4.
Seabrook Vital Statistics bk 1, 2, 3 & 4.
D.F.P A. Cemetery Records.
NEHGR, V.27, pp 412.
Locke, Mrs. Samuel, *Seabrook, N.H Deaths 1807-1822.*

SEABROOK, N.H.
MARRIAGES

1768 - 1905

NOTE: Included are some 700 marriage intention entries for which no marriage return was found. Those marriage intentions where returns were found have not been included.

SEABROOK MARRIAGES

ABBOTT:
Clarissa S. of Andover, Mass. md. 12 Oct. 1847 Edmund B. Holt.
Sylvester, md. 5 Nov. 1846 Rhoda Batchelder.

ACKERMAN:
Joseph, md. 10 Feb. 1810 Charlotte Sanborn, by Elias Hull

ADAM:
Charles E. ae 20, md. 3 May 1878 Emma A. Walton ae 16.

ADAMS:
Charles P., md. 16 Nov. 1848 Susan E. Janvrin.
Edwin ae 22, md. 24 June 1873 Lucy L. Dow ae 18.
Minnie A. ae 20, md. 20 June 1886 George F. Mason ae 20 at Hampton.

ADDISON:
Hannah E. ae 46, md. 27 Sep. 1895 Edward Lee ae 46.
William M. ae 21, md. 26 Nov. 1901 Emma D. Eaton ae 17.

AINSWORTH:
Enoch ae 27, md. 16 Dec. 1893 Jenny Hersey ae 21.

ALLEN:
Hannah, md. 11 Apr. 1818 John Locke Jr. by Elias Hull.
Martha ae 18, md. 21 Feb. 1902 Chesta H. Cool ae 21.
Melissa A. ae 18, md. 6 July 1869 Wm G. Brown ae 23.

ALLISON:
Mary L. ae 24, md. 18 Feb. 1862 Col. Augustus Kimball. ae 32.

ALLORD:
Mary ae 20, Int. 19 June 1831 Alfred Wright ae 27.

ALLRY:
Lizzie ae 30, md. 21 Feb. 1897 George H. Boyd ae 36 at Wenham, Mass.

ALNSWORTH:
Enoch ae 22, md. 16 Dec. 1893 Jenny Hersey ae 21.

ANDREWS:
Arminta, Int. 24 Sep. 1887 Charles P. Burke.
Frank E. ae 24 md. Lillian M. Fowler, 28 Nov. 1904.
Howard K. ae 19, md. 14 Oct. 1890 Ida B. Floyd ae 18.
Stephen H. ae 23 of Portland, Me, md. 1 Apr. 1861 Hannah E. Dow ae 20.

ARDEN:
Harry ae 23, md. Jan. 1888 Lena Wilkinson.

SEABROOK MARRIAGES   115.

ARLIN:
Andrew J. ae 23, md. 29 May 1895 Bertha E. Ordway ae 17.

ASBY:
Peabody, md. 21 Apr. 1835 Mary Perkins.

ASGOOD:
Daniel, md. 22 July 1812 Rachel Cram by Elias Hull.

AUSTIN:
Andrew J. md. 12 Dec. 1855 Antonetta Rupes of Salisbury, Mass.

BACKMAN:
Phinis, md. 25 Nov. 1804 Molley Boyd by Elias Hull.
William, md. 10 Jan. 1804 Nancy Eaton.

BAGLEY:
Ann ae 31, Int. 22 Feb. 1862 Bryant Eaton ae 34.
Betsy, md. 22 Sep. 1841 Stephen Gove.
David, Int. 31 Oct. 1870 Sarah Ann Brown.
Eliza A. ae 21, md. 20 Sep. 1886 Wm H. Eaton ae 23.
John L. ae 26, Int. 19 Sep. 1877 Alice Quimbey.
Mary C. ae 17, md. 8 May 1876 George K. Souther ae 27.
Melissa ae 39, md. 22 Jan. 1866 Jonathan Walton Jr. ae 54.
Morris H. ae 27, md. 4 Aug. 1885 Effie A. Fowler at E. Salisbury.
Sarah, md. 25 Mar. 1799 Bryant Eaton by Elias Hull.
Valentine ae 34, md. 14 Feb. 1852 Elizabeth Fowler ae 24.
Valentine Jr. ae 20, md. 29 Oct. 1873 Climena Eaton ae 18.

BAKER:
Rufus H. ae 26, md. 13 Aug. 1896 Grace L. Tuck ae 26.

BARCENTIE:
Carrie ae 25, md. 10 Jan. 1872 George Chaplin ae 25.

BARTLETT:
Betsy N., md. 15 Nov. 1849 Jacob T. Rowe.
Charles ae 22, Int. 5 May 1865 Mary E. Fowler ae 20.
George W., md. 3 Nov. 1844 Betsey R. Morgan.
John, md. 24 June 1804 Betsy Norton by John Smith.
Lucinda A. ae 19, md. 16 Mar. 1878 William Souther ae 27.
Richard, md. 3 Jan. 1813 Mary French by Elias Hull at Newbury.
Sarah E. ae 17, md. 23 May 1868 John K. Souther ae 22.
Thomas J. ae 31, md. 9 Sep. 1889 Mattie B. Ferrin ae 23.
Thomas J. ae 32, md. 10 Apr. 1891 Mattie B. Ferrin ae 23.
William ae 29, md. 6 Jan. 1897 Hester H. Osborn ae 19.

SEABROOK MARRIAGES

BARTMAN:
Mirim, md. 5 Dec. 1815 Tillies Burfee by Elias Hull at Bachwen.

BARTON:
Charles A. ae 18, Int. 9 Dec. 1863 Eliza A. Souther ae 18.
Charles A., md. 9 Dec. 1863 Eliza A. Goodhue.
Charles A., md. 20 Mar. 1887 Mary A. Comeau at Hampton Falls.
David A. ae 19, md. 4 Feb. 1873 Amy or Annie Walton ae 18 at Creek.
Eliza A., Mrs. ae 48, Int. 12 Apr. 1872 Emery Brown ae 51.
George M., md. 8 July 1848 Clarissa R. Edmunds.
Nancy, Int. 3 Jan. 1828 Samuel Felch Jr.

BASSETT:
Josie R. ae 41, md. 7 July 1903 George H. Nicholson ae 58.

BATCHELDER:
Andrew J., md. 28 Aug. 1862 Harriet J.Walton.
Annie E. ae 29, md. 30 Aug. 1867 Homa B. Crain ae 23.
Dolly, md. 2 Dec. 1840 Stephen Brown.
Edward, Int. 5 Jan. 1888 Nancy Smith.
H.W. ae 25, md. 28 Dec. 1890 Mary L. Perkins ae 25.
John, Capt. md. 7 May 1845 Mary Lyette Green of Hampton Falls.
John ae 41 of Hampton, Int. 17 July 1871 Emma Mills ae 28.
Lizzzie ae 20, md. 15 May 1869 George E. Leavitt ae 20.
Lucy, md. 10 Dec. 1847 Daniel Morrill of Hampton Falls.
Mary L. ae 29, md. 23 Nov. 1887 John E. Brown ae 28 at Hampton.
Nancy, md. 14 Feb. 1846 Capt. Titus Green.
Rhoda, md. 5 Nov. 1846 Sylvester Abbott.
Samuel, md. 28 Jan. 1847 Abigail Knight.

BEACH:
Archie J. ae 24, md. 7 June 1905 Lizzie A. Savage ae 21.

BEAL:
Arvilly C. ae 18, Int. 27 Jan. 1872 Warren W. Dow ae 21.
Elmira R., md. 8 Sep. 1849 Sewell B. Walton.
Eva E. ae 17, md. 16 May 1868 George F. Chase ae 25.
Lydia C., Int. 28 Oct. 1838 Moses Boyd.
Sumner ae 30, md. 25 Dec. 1858 Emma Pike ae 23.
Velia ae 17, md. 28 Sep. 1889 Elias H. Dow.
Winship, md. 26 Oct. 1849 Emily G. Walton.

BECK:
Robert ae 35, md. 7 Jan. 1873 Saven C. Dow, ae 24.

SEABROOK MARRIAGES

BECKMAN:
Abbie ae 19, md. 16 Oct. 1890 Edward H. Walton ae 18.
Adaline, ae 18, md. 3 Nov. 1857 Calvin F. Brown ae 20.
Addie M. ae 17, md. 23 Sep. 1877 Orin Beckman ae 22.
Addie ae 19, md. 24 June 1905 William A. Knowles ae 20.
Albert W. ae 19, Int. 23 Nov. 1864 Sally Bragg ae 19.
Alfred N. ae 23, md. 27 Sep. 1885 H. Gertie Locke ae 24.
Anna (Bekman), ae 19, md. 26 Sep. 1881 Charles F. Eaton ae 22.
Asa ae 22, md. 7 June 1884 Clara B. Eaton ae 22.
Caroline P. ae 17, md. 16 Oct. 1859 Samuel S. Walton ae 20.
Charles A. ae 19, md. 27 Oct. 1884 Helen Knowles ae 19.
Charles A. ae 26, md. 30 Sep. 1892 Cora M. Dow ae 17.
Clara M. ae 19, md. 19 Mar. 1892 George P. Collins ae 21 at Hampton.
Clarssia ae 27, md.11 Oct. 1867 Eben F. Wood ae 31.
David, md. 19 Oct. 1845 Ruth P. Eaton.
Dora A. ae 19, md. 17 Sep. 1879 Charles J. Pike at Salisbury.
Dorothy, md. 3 Feb. 1833 Robert Eaton.
Edgar ae 22, md. 3 July 1887 Hattie M. Janvrin ae 18.
Emma B. ae 37, md. 2 Oct. 1901 Fred W. Felch ae 34.
Estella ae 17, md. 22 May 1893 Simeon J. Dow ae 22.
Estella ae 19, md. 26 Apr. 1897 Frank Bly ae 24.
Fannie P. ae 18, Int. 20 Nov. 1898 George G. Janvrin ae 25.
Filbert, md. 12 Dec. 1837 Sophia Boyd.
Francis ae 19, md. 6 Nov. 1859 Esther A. Dow ae 15.
Frank E. ae 20, md. 16 Dec. 1880 Clara E Whitehouse ae 20.
Frank E. ae 38, md. 27 July 1895 Annie J. Harding ae 23 at Hampton.
George H. ae 25, md. 1 May 1900 Annie F. Knowles ae 17.
Gilbert, Int. 3 Dec. 1837 Zelphia Boyd.
Hattie ae 28, md. 29 Mar. 1897 Charles a. Merrill ae 20.
Hervey ae 19, md. 24 June 1893 Julia E. Jones ae 18.
Hiram ae 28, Int. 1 June 1858 Adeline Fuller ae 31.
Huldah Anne, md. 4 Dec. 1853 Peleg J. Small.
Jacob, Int. 24 Nov. 1844 Sarah Eaton.
James, Int. 23 Apr. 1827 Nancy Boyd.
James A. ae 37, md. 3 July 1889 Susan H. Eaton ae 27.
James A. ae 34, Int. Feb. 1880 Clarissa Souther.
John, Int. 19 Feb. 1828 Abigail Walton.
John N. ae 21, Int. 16 Dec. 1892 Minnie F. Eaton ae 17.
John R. ae 26, md. 23 June 1866 Mary E. Marsh ae 18.
Judith, md. 27 May 1839 Nathan Robbins.
Lemuel S. ae 19, md. 30 Sep. 1885 Sallie a. Knowles ae 17.
Leon ae 21, md. 24 Dec. 1899 Mazie B. Rowe ae 19 at Haverhill.
Louise F. ae 22, md. 14 Oct. 1885 James W. Wright ae 26.
Lucy ae 16, md. 5 June 1884 Andrew J. Eaton ae 17.
Lydia J.C. ae 18, Int. 3 Oct. 1863 William H. Blake ae 20.
Marie C. ae 19, md. 5 Feb. 1873 John R. Brown ae 23.
Mary, md. 15 Jan. 1834 Jonathan Walton.

BECKMAN Cont.

Mary A., md. 5 Oct. 1851 Levi Dow.
Mary E. ae 17, Int. 10 Oct. 1859 Joseph W. Dow ae 21.
Mary J. ae 21, md. 11 Feb. 1897 Lowell A. Chase ae 19.
Melvina ae 30, md. 4 July 1877 Warren Boyd ae 39.
Minnie F. ae 28, md. 7 Nov. 1903 Samuel T. Eaton ae 29.
Nancy ae 18, Int. 19 Jan. 1880 Charles Curtis ae 18.
Nancy C. ae 19, md. 3 Mar. 1880 Charles A. Walton ae 22.
Nancy L., Int. 19 June 1841 John L. Cary.
Nancy S. ae 26, md. 17 Oct. 1888 Earnest L. Smith ae 29.
Nathaniel L., md. 12 Oct. 1854 Caroline A. Eaton.
Nellie B. ae 19, md. 8 June 1883 Charles F. Rowe ae 21.
Nellie W. ae 17, md. 1 Feb. 1882 Moses N. Knowles, ae 22.
Nelson S. ae 21, md. 6 Aug. 1879 Rosanna Fowler ae 18.
Orin ae 22, md. 23 Sep. 1877 Addie M. Beckman ae 17.
Pegga, md. 31 Nov. 1774 Peter Bragg.
Philip ae 41, md. 25 Feb. 1854 Mariam Felch ae 20.
Phinias F. ae 23, md. 1 July 1886 Clara E. Jones ae 21.
Polly D., md. 15 Oct. 1848 Dennis Dow.
Robert, md. 27 Feb. 1834 Mary Boyd.
Robert ae 34, Int. 4 Jan. 1873 Carrie C. Dow.
Sallie M., Int. 4 July 1880 Joseph Perkins.
Samuel, md. 2 Dec. 1851 Mary E. Collins.
Samuel M. ae 20, md. 19 Oct. 1854 Caroline E. Eaton ae 19.
Samuel S., Int. 30 Sep. 1885 Hannah E. Knowles?
Samuel T. ae 21, md. 4 Dec. 1884 Abbie M. Eaton ae 17.
Warren, Int. 17 July 1845 Susan A. Gove.
William ae 27, Int. 21 Sep. 1854 Josephine Janvrin ae 19.
William Jr., Int. Mar. 1828 Lydia Knowles.

BELL:

Thomas, Rev. ae 24, md. 31 May 1886 Edith Marie Stevens ae 26.

BENNETT:

Francis M. ae 21, md. 12 Mar. 1862 Lydia E. Smith ae 21.
Laura ae 20, md. 12 Oct. 1879 William E. Currier ae 21.
William, md. 11 Feb. 1816 Anne Dow by Elias Hull.

BENTLEY:

Anna M. ae 17, md. 10 Nov. 1868 Robert E. Fowler ae 22.

BERRY:

Sarah E. ae 29, md. 21 Dec. 1868 Roscoe B. Thomas ae 38.

BICKFORD:

Edward A. ae 22, md. 18 Feb. 1891 Augusta D. Walton ae 18.
John M. ae 30, md. 7 Feb. 1879 Adda Blaisdell ae 18.

SEABROOK MARRIAGES 119.

BIGHT:
James, Int. 3 Mar. 1830 Mary Souter.

BLADE:
Arthur B, ae 22, md. 28 Apr. 1865 Sarah A. Jones ae 17.

BLAISDALL:
Adda ae 18, md. 7 Feb. 1879 John M. Bickford ae 30.
Clarence ae 28, md. 14 May 1903 Bessie L. Dow ae 19.
Lydia E. ae 20, md. 22 Aug. 1867 Charles M. Jones ae 30.
Ruth, Mrs. ae 50, Int. 27 Sep. 1871 Nanthan Robbins ae 69.

BLAKE:
Annie C. ae 18, md. 11 Dec. 1885 Freeman Littlefield ae 22.
David W. ae 18, md. 10 May 1885 Killinda K. Dow ae 18.
Harriet M. ae 21, md. 1 Jan. 1900 George a. Knowles ae 25 at Hampton.
Jane A. ae 18, Int. 24 Feb. 1858 Edward L. Felch ae 22.
Lydia P., Mrs. ae 26, md. Mar. 1872 Joshua Janvrin ae 60.
Mary, md. 22 Sep. 1842 William Weeks.
Nathel, md. 27 Sep. 1809 Betty Brown by Elias Hull at Hampton.
Therisa Marie ae 20, Int. 15 Nov. 1857 Emery Janvrin ae 24.
William H. ae 20, Int. 3 Oct. 1863 Lydia J.C. Beckman ae 18.

BLANCHARD:
Charles ae 17, md. 29 Dec. 1894 Minnie M. Eaton 16.
Charles ae 27, md. 14 Dec. 1905 Nellie H. Forrest ae 32.
H.W., Mrs. ae 63, md. 24 Dec. 1890 Charles T. Locke ae 49.
Lydia, Mrs. md. 13 Nov. 1871 Joshua Janvrin.
Walter E. ae 22, md. 17 Sep. 1887 Clara F. Wood ae 19 at Danvers.

BLODGET:
Jesse G. ae 40, md. 3 Dec. 1861 Nancy N. Marshall ae 19.

BLOOD:
Edward F. ae 27, md. 12 Dec. 1893 Ida M. Brown ae 37.

BLY(E):
Francis ae 27, md. 4 Nov. 1878 Anginetta Fowler ae 18.
Frank ae 24, md. 26 Apr. 1897 Estella Beckman ae 19.

BOURBEAU:
Edmond J. ae 39, md. 27 Dec. 1896 Pamela Disceteau ae 39.

SEABROOK MARRIAGES

BOUSIE:
John ae 35, md. 12 Nov. 1903 Rose A. Moreland ae 29.

BOWDEN:
Betsey, md. 5 Mar. 1807 John Row by Elias Hull.

BOYCE:
Hanna A., md. 30 June 1852 William F. Smith.
Hiram, md. 25 July 1845 Sarah Eaton.

BOYD:
Aaron, Int. 24 Dec. 1824 Harriet Eaton.
Aaron ae 24, md. 1 Dec. 1904 Miantha Eaton ae 28.
Abigail, Int. 18 Apr. 1844 John Felch.
Betsy, Int. 21 Apr. 1851 Joseph L. French.
Clarence M. ae 17, md. 26 Dec. 1896 Nancy E. Sargent ae 19.
David, md. 13 Dec. 1774 Molley Selley ?
David F. ae 21, Int. 13 Apr. 1858 Huldah A. Brown ae 18.
David Jr., md. 26 Apr. 1806 Mehitable Brown by Elias Hull.
Edwin R. ae 26, md. 17 Jan. 1895 Edith C. Fowler ae 19.
Elizabeth, md. 28 Mar. 1797 Samuel Collins.
Emeline, Int. 6 May 1840 Joseph L. Lane.
Enoch Jr., Int. 5 Jan. 1828 Laura Walton.
Enoch ae 22, md. 24 Nov. 1904 Emma Janvrin ae 16.
Fannie F. ae 19, md. 14 Aug. 1901 Edwin Knowles ae 25.
Florence M. ae 24, md. 3 Nov. 1887 Joseph Walton ae 39. at Hampton Falls.
Frank M. ae 24, md. 25 Dec. 1895 Fannie M. Marshall ae 19.
George Henry ae 22, md. 6 Aug. 1894 Alice J. Fowler ae 18.
George H. ae 36, md. 21 Feb. 1897 Lizzie Allry ae 30.
Hannah, md. 13 May 1841 Emory Brown.
Hannah, Int. 17 Jan. 1846 Lewis Gove.
Hannah J., Int. 11 Oct. 1856 Abel Eaton.
Harriet, md. July 1846 Lewis Gove.
Harriet, md. 30 June 1852 William P. Smith.
Hiram, Int. 18 June 1843 Sarah Eaton.
Hulda ae 40, md. 23 Sep. 1888 James B. Butler ae 40.
Imogene ae 22, md. 25 Dec. 1888 George H. Dow ae 25.
Jeremiah T. ae 22, md. 28 Oct. 1867 Mary E. Eaton ae 18.
Jerome ae 29, md. 4 Nov. 1877 Rosetta Y. Gove ae 27.
John, md. 27 Oct. 1817 Polley Fogg by Elias Hull.
John, Int. 19 Sep. 1883 Lottie N. Walton.
Joseph L. ae 40, md. 14 July 1880 Miriam J. Eaton ae 25.
Julia P., ae 19, md. 10 May 1882 Frank W. Greenlief ae 24.
Lenora A. ae 16, md. 18 Sep. 1902 George L. Dow ae 24.
Lillian ae 19, md. 29 Mar. 1889 Charles H. Greeley ae 22.
Lovina, Int. 12 Apr. 1840 Lewis Gove.
Lowell ae 20, Int. 23 Aug. 1862 Martha Eaton ae 19.

SEABROOK MARRIAGES

BOYD Cont.
Mary, md. 27 Feb. 1834 Robert Beckman.
Mary M. ae 44, md. 25 Mar. 1899 Richard T. Keene ae 51.
Maurice ae 22, md. 24 June 1905 Georgia A. Janvrin ae 17.
Molley, md. 25 Nov. 1804 Phinis Backman by Elias Hull.
Moses, Int. 28 Oct. 1838 Lydia C. Beal.
Moses ae 19, md. 18 Apr. 1880 Matilda Fowler ae 16.
Nancy, Int. 23 Apr. 1827 James beckman.
Samuel ae 34, md. 3 Dec. 1885 Emma M. Dow ae 34.
Sophia, md. 12 Dec. 1837 Filbert Beckman.
Warren ae 39, md. 4 July 1877 Melvina Beckman ae 30.
Willie E. ae 25, md. 15 July 1885 Vestla F. Knowles ae 17 at Kingston.
Zelphia, Int. 3 Dec. 1837 Gilbert Beckman.

BOYNTON:
Effie L., md. 16 May 1885 Warren H. Pevear.
Margie A., 16 May 1885 Norris B. Pevear.
Melvina A. ae 19, Int. 9 July 1863 Elbridge Souther ae 21.
Nancy Lydia ae 18, Int. 7 Dec. 1863 Frederick F. Felch ae 30.
Nancy S., md. 7 Dec. 1863 F.F. Felch.
Rosanna ae 24, md. 4 Oct. 1874 Jacob Smith ae 31.
William md. 7 May 1842 Jemima J.C. Hull.

BRACKETT:
Annie L. ae 18, md. 8 May 1884 Moses K. Pearl ae 22.
Davis C. ae 25, Int. 17 Aug. 1864 Eliza E. Eaton ae 17.

BRAGG:
Adeline ae 18, Int. 7 Mar. 1860 John H. Walton ae 19.
Adrienne D. ae 32, md. 20 Jan. 1894 Charles M. McQuillin ae 36.
Alberta, md. 15 Nov. 1885 George C. Dow at Hampton.
Anna M. ae 17, md. 7 Sep. 1891 George S. Peacock at Kensington.
Betsy ae 42, md. 24 Dec. 1864 Jacob D. Brown ae 41.
Daniel ae 20, md. 13 Apr. 1853 Julia Ann Soul ae 17.
Daniel, md. 28 Nov. 1856 Nancy Wright.
Daniel, Int. 13 Apr. 1858 Julyan Foote.
Emily A. ae 16, md. 10 Mar. 1896 George E. Knowles ae 26 at Hampton Falls.
Emily M. ae 21, md. 16 June 1867 Joseph Walton ae 20.
Emma ae 23, md. 2 Dec. 1896 James L, Cilley ae 42.
Fred H. ae 26, md. 6 Oct. 1891 Plumia J. Fowler ae 22.
George V. ae 19, md. 7 Apr. 1877 Edwinna D. Janvrin ae 16.
George W. ae 19, md. 5 Apr. 1872 Rhoda Eaton ae 18.
George W., Int. 10 Feb. 1877 Edvienna D. Eaton ae 17.
Hanah, Int. 9 May 1824 Tristram Dow Jr.
Harriet E. ae 16, md. 1 June 1867 Lewis Eaton ae 21.
Henry F. ae 33, md. 1 Nov. 1855 Fanny L. Locke ae 20.
Henry F. ae 30, md. 25 Dec. 1865 Sarah M. Brown ae 21.

SEABROOK MARRIAGES

BRAGG Cont.
Horace ae 19, md. 7 Dec. 1890 Ellen P. Gove ae 18 at Hampton.
Ida E., Int. 31 Aug. 1883 John F. Wright.
Ida E., ae 24, md. 27 Mar. 1886 Willie N. Eaton ae 29.
John, md. 10 May ___ Nanncy Robison by Elias Brown J.P.
John Jr., md. 8 Nov. 1816 Pashent Brown by Elias Hull.
Lizzie E. ae 18, md. 19 Dec. 1902 Reuben L. Follansbee ae 26.
Lizzie M. ae 18, md. 8 Apr. 1878 Fredrick Eaton ae 22.
Lydia J., md. 24 Feb. 1853 Benjamin Brown Jr.
Margaret, Int. 29 Sep. 1839 Daniel Collins of Salisbury.
Mary Lydia ae 21, md. 21 May 1882 Alva L. Dow ae 27 at Hampton.
Nancy B., md. 26 Feb. 1834 Caleb R. Edgerly.
Peter, md. 31 Nov. 1774 Pegga Beckman.
Richard, Int. 11 Dec. 1836 Betsy Brown.
Sally, md. 12 Apr. 1797 Elisha Towle Jr.
Sally ae 19, Int. 25 Nov. 1864 Albert W. Beckman ae 19.
Warren C. ae 26, md. 27 Oct. 1904 Carrie Robie ae 30 at Meuthen, Mass.
William H. ae 20, md. 17 Nov. 1888 Sylva A. Smith ae 19.
Zelphia A., md. 8 July 1856 Abel Eaton.

BREED:
Frank A. (Fred) ae 25, md. 15 Feb. 1873 Vienna R. Gove ae 19.
Minerva F. ae 17, md. 9 Nov. 1892 Joseph Dunnin ae 29 at Newburyport.

BREWSTER:
Lewis W. ae 25, Int. 13 Aug. 1855 Nancy B. Green ae 24.

BROOKINS;
Susie B. ae 17, md. 28 July 1900 Hiram H. Rodgers ae 18.

BROWN:
Aaron Jr., Int. 10 July 1842 Hannah Brown.
Abbie J. ae 21, md. 5 Mar. 1896 Lester C. Fowler ae 18.
Abigail, Int. 5 July 1828 Abraham Chase Jr.
Abram, md. 13 Nov. 1838 Susan Dow.
Albert E. ae 30, md. 8 Dec. 1894 Addie M. Felch ae 22.
Alexander ae 23, md. 25 Dec. 1895 Minnie Hardy ae 16.
Alick A. ae 21, md. 25 Jan. 1891 Huldah D. Eaton ae 16.
Alvin ae 18, md. 18 June 1896 Maud L. Fowler 19.
Anna, md. 20 June 1809 Joseph Hoyt by Elias Hull at Amesbury.
Annie A. ae 25, md. 24 Dec. 1871 Joseph S. Smith ae 23.
Annie J. ae 22, Int. 17 July 1870 Edward A. Gove ae 27.
Annie M. ae 16, md. 6 Sep. 1890 Charles F. Eaton ae 21.
Belcher, md. 19 Aug. 1841 Mary Ann Rowe.
Benjamin, md. 10 May 1813 Jane Dow by Elias Hull.
Benjamin, md. 1 Oct. 1816 Hannah Dow by Elias Hull.
Benjamin Jr., md. 24 Feb. 1853 Lydia J. Bragg.

SEABROOK MARRIAGES

BROWN Cont.
Bessie L. ae 15, md. 21 Apr. 1903 Jacob F. Eaton ae 24.
Betsy, md. 11 June 1803 Oliver Norton of Berwick by Elias Hull.
Betsy, md. 31 May 1808 Cyrus Darborn by Elias Hull at Kensington.
Betty, md. 27 Sep. 1809 Nathel Blake by Elias Hull at Hampton.
Betsy, md. 8 Aug. 1810 John Ferrill by Elias Hull at Salisbury.
Betsy, md. 22 Aug. 1818 John Ferrill by Elias Hull at Salisbury.
Betsy, Int. 11 Oct. 1836 Richard Bragg.
betsy A., Int. 17 Sep. 1831 Zacheus Dow Jr.
Bonavista ae 21, md. 2 May 1870 Nancy J. Eaton ae 16
Calvin F. ae 20, md. 3 Nov. 1857 Adaline Beckman ae 18.
Charles ae 22, md. 27 Feb. 1877 Josephine Brown ae 18.
Charles C. ae 30, md. 16 Sep. 1888 Emma L. Follansbee ae 19.
Charles F. ae 22, md. 15 Mar. 1891 Mary E. Dow ae 20.
Charles I. ae 34, md. 21 Dec. 1891 Lena W. Dow ae 16.
Charles L. ae 26, md. 16 Sep. 1855 Sally Locke ae 24.
Christopher D. ae 23, md. 29 Oct. 1851 Sophia Eaton ae 18.
Clarence P. ae 24, md. 12 May 1882 Clara Chase ae 19 at Salisbury.
Daniel M. ae 26, md. 25 July 1902 Annie E. Eaton ae 22.
Daniel M. ae 21, md. 6 Feb. 1897 Mildred Taylor ae 15.
David, md. 12 Jan. 1820 Rachel Eaton by Rev. Elias Hull.
David, Int. 7 Feb. 1829 Mary Collins.
David, md. 4 Jan. 1854 Sarah A. Williams.
Edith M. ae 23, Int. 24 Dec. 1873 Michael Constantine ae 22.
Edward, Int. 12 Aug. 1827 Oille R. Brown.
Elbridge A. ae 23, md. 13 Mar. 1877 Luc__cion Eaton ae 19.
Eleanor md. 27 Feb. 1850 James Brown.
Elesha, md. 31 Dec. ___ Anna Knowlton.
Eliza, Int. 10 Mar. 1824 Josiah Brown.
Emerly, md. 31 Aug. 1846 George W. Heath.
Emory, md. 13 May 1841 Hannah Boyd.
Emory ae 61, Int. 11 Apr. 1872 Mrs. Elizabeth A. Braton ae 48.
Esther A. ae 23, md. 19 Aug. 1866 Jeremiah Chase ae 23.
Frank, md. 9 Apr. 1882 Janice Knowles.
George ae 30, Int. 2 Jan. 1864 Elizabeth Rowe ae 20.
George L., md. 20 Aug. 1848 Mary Ann Smith.
Hannah, Int. 21 Sep. 1835 Winthrop Eaton.
Hannah, Int. 10 July 1842 Aaron Brown Jr.
Hannah, Int. 14 Sep. 1845 Emory Eaton.
Hannah, md. 24 Sep. 1788 Stephen Smith.
Hannah J., md. 5 Nov. 1856 Jonathan J. Dow.
Henry, Int. Sep. 1823 Hannah George Chase.
Henry Jr. ae 20, md. 5 Jan. 1865 Charlotte A. Dow ae 19.
Henry L. ae 31, md. 11 June 1865 Hannah C. Read ae 23.
Herman L. ae 19, md. 1893 Elva A. Lobdell ae 18.
Hulda A. ae 18, Int. 19 Apr. 1858 David F. Boyd ae 21.
Hulda D. ae 26, md. 19 Sep. 1903 Arthur H. Fowler ae 22.

SEABROOK MARRIAGES

BROWN Cont.
Ida M. ae 37, md. 12 Dec. 1893 Edward F. Blood ae 27.
Isaac, md. 24 Dec. 1765 Agnes Fifeld.
Isaac, Int. 21 Aug. 1835 Sarah D. Gove.
Jacob D., md. Nov. 1846 Abigail J. Fowler.
Jacob D. ae 41, md. 24 Dec. 1864 Mrs. Betsy Bragg ae 42.
James, md. 27 Feb. 1850 Eleanor Brown.
Jeremiah Jr., md. 10 Nov. 1799 Lydia (Brown?).
John, Int. 15 May 1836 Malaly Gove.
John ae 20, md. 11 Oct. 1891 Daisy A. Jones ae 15.
John E. ae 21, md. 9 Feb. 1874 Mary P. Fowler ae 19.
John E. ae 28, md. 23 Nov. 1887 Mary L. Batchelder ae 29.
John L., md. 30 Jan. 1843 Zelphia Dow, d/o Joshua & Nancy Dow.
John Lowell ae 55, 15 Oct. 1877 md. Rachel J. Eaton ae 49.
John Perkins, Int. 25 Jan. 1832 Sarah Ann Hobbs N. Hampton.
John R. ae 23, md. 5 Feb. 1873 Marie C. Beckman ae 19.
John Jr., md. 5 Nov. 181_ Dolley Janvrin by Elias Hull.
Joseph, Int. 5 Oct. 1825 Mary Ann Weare.
Joseph A. ae 24, md. 2 Mar. 1878 Mary W. Fowler ae 19.
Josephine ae 18, md. 27 Feb. 1877 Charles brown ae 22.
Josiah, Int. 10 Nov. 1824 Eliza Brown.
Josiah H. ae 20, md. 10 Mar. 1888 Annie S. Souther ae 19.
Julian C., Int. 31 July 1842 Benjamin Hill.
Leven Dr., Int. Dec. 1827 Abigail Kimball.
Lincoln L. ae 20, md. 17 Sep. 1887 Mary D. Butler ae 17.
Lowell, md. 26 Nov. 1806 Nabbe Green by Elias Hull
Lowell, Int. 27 Mar. 1877 Mary Eaton.
Lowell Jr., Int. 24 Feb. 1839 Huldah Gove.
Lydia of Newport, Int. 25 Nov. 1832 Edward Gove.
Margaret P. ae 41, md. 3 Dec. 1880 William M. Levitt ae 35.
Mariah ae 37, md. 8 July 1888 Ivory W. Chase ae 37.
Marial, md. 20 Jan. 1850 Thomas Chase.
Martha, Int. 20 Aug. 1831 John Merrill Eaton.
Martha M., Int. 9 July 1854 John D. Lock.
Matilda, Int. 25 Oct. 1828 David Walton Jr.
Mary, md. 3 Feb. 1812 Jabez Marrill by Elias Hull at Kensington.
Mary, Int. 15 Apr. 1829 Capt. Joseph Walton.
Mary, Int. 3 Nov. 1839 Jacob Eaton.
Mary, md. 1 Jan. 1846 Samuel Littlefield.
Mary A. ae 24, md. 12 Nov. 1880 Warren B. James ae 23.
Mary C., md. 12 Nov. 1837 Robert Collins.
Mary L. ae 19, md. 21 Mar. 1878 John Y. Gynan ae 20.
Mehitable, md. 26 Apr. 1806 David Brown Jr. by Elias Hull.
Mercy C., md. 14 Nov. 1837 Robert Collins.
Mirriam. Int. 20 Feb. 1833 Benjamin Dow of Salisbury.
Molley, md. 29 Mar. 1802 Samuel Smith by Elias Hull.
Moses, Cpl, md. 24 May 1819 Nancey Collins by Elias Hull.

SEABROOK MARRIAGES 125.

BROWN Cont.
Nancey, md. 7 Apr. 1801 Daniel Walton by Elias Hull.
Nancy, md. 28 Mar. 1811 Samuel George Jr. by Elias Hull.
Nancy, md. 12 Dec. 1812 Thomas Laine by Elias Hull at Hampton.
Nancy, Int. 17 Apr. 1827 William Eaton.
Nancy ae 22, md. 1873 Henry P. Chase ae 22.
Nancy M., Int. 30 Sep. 1835 Francis Holmes.
Nancy M., md. 7 Nov. 1847 George Janvrin.
Nancy M. ae 18, md. 19 Feb. 1874 Jacob Parker ae 18.
Nathan, Int. 8 Nov. 1839 Eliza Janvrin.
Nathan, Int. 24 Oct. 1841 Mary Sanborn.
Nehemiah, md. 7 Sep. 1825 Marie Silliy.
Nellie ae 31, Int. 27 May 1894 Cyrus Walton.
Nichols, md. 11 Feb. 1818 Betty True by Elias Hull.
Oille R., Int. 12 Aug. 1827 Edward Brown.
Pashent, md. 8 Nov. 1816 John Bragg Jr. by Elias Hull
Patience, md. 22 Sep. 1762 Samuel Perkins.
Philip ae 20, Int. 27 July 1863 Frances Rowe ae 26.
Polly, md. _ July 1803 John Elkin by Elias Hull.
Rebecca, Int. 8 Mar. 1840 Samuel Cockran.
Rhoda md. 29 June 1854 Philip C. Dow at Hampton Falls.
Ruth Ann md. 3 Oct. 1854 Daniel B. Dow ae 21.
Sadie J. ae 22, Int. 21 Nov. 1870 Amos R. Johnson ae 22.
Sally, md. 11 Mar. 1801 Jonathan Fifield by Elias Hull at Hampton Falls
Samuel Jr. of Amesbury md. 26 Dec. 1843 Mary H. Janvrin.
Samuel Felch, md. 8 July 1805 Nancy Leach by Elias Hull.
Sarah md. 31 Mar. 1833 Reuben Eaton.
Sarah Ann, Int. 31 Oct. 1830 David Bagley.
Sarah Ann md. 25 Oct. 1849 Samuel Eaton 4th.
Sarah Elizabeth md. 1 June 1843 George G. Moody.
Sarah L. ae 20, md. 27 July 1885 John A. Eaton ae 27.
Sarah M. ae 21, md. 25 Dec. 1865 Henry F. Bragg ae 30.
Stephen, md. 2 Dec. 1840 Dolly Batchelder.
Stephen H. ae 22, md. 17 Dec. 1857 Sarah J. Chase ae 18.
Stephen Jr. ae 21, md. 17 Dec. 1891 Theodosia G. Walton ae23.
Sylvester Y., md. 15 June 1856 Martha G. Clough.
Tristram, Int. 22 Mar. 1851 Rebecca Eaton.
Webster ae 23, md. 9 Apr. 1856 Sarah McLaughlin ae 22.
William, md. 27 Apr. 1814 Olive Knowles by Rev. Elias Hull
William E. md. 29 Dec. 1849 Rhoda Eaton.
William G. ae 23, md. 6 July 1879 Melissa A. Allen ae 18.
Zelphia, Int. 15 Oct. 1837 Reuben Followsbee.

BRYANT:
William H.H. ae 33, md. 4 Aug. 1887 Anna M. Dorr ae 35 at Jackson.

SEABROOK MARRIAGES

BUCHANAN:
Mary L. md. 15 Dec. 1854 Benjamin Rowe Jr.

BUELL:
Atwood ae 25, md. 2 May 1884 Carrie B. Walton ae 23.

BULLARD:
Emerly ae 21, Int. 17 Jan. 1881 Nathan Robbins.

BURFRE:
Tillies, md 5 Dec. 1815 Mirim Bartman by Elias Hull at Bachwen

BURKE:
Charles P., Int. 24 Sep. 1887 Arminta Andrews.

BUSSWELL/BUSWELL:
Amos - Nabby Eaton md. 13 ___. 1800 by Elias Hull at Salisbury
Calvin, md. 25 Feb. 1870 Lizzie Eastman at East Saalisbury.
Charles C. ae 23, md. 27 Feb. 1877 Josephine Christain ae 19.
Lucinda ae 27, md. 7 May 1905 Gilman M. Fogg ae 40.
Sally, Int. 9 Oct. 1830 Reuben Hardy.
William T. ae 29, md. 11 Aug. 1895 Lucinda Knowles ae 17.

BUTLER:
Ann M. ae 21, Int. 10 Oct. 1861 Stephen Littlefield ae 45.
Ellen F. ae 17, md. 1 Nov. 1862 Alfred N. Dow ae 21.
Hattie P. ae 18, md. 23 Nov. 1879 Eldridge F. Judkins ae 28.
James B. ae 40, md. 23 Sep. 1888 Hulda A. Boyd ae 40.
Mary D. ae 17, md. 17 Sep. 1887 Lincoln L. Brown ae 20.
Mary J. ae 26, md. 10 Nov. 1858 John P. Dow ae 38.

BUTTERFIELD:
Hattie P. ae 20, md, 15 Apr. 1883 William L. Sutton ae 31.

CAMPBELL:
___ b., Int. 11 Dec. 1881 Nora J. Fogg.

CARD:
William F. ae 21, md. 13 Aug. 1903 Mary H. Small ae 17.
___ A., ae 22, md. 7 Apr. 1881 Hattie Fitts, ae 18.

CAR(E)Y:
Hayes ae 21, md. 18 Aug. 1881, Mary M. Eaton ae 17.
John L., Int. 19 June 1842 Nancy L. Beckman.
William H. ae 24, md. 3 Nov. 1877 Lucie K. Chase ae 23.

SEABROOK MARRIAGES

CARLTON:
Anna V, ae 30, md. 1866 Abram M. Smith ae 30.

CARR:
John ae 25, md. 19 May 1860 Mary L. Turner ae 18.

CARRIER:
Mary M., md. & Mar. 1869 Charles H. Bragg?

CARSWELL:
Maude A. ae 19, md. 22 Sep. 1890 Willie C. Felch ae 22.

CARTER:
John L. ae 38, md. 2 Oct. 1897 Eliza Sanders ae 58.
Nathaniel B., Int. 3 Oct. 1841 Sarah Walton.
Sarah A. ae 23, Int. 1854 Jeremiah B. Green ae 26.
Theodore P. ae 21, md. 30 Jan. 1880 Clara B. Felch ae 19 .
warren E., Int. 17 Dec. 1886 Abbie E. Knowles.
William ae 20, md. 31 May 1885 Lorinda Knowles ae 18.

CASE:
Con. J. ae 19, md. 12 Sep. 1878 Albert L. Libbey ae 26.

CASWELL:
Alice M. ae 17, md. 2 Apr. 1898 Herbert M. Pierce ae 20.
Lola M. ae 37, md. 2 Dec. 1895 David Perkins ae 35.
Mabel ae 17, md. 20 Dec. 1902 George F. Kandrick ae 26.

CHAPLIN:
George ae 25, md. 10 Jan. 1872 Carrie Barcantie ae 25.

CHARLES:
Isabella T. ae 21, md. 26 Mar. 1890 Clinton J. Eaton ae 23 at Greenwich.
Maggie J. ae 17, md. 2 Sep. 1893 Frank H. Dow ae 18.
Stacy, Int. 30 June 1839 Mary Ann Dow.
Warren P. ae 23, md. 23 June 1900 Bessie A. Janvrin at 18 at Hampton.

CHASE:
Abigail, wid., md. 30 Oct. 1796 Capt. Jeremiah Marston by Elisha Brown JP
Abigail, Int. 1825 Oppen Chase.
Abigail ae 22, md. 13 Sep. 1860 Tristram Collins ae 26 at Newburyport.
Abigail, Mrs. ae 50, Int. 25 Nov. 1862 True Morrill ae 57.
Abraham Jr., Int. 5 July 1828 Abigail Brown.
Albert, md. 21 Dec. 1851 Abigail A. Eaton.
Alice H. ae 20, md. 26 Mar. 1890 Norman L. Chase ae 20.
Ann E., Int. 9 Mar. 1834 Jon. Randlot of Newbury.
Anna, md. 6 July 1861 Charles Robinson.

SEABROOK MARRIAGES

CHASE Cont.
Annie C. ae 20, md. 5 Apr. 1884 Ezra B. Goodwin ae 23.
Anne, md. 7 June 1786 Samuel George .
Annie M. ae 18, md. 25 June 1886 Ernest S. Gove ae 17.
Arthur W. ae 21, md. 24 Mar. 1892 Mabel M. Sanborn ae 19.
Chevy, Int. 5 Nov. 1839 Adeline Smith.
Chevy ae 42, Int. 10 Aug. 1854 Sarah A. Knowles ae 20.
Chevy P. ae 25, Int. 2 Jan. 1860 Lucinda Chase ae 25.
David, md. 2 Feb. 1807 Sally Fifield by Elias Hull at Hampton Falls
David ae 23, Int. 5 Sep. 1865 Sarah E. Fowler ae 17.
David F. ae 23, md. 18 Feb. 1880 Ella B. Lamprey ae 20.
David J., md. 21 Dec. 1856 Sarah A. Eaton.
Eliza, Int. 15 Dec. 1839 Charles Locke.
Elizabeth, md. 30 Oct. 1816 William Gove by Elias Hull.
Emma E., Int. 16 Feb. 1868 James Smith.
Enoch, Int. 15 Sep. 1832 Betsy Fogg.
Ernest N. ae 28, md. 28 Apr. 1901 Emma Holt ae 29.
Firlda? L. ae 22, Int. 24 Aug. 1866 William E. Walton ae 24.
Frank L. ae 25, md. 19 June 1900 Lottie M. Collins ae 25.
Frank W. ae 23, md. 11 Apr. 1897 Lola S. Hardy ae 18 at Hampton Falls.
Fred L. ae 26, md. 31 Mar. 1900 Fannie Janvrin ae 17.
George ae 32, md. 24 Mar. 1886 Nancy J. Walton ae 24.
George A. ae 24, md. 1 Nov. 1902 Laura Belle Hardy ae 17.
George F. ae 28, md. 16 May 1868 Eva E. Beal ae 17.
George W. ae 20, Int. 20 Jan. 1864 Adeline Dow ae 19.
Guy W. ae 22, md. 24 Nov. 1898 Lydia Bernice Eaton ae 21.
Hannah, Int. 27 Sep. 1828 William Sanborn.
Hannah George, Int. Sep. 1823 Henry Brown.
Harriet, Int. 16 Mar. 1828 John Stakpole.
Henry F. ae 22, md. 1873 Nancy Brown ae 22.
Hulda C., Int. 14 Dec. 1833 Stephen G. Johnson.
Ina P. ae 20, md. 26 Oct. 1905 Frank Knowles ae 21.
Ira M. ae 22, md. 12 Sep. 1883 Mary W. Chase ae 18.
Ivory W. ae 23, Int. 14 Feb. 1872 Lucy A. Dow ae 18.
Ivory W. ae 37, md. 8 July 1888 Mariah Brown ae 37.
Jane H., Int. 18 Aug. 1839 David Fogg.
Jeremiah ae 23, md. 10 Aug. 1866 Esther A. Brown ae 23.
John N. ae 24, md. 30 Dec. 1868 Abbie Redman ae 20.
John N. ae 19, Int. 4 Apr. 1875 Josephine C. Chase ae 18.
John N. Jr. ae 23, md. 26 Mar. 1887 Emma M. Jones ae 24.
John Jr. md. 26 Nov. 1842 Mariamma L. Jones of Salisbury, Mass.
John Jr., Int. 27 Sep. 1835 Harriet N. Walton.
Jonathan, md. 12 July 1799 Molley Green by Elias Hull.
Jonathan, Capt., Int. 17 Oct. 1877 Lovina Smith.
Joseph, Int. 13 July 1833 Vienna M. Gove.

SEABROOK MARRIAGES

CHASE Cont.
Joseph, Int. 15 Feb. 1841 Lydia G. Chase.
Josephine C. ae 18, Int. 4 Apr. 1875 John N. Chase ae 19.
Josiah N. ae 22, md. 29 July 1874 Elida M. Evans ae 21.
Lavina ae 19, md. 9 Oct. 1861 Charles Hastings ae 21.
Lena M. ae 21, md. 19 Apr. 1902 Henry W. Knowles ae 22.
Leora ae 19, md. 12 May 1882 Clarence P. Browm ae 24 at Salisbury.
Lowell A., ae 19, md. 11 Feb. 1897 Mary J. Beckman ae 21.
Lucie K. ae 23, md. 3 Nov. 1877 William H. Carey ae 24.
Lucinda ae 25, Int. 2 Jan. 1860 Chevy P. Chase ae 25.
Lydia, Int. Nov. 1825 Benjamin Rowe.
Lydia G., Int. 15 Feb. 1841 Joseph Chase.
Mary B., Int. 18 Apr. 1843 Samuel George Jr.
Mary E. ae 21, md. 23 May 1859 John W. Fogg ae 25.
Mary P., Int. Mar. 1829 Richard Fogg.
Mary S. ae 27, md. 27 Mar. 1860 George A. Weare ae 27.
Mary W., ae 18, md. 12 Sep. 1883 Ira P. Chase.
Nancy, md. 1 July 1812 Robert Forsaith by Elias Hull at Hampton Falls
Nancy E., Int. 14 Jan. 1888 Newell F. Lane.
Norman L. ae 20, md. 26 Mar. 1890 Alice H. Chase ae 20.
Oppen, Int. 1825 Abigail Chase.
Otis H. ae 21, md. 16 Aug. 1855 Rhoda N. Morgan ae 18.
Polly, Int. 1 Nov. 1826 Jacob Dow.
Sally md. 3 Jan. 1839 William Walton.
Sarah, Int. 7 Nov. 1841 Benjamin F. Cribbins.
Sarah A. ae 17, md. 1873 Joseph M. Fogg ae 31.
Sarah J. ae 18, md. 17 Dec. 1857 Stephen Brown ae 22.
Stephen, Int. 10 May 1835 Rhoda Walton.
Stephen B. ae 69, md. 29 Apr. 1865 Rebecca Janvrin ae 63.
Susan M. ae 19, Int. 24 Feb. 1860 Abel L. Locke ae 21.
Thomas Jr. Capt., Int. 18 Sep. 1830 Lucinda Perkins Locke.
Thomas md. 20 Jan. 1850 Maria L. Brown.
Thomas E. ae 19, md. 23 Nov. 1891 Annie C. Eaton ae 19.
William B. ae 20, md. 3 Oct. 1860 Sally M. Robbins ae 20.

CHESLEY:
Arthur H. ae 30, Int. 20 Nov. 1897 Vivian Dow ae 19.
Hannah P., Int. 6 Dec. 1840 James Locke.

CHRISTAIN:
Josephine E. ae 19, md. 23 Feb. 1877 Charles C. Buswell ae 23.

CHURCHILL:
Edsyel ae 35, md. 23 Oct. 1889 Louise Wright.

SEABROOK MARRIAGES

CILLEY: (See Silley)
Betsy, Int. 30 Sep. 1835 James Johnson of Newbury.
Cora A. ae 19, md. 12 July 1896 Arthur L, Knowles ae 22 at Kensington.
Emmeline ae 24, md. 22 Oct. 1854 Francis F. Rowe ae 31.
George E. ae 38, Int. 16 Aug. 1862 Anne A. Ramsdell ae 32.
James L. ae 25, md. 13 Jan. 1884 Daisy Bell Sawyer ae 15.
James L. ae 42, md. 2 Dec. 1896 Emma Bragg ae 23.
Jeams, md. 29 Nov. 1815 Elizabeth Row by Elias Hull
Marie, Int. May 1825 Nehemiah Brown.
Mary, Mrs., Int. 25 Mar. 1829 Levi dow.
Naham F. ae 22, md. 6 Aug. 1863 Josephine Lindburg ae 18.
Nicholas, md. 24 June 1799 Wido Abigail Eaton by Elias Hull.
Thomas, Int. Mar. 1826 Charlotte Stocker.
William, Int. 1828 Mrs. Betsy Verrill.
William ae 55, md. 1 Jan. 1858 Sally Wright ae 27.

CLARK:
Anne E. ae 23, md. 23 Apr. 1902 James J. Heary ae 27.
David Jr., Int. 21 Apr. 1832 Sally Locke Janrvin.
Edmund Noyse md. 30 Oct. 1830 Sopronia Locke.
Jacob, Int. Sep. 1829 Mary Run_llot.
John, md. 19 Apr. 1813 Abigail Fifield by Elias Hull at Kensington.

CLIFFORD:
L. Wilson ae 21, md. 27 Dec. 1898 Alice S. Osborn ae 21.
Susan, Int. 6 Aug. 1837 Miles Evans.

CLOUGH:
David Jr. of Salisbury, Int. 14 Feb. 1836 Phebe Dow.
George A. ae 23, md. 5 Nov. 1879 Priscilla P. Small ae 22.
Marey E. md. 4 Mar. 1849 Parker M. Longet.
Martha G., md. 11 Dec. 1856 Sylvester Y. Brown.
Nathan, Int. 8 Oct. 1837 Abigail L. Marston.

COAST:
John D., Int. 4 Oct. 1840 Katherine Lines?

COBURN:
Esther A. ae 19, md. 20 Oct. 1862 William E. Walton ae 20.
John, Int. 24 May 1840 Sally Eaton.

COCHRAN:
Samuel, Int. 8 Mar. 1840 Rebecca Brown.

COFFIN:
Laura E. ae 23, md. 17 Aug. 1902 Sylvester Eaton ae 42.

SEABROOK MARRIAGES

COLBY:
Thomas L. ae 21, md. 31 Jan. 1874 Margaret A. Souther ae 21.

COLCORD:
Daniel W. ae 26, md. 10 Jan. 1877 Lena A. Walton ae 15.

COLEMAN:
Susan C. ae 27, md. 3 Apr. 1865 Sewell F. Morrill ae 29.

COLLINS:
Almena R. Collins, md. 19 June 1876 J. Rufus Mahar ae 28.
Amos L., Int. 7 Aug. 1842 Ruth Ann Eaton.
Angela F. ae 23, md. 2 Jan. 1875 Alva Fowler ae 33.
Ann R. ae 16, md. 11 June 1856 Lewis G. Knowles ae 19.
Arvilla Ann md. 28 Jan. 1848 John Locke.
Betsy D., Mrs. ae 23, md. 17 Apr. 1863 Horace Moreland ae 25.
Clara ae 20, md. 31 Oct. 1892 William Eaton ae 22.
Cynthia, md. 2 Jan. 1825 Joshua Eaton 3d by Rev. Jabez Collins.
Daniel of Salisbury, Int. 29 Sep. 1839 Margaret Bragg.
Elizabeth, md. 15 Oct. 1770 ? Bryant Eaton.
Ezekiel Jr., md. 14 Sep. 1824 Sarah Eaton by Rev. J. True.
George B. ae 26, md. 14 June 1863 Susan B. Titcomb ae 20.
Helen F. ae 17, md. 26 Oct. 1885 Frank D. Eaton ae 26.
Jacob, Int. Mar. 1824 Elizabeth Eaton.
John Howard ae 20, md. 11 Aug. 1866 Margaret Ann Fowler ae 18.
Joseph, md. 14 Nov. 1812 Wid. Sally Marshall by Elias Hull.
Levi md. 13 Sep. 1825 Tabithy Eaton.
Levi Jr. ae 19, md. 4 July 1857 Betsy D. Eaton ae 16.
Levi D. ae 23, md. 18 June 1904 Olive C. Eaton ae 24.
Lottie M. ae 25, md. 19 June 1900 Frank L. Chase ae 25.
Mary, Int. 7 Feb. 1829 David Brown.
Mary Ann, Int. 26 Aug. 1845 Joshua C. Fowler.
Mary E., md. 2 Dec. 1851 Samuel Beckman.
Merrill D.A. ae 20, md. 15 Nov. 1875 Abby A. Lowe ae 23.
Nancey, md. 24 May 1819 Cpl Moses Brown by Elias Hull.
Polley, md. 16 Oct. ___ Able Eaton by Elias Hull
Robert, md. 1 Feb. 1811? Rebecca Knowles by Elias Hull
Robert, md. 14 Nov. 1837 Mercy C. Brown.
Rhoda, md. 6 Mar. 1816 Abner Fowler by Elias Hull
Rhoda, Int. 21 Sep. 1851 Moses F. Knowles.
Robert F. ae 25, Int. 10 June 1825 Emerly Ann Fowler ae 20.
Sally E., Int. 8 Oct. 1837 Cyrus Eaton.
Samuel, md. 28 Mar. 1797 Elizabeth Boyd.
Samuel md. 10 Oct. 1833 Jean Eaton.
Susan md. 16 Mar. 1834 Samuel Eaton Jr.
Trustam, md. 7 Apr. 1817 Ruth Eaton by Elias Hull.

SEABROOK MARRIAGES

COLLINS Cont.
Tristram Jr. md. 18 Jan. 1843 Sally C. Eaton.
Tristram ae 26, md. 13 Sep. 1860 Abigail Chase ae 22 at Newburyport.
Waity (f), Int. 13 May 1824 Giles Eaton.

COMBS:
Amelia, int. 2 Oct. 1851 Capt. Jonathan Perkins.

COMEAU:
Mary A. ae 25, md. 20 Mar. 1887 Charles A. Barton at Hampton Falls.

CONSTANTINE:
Michael ae 22, Int. 24 Dec. 1873 Edith M. Brown ae 23.

COOK:
Chesta H. ae 21, md. 21 Feb. 1902 Martha Allen ae 18.

COPELAND:
Ira S. ae 33, md. 6 Sep. 1903 Nellie K. Henley ae 18.

CRAFT:
Robert B. md. 14 Feb. 1842 Sarah J. Feltch.

CRAIN:
Homa B. ae 23, md. 30 Aug. 1867 Annie B. Batchelder ae 29.

CRAM:
David, md. 22 Dec. 1842 Emelone M. Feltch.
Grace F., md. 31 Dec. 1848 Charles N. Emery.
Rachel, md. 22 July 1812 Daniel Asgood by Elias Hull.

CRAWFORD:
Maude A. ae 24, md. 26 Aug. 1890 Thomas R. Janvrin ae 22.

CRIBBINS:
Benjamin F., Int. 7 Nov. 1841 Sarah Chase.

CROWLEY:
___they, ae 22, md. 13 Apr. 1821 Anna N. Dow ae 18.

CRUMMELL:
Henry Richard of NY md. 28 Feb. 1845 Mary Anne Sweet of R.I. (both of color)

CURRIER:
Nathaniel B. md. 18 Oct. 1841 Sarah Walton.
William E. ae 21, md. 12 Oct. 1879 Laura Bennett ae 20.

SEABROOK MARRIAGES 133.

CURTIS:
Charles ae 18, Int. 19 Jan. 1878 Nancy Beckman ae 18.
Rebecca d/o Philemon & Sarah ae 18yr of Salisbury, Mass. md. 20 Apr. 1848 Stephen Dow s/o Jacob & Mary of Salisbury, Mass., shoemaker ae 21yr.

DAMON:
Elwin ae 21, md. 28 Aug. 1893 Bertha M. Locke ae 20.

DAMSELL:
Almira A. ae 18, md. 24 Mar. 1886 Thomas M. Gove ae 20.

DARBON:
Joseph, md. 11 Dec. 1803 Nancey Leavitt by Elias Hull at Hampton.

DARBORN:
Cyrus, md. 31 May 1808 Betsy Brown by Elias Hull at Kensington.

DAVIS:
Georgeanna ae 26, md. 28 Oct. 1880 Edwin Jessop ae 27.
Gracie L., md. 22 Nov. 1887 Fred D. Freeman at Newburyport.
Orrin W. ae 23, md. 21 Oct, 1876 Mary E, Knowles ae 30.
Smith ae 29, md. 25 Apr. 1884 Annie C. Dow ae 20 at Salisbury.
William Edward of Newbury, Int. 5 Feb. 1831 Susan Fowler.

DEARBORN:
Clarkin? ae 33, md. 17 June 1863 Anna Janvrin ae 18.
Florence D. ae 17, md. 18 Aug. 1884 Charles O. Smith ae 31.
Jese ae 23, md. 11 June 1867 Mary L. Crum_ll ae 21.
Jonathan Dr., md. 10 Oct. 1839 Climena Philbrick.
Nellie C. ae 20, md. 12 Jan. 1872? James Robinson ae 21.
Samuel H. ae 34, md. 7 Sep. 1865 Abbie A. Pevear ae 18.

DEMPSEY:
Edward P. ae 22, md. 25 Feb. 1895 Helen P. Rand ae 19.

DINSMORE:
Abigail, Int. 4 May 1851 George Rowe.
Benjamin, md. 5 Apr. 1833 Sarah Eaton.

DISCETEAU:
Pamela ae 39, md. 27 Dec. 1896 Edmond Bourbeau ae 39.

DOCKUM:
George W. ae 18, md. 20 Mar. 1901 Ada Souther ae 21.
Goen, Int. 6 Sep. 1840 Elmira G. Gove.
Nathanial H. md. 11 Aug. 1847 Nancy S Tilton of Gilmonton.
Warren of Newbury, Int. 3 Aug. 1834 Nancy Gove.

SEABROOK MARRIAGES

DODGE:
Benjamin, md. 6 Mar. 1807 Nancy Fifield by Elias Hull at Wenham.
Eunice, md. 4 Oct. 1809 Philip Tilton by Elias Hull at E. Kingston.
Francie M. ae 35, Int. 26 Aug. 1862 Sarah J. Philbrick ae 20.
Laura A. ae 21, md. 17 July 1873 Lunn R. Bancels ae 24.
Sarah, Int. 1823 George Janvrin Jr.
Sarah, Int. Nov. 1823 Lt. Jonathan Smith of South Hampton.

DORR:
Anna M. ae 35, md. 4 Aug. 1887 William H.H. Bryant ae 33 at Jackson.

DOW:
Aaron M. ae 29, md. 21 Oct. 1869 Clara A. Wright ae 25.
Abbie J. ae ae 16, md. 25 Feb. 1878 Gilman B. Eaton ae 21.
Abbott C. ae 31, md. 8 Mar. 1902 Mary L. Eaton ae 17.
Abigail, Int. 4 Oct. 1843 Lawrence Philip McKanna.
Abram ae 32 of Hampton, Int. 18 Nov. 1863 Lucy Jane Dow ae 24.
Abram ae 37, md. 11 Dec. 1869 Adalaide A. Dow ae 20.
Abram H. ae 21, md. 21 Nov. 1881 Sarah M. Eaton ae 18.
Abram L. ae 33, md. 12 Sep. 1889 Sarah J. Perkins ae 18.
Abraham, Int. Oct. 1828 Reanny Marsh.
Abraham E., Int. 18 Nov. 1838 Laura Pike.
Adeline ae 19, Int. 20 Jan. 1864 George W. Chase ae 22.
Adalaide A. ae 20, md. 11 Dec. 1869 ae 37 David S. Tilton ae 27.
Albert M. ae 22, md. 3 Oct. 1903 Anza B. Osburne ae 16.
Alfred B. ae 27, Int. 9 Aug. 1857 Sally J. Felch ae 18.
Alfred M., Int. 21 July 1880 Milla? S. Fowler.
Alfred N. ae 21, md. 1 Nov. 1862 Ellen F. Butler ae 17.
Alva L. ae 27, md. 21 May 1882 Mary Lydia Bragg at Hampton.
Alvah H. ae 18, md. 15 Oct. 1893 Susie M. Eaton ae 20.
Amos ae 26, md. Mar. 1877 Harriet E. Gove ae 25.
Amperann, Int. Sep. 1823 Richard Sanders.
Ann B., md. 12 Oct. 1863 Joseph Walton.
Anna E. ae 18, md. 3 Jan. 1870 John W. Dow ae 27.
Anna N. ae 18, md. 13 Apr. 1882 __they Crowley ae 22.
Annie C. ae 20, md. 25 Apr. 1884 Smith Davis at Salisbury.
Anne, md. 11 Feb. 1816 William Bennett by Elias Hull.
Annie A. ae 18, md. 21 May 1887 John T. Janvrin ae 22 at Amesbury.
Annie L. ae 17, md. 14 July 1889 Charles F. Dow.
Arthur C. ae 19, md. 22 Jan. 1891 Nellie T, Gove ae 18.
Benjamin 4th, md. 24 Feb. 1826 Hannah Souther.
Benjamin of Salisbury, Int. 20 Feb. 1833 Mirriam Brown.
Benjamin md. 31 May 1841 Mrs. Mary Fells.
Benjamin md. 1 May 1839 Elvira Ross.
Benjamin C., md. 5 Dec. 1851 Abigail Fowler.
Bessie L. ae 19, md. 14 May 1903 Clarence Blaisdell ae 28.

SEABROOK MARRIAGES 135.

DOW Cont.
Betsy, Int. Apr. 1825 Samuel Eaton Jr.
Betsy F. of Newburyport md. 1854 Jacob Dow.
Betsy J, md. 9 Nov. 1848 James Fowler.
Betsy J., Int. 24 Dec. 1859 Seth Flanders ae 32.
Betsy J. ae 18, md. 2 Apr. 1885 Arthur W. Randall ae 19.
Betsy S. ae 21, md. 25 Dec. 1859 Seth Flanders ae 39.
Caleb Jr., md. 24 ___. 1812 Mary Parkins by Elias Hull at Hampton Falls.
Carrie C. ae 27, Int. 4 Jan. 1873 Robert Beckman.
Caven C. ae 24, md. 7 Jan. 1873 Robert Beck ae 35.
Charles e. ae 28, Int. 14 Jan. 1865 Elizabeth Gynen ae 22.
Charles E. ae 25, md. 29 Apr. 1886 Betsy A. Eaton ae 22.
Charles F. ae 19, md. 14 July 1889 Annie L. Dow ae 17.
Charles P. ae 24, md. 24 Nov. 1882 Estella McQuillin ae 23.
Charles S. ae 23, md. 24 Dec. 1899 Helen F. Merrill ae 19 at Newburyport.
Charlotte A. ae 19, md. 5 Jan. 1865 Henry Brown Jr. ae 20.
Charlotte E. md. 25 Nov. 1841 John A. True.
Christopher E., Int. 2 Dec. 1834 Rachel E. French.
Clara A., Int. 18 Mar. 1860 William Walton ae 25.
Clinda K. ae 30, md. 23 May 1897 Joseph J. Pelon ae 21.
Cora M. ae 17, md. 30 Sep. 1892 Charles A. Beckman ae 26.
Daniel B., md. 3 Oct. 1854 Ruth Ann Brown.
David, md. 11 June 1801 Hannah Merrill.
David ae 22, md. 4 June 1880 Zelphia Fowler ae 17.
Dennis md. 15 Oct. 1848 Polly D. Beckman.
Drucilla ae 14, Int. 17 Mar. 1864 Levin A. Lamprey.
Edward, md. 30 Dec. 1845 Mrs. Jenette, widow of John Thompson.
Edward D., Int. 17 Feb. 1868 Pluma J. Fowler.
Edward D. ae 69, md. 5 Sep. 1875 Mary Walton ae 67.
Edwin A. of Salisbury ae 21, Int. 29 Oct. 1863 Addie S. Smith ae 18.
Eleanor M. md. 1 Feb. 1848 Joshua Eaton 4th.
Elias H. ae 19, md. 28 Sep. 1889 Velia Beal ae 17.
Elihua Jr., Int. 1824 (blank) Eaton.
Elihu 3d md. 24 Dec. 1845 Lydia Locke.
Eliza A. ae 19, md. 23 Oct. 1854 John N. Walton ae 20.
Eliza A. md. 27 June 1854 Lowell B. Dow at Hampton Falls.
Elizabeth, Int. 19 Mar. 1837 Emery Page.
Ella H. ae 24, md. 23 Nov. 1901 James S. Eaton 29.
Elroy C. ae 25, md. 22 Mar. 1884 Ida May Felch ae 15.
Emaline M. ae 21, md. 19 May 1860 Daniel F. Follansbee ae 21.
Emma A. ae 17, Int. 30 Oct. 1870 Franklin Merrill ae 18.
Emma M. ae 34, md. 3 Dec. 1885 Samuel Boyd ae 34.
Esther A. ae 15, md. 6 Nov. 1859 Francis Beckman ae 19.
Etta F. ae 19, md. 5 Oct. 1895 Clifford A. Miller ae 19 at Hampton Falls.
Eunice, md. 10 Dec. 1854 George F. Eaton.
Frank ae 17, md. 1873 Martha T. Knowles ae 16.
Frank H. ae 20, md. 2 Sep. 1893 Maggie J. Charles ae 17.

SEABROOK MARRIAGES

DOW Cont.
Frank P. ae 19, md. 16 Sep. 1888 Nellie M. Small ae 17.
Fred S. ae 20, md. 9 Mar. 1895 Mildred E. Sutter ae 19 at Salisbury.
George C., md. 15 Nov. 1885 Alberta Bragg at Hampton.
George F. Jr., Int. 1 Nov. 1856 Adeline G. Felch.
George H. ae 25, md. 25 Dec. 1888 Imogene Boyd ae 22.
George L., md. 5 Apr. 1852 Mary A. Merrill.
George L. ae 24, md. 18 Sep. 1902 Lenora A. Boyd ae 16.
George S. md. 5 Apr. 1852 Mary A. Merrill.
Hannah, md. 1 Oct. 1816 Benjamin Brown by Elias Hull.
Hannah, Int. 23 Jan. 1830 Henry Watchyard.
Hannah, md. 17 Nov. 1844 Jacob Fowler Jr.
Hannah ae 17, Int. 24 July 1874 Annarias Fowler Jr. 22.
Hannah E. ae 20, md. 1 Apr. 1861 Stephen H. Andrews ae 23.
Hannah E. ae 19, md. 25 Aug. 1874 Annasia Fowler ae 22.
Hannah Z. ae 17, md. 4 July 1890 William J, Price ae 27.
Harriet, md. 2 Nov. 1834 Noyes Webster of Salisbury.
Harry E. ae 21, md. 14 June 1905 Gertrude Hazel McAllister ae 18.
Hassy, Int. 16 Apr. 1837 Elijah P. McQuillen.
Hattie L. ae 47, md. 6 July 1879 Frank Morrill ae 83? at Hampton.
Henry H. ae 21, md. 13 Aug. 1881 Celia D. Fuller ae 22.
Henry H. ae 40, md. 23 May 1903 Mary P. Gilman ae 39.
Herbert L. ae 26, md. 16 Oct. 1898 Alice Mary Walton ae 18.
H. Maria ae 33, md. 20 June 1878 Monroe S. Tucker ae 25.
Hulda M. ae 23, md. 14 June 1893 Jacob J. Fowler Jr. ae 19.
Isaiah, md. 20 Feb. 1814 Germin Felch by Elias Hull.
Jacob, md. 13 Sep. 1772 Mary ____.
Jacob, Int. 1 Nov. 1826 Polly Chase.
Jacob, md. 1854 Betsy F. Dow of Newburyport.
Jacob F. ae 20, Int. 21 Aug. 1875 Abba F. Eaton ae 17.
James N. ae 25, md. 2 July 1888 Lilla L. Perkins ae 21 at Hampton Falls.
James W. ae 20, md. 18 Apr. 1883 Josie M. Walton ae 18.
James W. ae 24, md. 15 May 1890 Sadie A. Murphy ae 19.
Jane, md. 10 May 1813 Benjamin Brown by Elias Hull.
Jane, md. 20 Oct. 1823 Hubbard Lake.
Jane K., md. Sep. 1846 Simeon L. Eaton.
Jeremiah, md. 4 Feb. 1808 Jane Eaton.
John F. ae 21, md. 16 Oct. 1893 Ella H. Souther ae 16.
John H., md. 6 July 1851 Lydia A. Eaton.
John P., md Mar. 1847 Susan Jane Walton.
John P. ae 38, md. 10 Mar. 1858 Mary J. Butler ae 26.
John W. ae 22, md. 3 Jan. 1870 Anna E. Dow ae 18.
John W. ae 20, md. 21 Feb. 1892 Joannah Lealy ae 21 at Salisbury.
Jonathan J., md. 5 Nov. 1856 Hannah J. Brown.
Joseph, Int. 21 Feb. 1836 Mrs. Sally Fells.
Joseph A. ae 20, md. 6 Feb. 1881 A.C. Small ae 19.
Joseph A. ae 38, md. 19 Nov. 1904 Alice J. Eaton ae 27.

SEABROOK MARRIAGES

DOW Cont.
Joseph N.B. ae 38, Int. 12 July 1876 Mrs. Sarah Wright.
Joseph W. ae 21, Int. 10 Oct. 1859 Mary E. Beckman ae 17.
Josephine ae 22, md. 1 Feb. 1869 George E. Feltch ae 22.
Joshua, md. 27 Jan. 1799 Nancy Eaton by Elias Hull at Salisbury.
Josiah f. ae 21, Int. 6 Oct. 1874 Nancy L. Janvrin ae 18.
Julia A. ae 18, md. 18 July 1865 Amasa Pike ae 22.
Killinda K. ae 18, md. 10 May 1885 David W. Blake ae 18.
Lavina md. 14 Oct. 1852 Elijah P. McQuillan.
Lena E. ae 26, md. 2 June 1904 George B. Eaton ae 24.
Lena W. ae 16, md. 21 Dec. 1891 Charles I. Brown ae 34.
Leonard, md. 18 May 1901 Fannie Gynan.
Levi, Int. 25 Mar. 1829 Mrs. Mary Cilley.
Levi, md. 5 Dec. 1851 Mary A. Beckman.
Levi ae 24, md. 26 Mar. 1858 Martha S. Souther ae 18.
Lillian A. ae 21, md. 12 Nov. 1896 Walter Wood ae 26.
Lizzie C. ae 18, md. 16 May 1899 Sidney A. Fowler ae 19.
Lizzie F. ae 35, md. 14 Dec. 1893 Frank W. Ordway ae 33.
Lizzie G. ae 18, md. 24 Nov. 1883 Charles W. Eaton ae 20.
Loas, md. 20 Feb. 1814 Charles Gove by Elias Hull.
Louis, Int. 29 Sep. 1844 Andrew Eaton.
Lowell B. md. 27 June 1854 Eliza A. Dow at Hampton Falls.
Lucilla md. Oct. 1846 Andrew Jackson Merrill.
Lucinda, Int. 3 Nov. 1851 Enoch Felch.
Lucinda, md. 2 Jan. 1862 Enoch E. Felch?
Lucy ae 18, md. 1873 Ivory W. Eaton ae 22.
Lucy A. ae 18, Int. 14 Feb. 1872 Ivory W. Chase ae 27.
Lucy A. ae 50, md. 3 Jan. 1889 William F. Smith ae 59.
Lucy Jane ae 24, Int. 18 Nov. 1863 Abram Dow ae 21 of Hampton.
Lucy L. ae 18, md. 24 June 1873 Edwin Adams ae 22.
Luella A. ae 21, md. 7 Dec. 1880 Henry M. Emery ae 27.
Lydia G., md. 11 Mar. 1847 John Gove.
Mabel T. ae 15, md. 21 Apr. 1888 Edward F. Felch ae 21.
Mahitable, Int. 8 Mar. 1839 Daniel Eastman.
Mima L. ae 22, md. 29 Feb. 1874 George P. Locke ae 22.
Manford ae 24, md. 25 Sep. 1876 Mary B. Eaton ae 23.
Margaret K., md. 5 June 1856 Wells H. Eaton.
Marian, md. 19 Sep. 1825 Edward Silley.
Marian J., md. 26 Oct. 1843 Tritram Dow 3rd.
Marriam. Int. 29 Sep. 1839 Oliver Eaton.
Martha C.R. ae 31, md. 12 Nov. 1872 Pete G. Tilton ae 41.
Mary, md. 5 Dec. 1825 Mark Silliy.
Mary Ann, Int. 30 June 1839 Stacy Charles ae 29.
Mary E. ae 43, md. 23 Aug. 1888 William Fretch ae 41.
Mary E. ae 20, md. 15 Mar. 1891 Charles F. Brown ae 22.
Mattie M. ae 41, md, 17 June 1905 Harrison Small ae 35.
Mirriam, Int. 1825 Edward Cilley.

DOW Cont.

Moses Jr., Int. 25 Apr. 1829 Hannah Roberts.
Nathel, md. 6 July 1812 Nancey Locke by Elias Hull.
Nelson ae 27, md. 10 July 1867 Sarah Marshall ae 30.
Newell, md. 18 Mar. 1841 Nancy Walton.
Newell Jr. ae 39, Int. 10 June 1863 Sarah A. Knowles.
Phebe, Int. 14 Feb. 1836 David Clough Jr.
Philip C., md. 29 June 1854 Rhoda Brown.
Phineas, md. 31 May 1845 Mary Ann Felch.
Pluma L. ae 23, Int. 7 Oct. 1873 Westerly N. Janvrin ae 19..
Polly, md. 20 Nov. 1808 Samuel Eaton by Elias Hull.
Richard E. ae 20, md. 4 Sep. 1874 Flora M. Knowles ae 21.
Robard, md. 23 Aug, 1796 Sarah Brown by Elisha Brown JP.
Robert E. ae 20, Int. 2 sep. 1874 Clara M. Knowles ae 16.
Robert Jr., md. 1 Nov. 1836 Ruth True.
Rhoda A. ae 19, Int. 28 Aug. 1874 Warren W. Dow ae 27.
Rhoda B., Int. 2 Feb. 1840 John Worthley.
Sadie F.N. ae 24, Int. 18 Nov. 1897 Charles O. Smith ae 29.
Samuel, Int. 19 Mar. 1831 Mary Greenlief.
Sarah, Int. 7 Nov. 1829 David Perkins.
Sarah ae 17, Int. 31 Dec. 1861 William P. Eaton ae 22.
Sarah?, Int. 21 Apr. 1882 William H. Field ae 21.
Sarah Ann, Int. 23 June 1839 Henry Dwight.
Sarah A. ae 18, Int. 26 Feb. 1862 Tristram E. Dow ae 26.
Sarah A. ae 38, md. 6 Mar. 1878 Tritram O. Follansbee ae 25.
Scott A. ae 19, md. 1 Jan. 1886 Clemena Eaton ae 27.
Scott A. ae 28, md. 12 July 1894 Louisa B. Sargent ae 26.
Sewell B. md. Jan. 1847 Almira P. Robinson of Newport.
Simeon, Int. 3 Dec. 1826 Susan Dow.
Simeon J. ae 22, md. 22 _ 1893 Estella Beckman ae 17.
Simeon J. ae 26, md. 27 Aug. 1897 Lillian M. Eaton ae 17.
Simeon L. ae 23, Int. 4 July 1866 Mary E. Stickney ae 17.
Stephen, s/o Jacob & Mary, shoemaker ae 21 of Salisbury, Mass. md. 20 Apr. 1848 Rebecca J. Curtis d/o Philemon & Sarah ae 18yr of Same, by Joseph Palmer Clergy.
Susan, Int. 3 dec. 1826 Simeon Dow.
Susan, Int. 1 Jan. 1828 Samuel Pike.
Susan, Int. 6 Nov. 1836 Abram or Richard Smith.
Susan, md. 13 Nov. 1838 Abram Brown.
Susan F. ae 21, md. 1 Dec. 1879 John Smith ae 25.
Thomas A., Int. 27 Apr. 1845 Lydia Ann Walton.
Tristram Jr., Int. 9 May 1824 Hanah Bragg.
Tristram 3rd, md. 26 Oct. 1843 Marian J. Dow.
Tristram E. ae 26, Int. 26 Feb. 1862 Sarah A. Dow ae 18.
Tristram E. ae 22, md. 14 Feb. 1891 Hattie M.Knowles ae 17.
Trustam, md. 1 Oct. 1813 Rachel Fowler by Rev. Elias Hull at Kensington
Vivian ae 19, Int. 20 Nov. 1897 Arthur H. Chesley ae 30.

SEABROOK MARRIAGES

DOW Cont.
Walter P., Int. 14 June 1835 Belinda Smith.
Warren W. ae 21, Int. 27 Jan. 1872 Arvilly E. Beal ae 18.
Warren W. ae 27, Int. 28 Aug. 1874 Rhoda A. Dow ae 19.
Wilda M. ae 17, md. 14 Mar. 1901 Frank N. Janvrin ae 17.
William, md. 28 Oct. 1818 Salley Eaton by Rev. Elias Hull.
William ae 21, md. 13 July 1873 Sarah A. Filburn ae 20.
Zacheus Jr., Int. 17 Sep. 1831 Betsy A. Brown.
Zalpha, md. 4 Dec. 1818 Moses Gove by Elias Hull.
Zelpha d/o Joshua & Nancy md. 30 Jan. 1843 John L. Brown.
Zelpha md. 5 Nov. 1843 Daniel Feltch.
Zopha, md. 7 May 1793 Hannah Eaton.

DRAKE:
Charles H., md. 29 Jan. 1857 Julia E. Watts.
Dorothy, md. 27 Sep. 1809 Amos Knowles Jr. by Elias Hull.

DREW:
Timothy P. md. 18 Mar. 1841 Lois Prescott of Hampton.

DRISDALE:
Mary M. ae 21, md. 16 Dec. 1891 Stephen W. Rowe ae 25 at North Hampton.

DUNBARCK:
Albert ae 20, md. 26 Feb. 1896 Mary L. Eaton ae 22.

DUNKERLEY:
Ruth G. ae 19, md. 14 Dec. 1896 Charles W. Tarbox ae 18.

DUNNIN:
Joseph ae 20, md. 9 Nov. 1892 Minerva F. Breed ae 19 at Newburyport.

DURGIN:
Charles H. ae 28, md. 16 Sep. 1866 Lucy Ann Robinson ae 20.
Charles W. ae 21, md. 15 Dec. 1837 Mary A. Gove ae 23.

DWIGHT:
Henry, Int. 23 June 1839 Sarah Ann Dow.

EASTMAN:
Daniel, Int. 8 Mar. 1839 Mahitable Dow.
Lizzie, md. 25 Feb. 1870 Calvin Buswell at East Salisbury.

EATON:
Abbie J. ae 21, md. 19 Aug. 1883 Louis A. Knowles ae 26.
Abbie M. ae 17, md. 4 Dec. 1884 Samuel T. Beckman ae 21.
Abby J., Int. 1 Sep. 1880 John L. Fowler.
Abel, md. 8 July 1856 Zelphia A. Bragg.

EATON Cont.
Abigail, Wido, md. 24 June 1799 Nicholas Cilley by Ekias Hull.
Abigail md. 7 Apr. 1833 Edward Randall.
Abigail ae 18, Int. 15 June 1858 Samuel Eaton ae 18.
Abigail A., md. 21 Dec. 1851 Albert Chase.
Abigail R., Int. 5 Nov. 1866 Benjamin L. Moody ae 31.
Able, md. 16 Oct. ___ Polley Collins by Elias Hull.
Abner L. ae 20, md. 1 Oct. 1862 Philena R. Fowler ae 16.
Abram ae 21, md. 4 Jan. 1867 Anne E. Wright ae 17.
Ada ae 18, md. 27 June 1893 Wallace Eaton 19.
Ada E. ae 17, md. 8 Aug. 1887 Tristram L. Souther ae 28.
Adeline, Int. 20 Dec. 1845 Benjamin Fuller.
Ad_ira, md. 11 June 1856 Charles Knowles ae 22.
Adna Preston ae 27, md. 25 Dec. 1894 Harriet N, Locke ae 24.
Albert ae 18, md. 14 Oct. 1861 Matilda A. Wright ae 16.
Alice J. ae 27, md. 19 Nov. 1904 Joseph A. Dow ae 38.
Almanette ae 38, Int. 31 Jan. 1866 James F. Fowler ae 63.
Almarita ae 88, Int. 13 Nov. 1867 Reuben D. Folonsbee ae 56.
Almira, Int. 4 Oct. 1841 Reuben Felch.
Almira J. ae 18, Int. 13 Mar. 1865 John F. Felch ae 19.
Alvah ae 23, md. 24 Apr. 1858 Lydia C. Walton ae 18.
Andrew, Int. 29 Sep. 1844 Lowis Dow.
Andrew J. ae 17, md. 5 June 1884 Lucy Beckman ae 16.
Angeline ae 18, md. 24 Feb. 1859 James E.A. Wright ae 20.
Anna Laura ae 15, md. 15 Nov. 1904 Lawrence L. Knowles ae 26.
Annie? ae 19, md. 8 Mar. 1882 David A. Fowler ae 25.
Annie C. ae 19, md. 23 Nov. 1891 Thomas E. Chase ae 19.
Annie E. ae 22, md. 25 July 1902 Daniel M. Brown ae 26
Annie M. ae 18, md. 26 July 1897 Fred C. Jackman ae 21 at Hampton.
Arthur H. ae 20, md. 15 Apr. 1905 Dora L. Randall ae 15.
Arvilla, Int. 17 Nov. 1831 Henry Walton.
Aseneth ae 18, md. 29 Sep. 1851 Lowell B. Fowler ae 20.
Aurila ae 24, md. 27 June 1872 Calvin Eaton ae 20.
Belinda, md. 22 Dec. 1842 William Folansbee.
Benjamin, Int. 31 Jan. 1881 Susan E. Eaton.
Betsy A. ae 22, md. 20 Apr. 1886 Charles E. Dow ae 25.
Betsy D. ae 16, md. 4 July 1857 Levi Collins Jr.
Bradbury, md. 4 Mar. 1799 Rebacker True by Elias Hull at Litchfield.
Bryant, md. 15 Oct. 1770? Elizabeth Collins.
Bryant, md. 27 Mar. 1799 Sarah Bagley by Elias Hull.
Bryant ae 34, Int. 22 Feb. 1862 Ann Bagley ae 31.
Caddie J. ae 16, md. 30 Mar. 1900 John F. Gynan ae 18.
Caleb, md. 14 Sep. 1824 Hannah Eaton by Rev. Jabez True.
Caleb, Int. 11 May 1851 Louise J. Marshall.
Calvin ae 20, md. 27 June 1872 Aurila Eaton ae 24.
Calvin ae 41, md. 2 Jan. 1894 Sarah Fitts ae 41.
Caroline A. ae 19, md. 19 Oct. 1854 Samuel Beckman ae 20.

SEABROOK MARRIAGES

EATON Cont.
Carrie, Int. 18 June 1879 William Knowles.
Carrie E.H. ae 22, md. 5 May 1901 Harry Perkins ae 20.
Catherine, Int. 24 Aug. 1827 Angus Robinson.
Celia A. ae 25, md. 4 May 1905 Milan C. Felch ae 26.
Charles ae 19, Int. 4 May 1866 Mary Wright ae 18.
Charles ae 20, md. 2 July 1881 Gertrude Gynan ae 16.
Charles C. ae 38, md. 8 Oct. 1885 Mary K. Moreland ae 17.
Charles E. ae 26, Int. 8 July 1874 Lucy Perkins ae 17.
Charles E. ae 27, Int. 13 Feb. 1875 Pluma? Eaton ae 33.
Charles F. ae 21, md. 6 Sep. 1890 Annie M. Brown ae 16.
Charles H. ae 24, md. 18 Nov. 1890 Ann R. Fowler ae 41.
Charles V. ae 21, Int. 23 July 1869 Mrs. Rhoda A. Fowler ae 41.
Charles W. ae 22, md. 10 Nov. 1859 Greta G. Eaton ae 17.
Charles W. ae 20, md. 24 Nov. 1883 Lizzie G. Dow ae 18.
Charles W. ae 21, md. 13 Nov. 1899 Clara R. Souther ae 20.
Chase md. 28 Nov. 1825 Miriam Eaton.
Christfer, md. 24 Aug. 1813 Lydia Eaton by Elias Hull.
Christine ae 19, md. 11 Jan. 1875 Sewell Fowler ae 23.
Christopher ae 20, md. 22 Mar. 1860 Clarissa R. Eaton ae 19.
Christopher ae 43, md. 12 Mae. 1883 Margaret Eaton at East Salisbury.
Clara A. ae 16, md. 25 June 1882 Andrew J. Gynan ae 16.
Clara B. ae 23, md. 7 June 1884 Asa Beckman ae 22.
Clara E., Mrs. ae 21, md. 2 Dec. 1881 Charles P. Walton ae 35.
Clara N. ae 20, md. 25 Dec. 1895 Walter L. Fowler ae 20.
Clarissa A. ae 19, md. 27 Mar. 1860 Christopher Eaton ae 20.
Clarissa E. ae 25, md. 26 May 1903 Samuel Fowler ae 23.
Clemena ae 27, md. 1 Jan. 1886 Scott A. Dow ae 19.
Climena ae 18, md. 29 Oct. 1873 Valentine Bagley Jr. ae 20.
Clinton J. ae 23, md. 26 Mar. 1890 Isabella T. Charles at Greenwich.
Colin C. ae 20, Int. 30 Sep. 1854 Mary Eaton ae 16.
Cynthia, Int. 27 Apr. 1845 Reuben Eaton.
Cyrus, Int. 8 Oct. 1837 Sally E. Collins.
Dame ae 17, md. 17 Aug. 1881 John S. Eaton ae 23.
Daniel, md. 16 May 1771 Hanah Walton.
Dearborn, Int. 20 Jan. 1832 Elizabeth Eaton.
Dollie A. ae 20, md. 19 June 1886 Frank H. Hall ae 25.
Dona, Int. 24 Aug. 1824 Robert Maher.
Elvilda ae 21, md. 28 Mar. 1881 Alvin H. Locke ae 23.
Eliza, Int. Mar. 1824 Jacob Collins.
Eliza, Int. 22 Nov. 1828 Samuel Walton.
Eliza A. ae 19, md. 9 Feb. 1879 Thomas M. Souther ae 26.
Eliza C. ae 17, Int. 16 Aug. 1864 Davis C. Brackett ae 25.
Elizabeth, Int. 20 Jan. 1832 Dearborn Eaton.
Elizabeth, md. 6 Apr. 1843 Franklin Gerrish.
Ellen ae 22, md. 18 Oct. 1862 George M. French ae 23.
Ellen T. ae 19, Int. 4 Oct. 1861 George P. Eaton ae 20.

SEABROOK MARRIAGES

EATON Cont.
Elmer E. ae 27, md. 25 Apr. 1896 Emma F. Souther ae 27.
Elvado ae 20, Int. 23 Aug. 1874 Sharlotte Janvrin ae 16.
Emery, Int. 14 Sep. 1845 Hannah Brown.
Emery N. ae 24, md. July 1882 Alberta L. Janvrin ae 15.
Emma C. ae 16, md. 30 June 1882 John Janvrin Jr. ae 22.
Emma D. ae 17, md. 26 Nov. 1901 William M. Addison ae 21.
Emma T. ae 15, md. 4 Feb. 1885 Newell M. Eaton ae 19.
Enoch ae 18, md. 31 June 1877 Clarie Gynan ae 18.
Enoch H. ae 36, Int. 21 Nov. 1859 Clara B. Salton ae 38.
Eunice, md. 14 Dec. 1854 George T. Eaton in Hampton Falls.
Eunice A. ae 24, md. 16 Feb. 1878 John C. Eaton ae 24.
Eunice A. ae 16, md. 21 June 1892 Freeman F. Fowler ae 20.
Ezekiel G., md. 22 Nov. 1836 Nancy Souther.
Fannie S. ae 17, md. 4 Feb. 1870 Hiram Gove ae 21.
Fanny S. ae 17, md. 16 Oct. 1867 Henry A. Felch ae 17,
Florance B. ae 17, md. 14 Feb. 1898 James F. Fowler ae 24.
Florance C. ae 18, md. 2 June 1877 Charles F. Lord ae 20.
Frank B. ae 26, md. 26 Oct. 1885 Hannah P. Collins ae 17.
Fred ae 33, md. 23 Nov. 1890 Emma M. Fowler ae 20.
Fred L. ae 21, md. 10 Feb. 1900 Hukda Fowler ae 19.
Fred P. ae 28, md. 31 Dec. 1905 Josie Maud Wilber ae 18.
Frederick N. ae 22, md. 23 Feb. 1859 Mary J. Fowler ae 17.
Fredrick ae 22, md. 8 Apr. 1879 Lizzie M. Bragg ae 18.
George ae 71, md. 16 Nov. 1887 Lizzie Randall at Salisbury.
George ae 29, md. 18 Feb. 1896 Clara Merrill ae 27.
George B. ae 24, md. 18 June 1904 Lena C. Dow ae 23.
George F., md. 10 Dec. 1854 Eunice Dow.
George P. ae 20, Int. 4 Oct. 1861 Ellen T. Eaton ae 19.
George P. Jr. ae 28, md. 17 Oct. 1897 Miantonomah Fowler ae 20.
George T. md. 14 Dec. 1854 Eunice Eaton in Hampton Falls.
Georgie P. ae 27, md. 24 Nov. 1882 Charles E. Lunt ae 27.
Germima, md. 4 Sep 1826 Gemaliel Row.
Giles, Int. 13 May 1824 Waity Collins.
Gilman B. ae 21, md. 25 Feb. 1878 Abbie J. Dow ae 16.
Greta G. ae 17, md. 10 Nov. 1859 Charles W. Eaton ae 22.
Hannah, md. 3 Jan. 1812 Heray_d__ Eaton by Elias Hull.
Hannah, md. 14 Sep. 1824 Caleb Eaton by Rev. Jabez True.
Hannah, Int. 1825 Benjamin Souther.
Hannah, md. 26 Mar. 1844 Samuel Fowler Jr.
Hannah ae 23, md. 22 Feb. 1855 Lowell Eaton Jr. ae 22.
Hannah A. ae 21, md. 9 July 1876 Leonidas Souther ae 21.
Helebin?, Int. 8 Oct. 1880 John B. McQuillen.
Helen ae 21, md. 15 Sep. 1890 John E. Souther ae 31.
Helen A. ae 17, md. 7 Dec. 1865 Burnham C. Pevear ae 21.
Helen A. ae 22, md. 28 Aug. 1884 Frank A. Sanborn ae 22.
Hellen ae 22, md. 27 Apr. 1872 Charles W. Pike ae 22.

SEABROOK MARRIAGES 143.

EATON Cont.
Henry, md. 4 Aug. 1791 Sarah Eaton.
Henry ae 38, Int. 2 Oct. 1833 Abigail Perry of N. Hampton.
Henry Jr. ae 23, md. 5 Aug. 1861 Elizabeth Souther ae 17.
Heray_d__, md. 3 Jan. 1812 Hannah Eaton by Elias Hull.
Hulda A., Mrs. ae 35, Int. 9 Mar. 1864 Charles Fogg ae 34.
Hulda D. ae 16, md. 25 Jan. 1891 Alick A, Brown ae 21.
Isaac Lewell ae 21, md. 8 Feb. 1868 Ann Robbins Fowler ae 19.
Isabel ae 21, md. 29 Dec. 1874 William A. Soul ae 39.
Israel B. ae 23, md. 5 Oct. 1876 Jenette Eaton ae 18.
Israel ae 28, md. 15 Nov. 1883 Marian Wright ae 42.
Ivory W. ae 22, md. 1873 Lucy Dow ae 18.
Jacob, md. 10 May 1818 Marther Eaton by Elias Hull.
Jacob of Salisbury, Int. 3 Nov. 1839 Mary Brown.
Jacob, md. 17 Nov. 1844 Mrs. Sally E. Eaton.
Jacob, md. 13 July 1848 Belinda Fowler.
Jacob ae 22, md. 13 Apr. 1875 Sarah Fowler ae 18.
Jacob F. ae 19, md. 14 Oct. 1863 Eliza A. Souther ae 16.
Jacob F. ae 24, md. 21 Apr. 1903 Bessie L. Brown ae 15.
James B. ae 22. md. 15 Feb. 1879 Sarah L. Eaton ae 20.
James S. ae 29, md. 23 Nov. 1901 Ella M. Dow ae 24.
Jane, Int. 27 Nov. 1879 Isreal F. Fowler.
Jane ae 16, md. 7 Nov. 1880 James K. Knowles ae 26.
Janna, md. 18 Mar. 1796 Daniel Felch.
Jean, md. 10 Oct. 1833 Samuel Collins.
Jemima, Int. 20 Apr. 1828 Gemluk Rowe.
Jenette ae 18, md. 5 Oct. 1876 Israel B. Eaton ae 23.
Jeremiah P., md. 26 Sep. 1824 Phoebe Eaton by Rev. Jabez True.
John ae 48, md. 21 Nov. 1867 Lovella Merrill ae 40.
John ae 25, Int. 23 Feb. 1874 Mary Fowler ae 19.
John ae 25, md. 31 Dec. 1878 Sarah P. Fowler ae 17.
John A. ae 27, md. 27 July 1885 Sarah L. Brown ae 20.
John Curtis ae 20, md. 3 Oct. 1854 Mary Eaton ae 16.
John C. ae 41, md. 15 Oct. 1877 Rachel Eaton ae 21.
John C. ae 24, md. 16 Feb. 1878 Eunice A. Eaton ae 24.
John C. 2d ae 27, md. 5 Dec. 1905 Marie Alice Henry ae 16.
John H ae 20, md. 26 Oct. 1868 Susan E. Souther ae 20.
John Merrill, Int. 20 Aug. 1831 Martha Brown.
John S. ae 23, md. 17 Aug. 1881 Dame M. Eaton ae 17.
Jon^n P., Int. 27 Aug. 1824 Phebe Eaton.
Joseph, md. 13 Apr. 1818 Olive Eaton by Elias Hull.
Joseph, Int. 4 Apr. 1841 Hannah Hunt.
Josephine ae 15, md. 19 Feb. 1892 Wilfred Fowler ae 21.
Joshua 3d, md. 6 Jan. 1825 Cynthia Collins by Rev. Jabez True.
Joshua ae 28, Int. 17 Sep. 1827 Sarah J. Fowler ae 18.
Joshua ae 24, Int. 16 Oct. 1870 Emily Gove ae 21..
Joshua 4th, md. 1 Feb. 1848 Eleanor M. Dow.

EATON Cont.

Julian? ae 21, Int. 24 July 1869 Margie A. Walton ae 18.
Leroy ae 23, md. 27 Nov. 1891 Cora B. Souther ae 20.
Lewis ae 21, md. 1 June 1867 Harriet E. Bragg ae 16.
Lewis C., md. 19 Oct. 1842 Louisa Felch.
Leroy C, Rev. ae 21, md. 19 Mar. 1877 Josephine Wilson ae 19.
Lillian M. ae 17, md. 27 Aug. 1897 Simeon J. Dow.
Liona D. ae 18, md. 1 Oct. 1877 Benj. F. Fuller ae 22.
Louisa P. ae 15, md. 24 Feb. 1895 Albion S. Greene ae 20.
Lowell, Int. 17 Jan. 1838 Pauline Hunt.
Lowell ae 22, md. 22 Feb. 1855 Hannah Eaton ae 23.
Lucinda ae 17, md. 28 Nov. 1876 Joseph E. Janvrin ae 25.
Lucy, Int. 12 Nov. 1844 Moses Merrill Jr.
Lucy J. ae 17, md. 13 May 1877 Josiah Felch ae 21 at E. Salisbury.
Lu_cion ae 19, md. 13 Mar. 1877 Elbridge A. Brown ae 23.
Luther, Int. 27 July 1851 Julia A. Walton.
Luther ae 28, Int. 28 Dec. 1859 Susan C. Eaton ae 18.
Luther S. ae 22, Int. 18 Dec. 1897 Annie W. Hardy ae 19.
Lydia, md. 24 Aug. 1813 Christfer Eaton by Elias Hull.
Lydia, Int. 20 Nov. 1836 Lucian Foot.
Lydia A., md. 6 July 1851 John H. Dow.
Lydia Bernice ae 21, md. 24 Nov. 1898 Guy W. Chase ae 22.
Mahala, Int. 5 June 1832 Jonathan Worthley.
Margaret, md. 12 Mar. 1883 Christopher Eaton ae 43 at East Salisbury.
Margaret A. ae 19, md. 28 Sep. 1893 Stephen S. Janvrin ae32.
Margaret R. ae 23, md. 8 Nov. 1866 Benjamin F. _ardy ae 33.
Martha, md. _ Nov. 1786 Ruben Eaton .
Martha ae 19, Int. 23 Aug. 1862 Lowell Boyd ae 20.
Martha, Int. 8 Oct. 1880 Thomas Hals.
Marther, md. 10 May 1818 Jacob Eaton by Elias Hull.
Mary, Int. 27 Mar. 1827 Lowell Brown.
Mary ae 16, Int. 30 Sep. 1854 Colin C. Eaton ae 20.
Mary ae 16, md. 3 Oct. 1854 John Curtis Eaton ae 22.
Mary B. ae 19, md. 31 Dec. 1854 Daniel E. Janvrin.
Mary B. ae 23, md. 25 Sep. 1876 Manford Dow ae 24.
Mary C. ae 17, md. 2 Oct. 1899 Andrew J. Fowler ae 19.
Mary E., md. 28 Oct. 186_ Jeremiah T. Boyd.
Mary F. ae 18, Int. 12 Sep. 1873 Cyrus A. Fowler ae 23.
Mary Jane, md. 1 Nov. 1857 John C. Lake.
Mary L. ae 20, md. 7 Nov. 1874 Abel E. Souther ae 20.
Mary L. ae 22, md. 26 Feb. 1896 Albert Dunbarck ae 20.
Mary L. ae 17, md. 8 Mar. 1902 Abbot C. Dow ae 31.
Mary M. ae 17, md. 18 Aug. 1881 Hayes Carey ae 21.
Mary S. ae 19, md. 7 Apr. 1880 Syndey Fowler ae 21.
Mertie E. ae 18, md. 31 July 1896 Samuel E. Fowler ae 19.
Miantha ae 28, md. 1 Dec. 1904 Aaron Boyd ae 24.
Minnie F. ae 17, Int. 16 Dec. 1892 John N. Beckman.

SEABROOK MARRIAGES

EATON Cont.
Minnie M. ae 16, md. 29 Dec. 1894 Charles Blanchard.
Minnie M. ae 25, md. 29 Mar. 1903 Charles C. Fowler ae 27.
Miriam, md. 28 Nov. 1825 Chase Eaton.
Miriam J. ae 25, md. 14 July 1880 Joseph L. Boyd ae 40.
Mirrabee, Int. 1825 J.L. Janvrin Jr.
Molley, md. 10 Sep. 1818 David Fowler by Elias Hull.
Moses, md. 5 Dec. 1795 Roda Eaton.
Moses Jr., Int. 19 Mar. 1828 Elizabeth B. Weare.
Moses Jr., Int. 5 Dec. 1829 Rebeckah Eaton.
Nabby, md. 13 ___. 1800 Amos Busswell by Elias Hull at Salisbury.
Nancy, md. 27 Jan. 1799 Joshua Dow by Elias Hull at Salisbury.
Nancy, md. 1 May 1824 John Walton at Salisbury by Rev. Jabez True.
Nancy ae 16, md. 20 Mar. 1900 Annanias Janvrin ae 20.
Nancy J. ae 16, md. 2 May 1870 Bonavista Brown ae 23.
Nellie C. ae 22, md. 29 Apr. 1903 Edmund E. Marshall ae 19.
Nellie M. ae 18, md. 11 Mar. 1891 Edward P. Randall ae 21.
Nettie E. ae 14, md. 21 Nov. 1905 Wills B. Eaton ae 22.
Newell, md. 13 Nov. 1838 Cerlina Hunt.
Newell M. ae 19, md. 4 Feb. 1885 Emma T. Eaton ae 15.
Olive, md. 13 Apr. 1818 Joseph Eaton by Elias Hull.
Olive C. ae 24, md. 18 June 1904 Levi D. Collins ae 23.
Oliver, Int. 12 Sep. 1831 Caroline Hall.
Oliver, Int. 24 sep. 1834 Mrs. Mariam H. Dow.
Otis T., Int. 29 Nov. 1865 Mary A. Walton ae 19.
Phebe, Int. 27 Aug. 1824 Jon^n P. Eaton.
Phebe K. ae 20, md. 15 Oct. 1882 ___ Eaton ae 22.
Phoebe, md. 26 Sep. 1824 Jeremiah P. Eaton by Rev. Jabez True.
Plumy J. ae 16, Int. 2 Mar. 1822 Alva E. Knowles ae 20.
Polly A. ae 25, md. 14 May 1905 Gilbert L. Fowler ae 27.
Rachel, md. 12 Jan. 1820 David Brown.
Rachel J. ae 21, md. 15 Oct. 1877 John L. Eaton ae 24.
Rebecca, md. 26 Dec. 1838 Jacob Fowler.
Rebecca, Int. 22 Dec. 1851 Tristram Brown.
Reuben, md. 31 Mar. 1833 Sarah Brown.
Reuben Jr., Int. 27 Apr. 1845 Cynthia Eaton.
Reuben 3d ae 23, Int. 19 Dec. 1857 Ann E. Gynan ae 18.
Rhoda, md. 6 Dec. 1818 Jacob Row by Elias Hull.
Rhoda, md. 29 Dec. 1849 William E. Brown.
Rhoda ae 18, md. 5 Apr. 1872 George W. Bragg ae 19.
Robert, Int. 22 Dec. 1832 Dorothy Beckman.
Robert, md. 6 Apr. 1865 Mrs. Frances Ferris.
Robert ae 53, md. 6 Apr. 1865 Frances Ferris ae 53.
Robert L. ae 21, md. 21 Feb. 1891 Alice E. Rowe ae 15.
Robert P. ae 23, md. 24 Nov. 1859 Mary A. Fowler ae 16.
Robin, md. 3 Feb. 1833 Dorothy Beckman.
Roda, md. 5 Dec. 1795 Moses Eaton.

SEABROOK MARRIAGES

EATON Cont.
Ruben, md. _ Nov. 1796 Martha Eaton.
Ruth, md. 7 Apr. 1817 Trustam Collins by Elias Hull.
Ruth A. ae 23, md. 25 Nov. 1892 Sewell B. Fowler Jr. ae 30.
Ruth Ann, Int. 7 Aug. 1842 Amos L. Collins.
Ruth M. ae 18, md. 24 Dec. 1880 William E. Vannard ae 21.
Ruth P. md. 19 Oct. 1845 David Beckman.
Sadie A. ae 16, md. 20 June 1870 Samuel F. Fowler ae 18.
Sallie A. ae 27, md. 2 Nov. 1869 Owen S. Sargent ae 24.
Sally, Int. 24 May 1840 John Coburn.
Sally C., md. 18 Jan. 1843 Tristram Collins Jr.
Sally E., Mrs., md. 17 Nov. 1844 Jacob Eaton.
Sally E. ae 17, md. 20 Mar. 1878 William H. Hardy ae 20.
Samuel, md. 20 Nov. 1808 Polly Dow by Elias Hull.
Samuel ae 19, Int. 15 June 1858 Abigail J. Eaton ae 18.
Samuel T. ae 29, md. 7 Nov. 1903 Minnie F. Beckman ae 28.
Samuel Jr., Int. Apr. 1825 Betsy Dow.
Samuel Jr., md. 16 Mar. 1834 Susan Collins.
Samuel 4th, md. 25 Oct. 1849 Sarah Ann Brown.
Sarah, md. 4 Aug. 1791 Henry Eaton.
Sarah, md. 4 May 1798 Thomas Eaton.
Sarah, md. 30 May 1824 Ezekiel Collin Jr.
Sarah, md. 5 Apr. 1833 Benjamin Dinsmore.
Sarah, Int. 11 Apr. 1840 Abraham Souther.
Sarah, Int. 18 June 1843 Hiram Boyd.
Sarah, Int. 24 Nov. 1844 Jacob Beckman.
Sarah, md. 25 July 1845 Hiram Boyce.
Sarah A., md. 21 Dec. 1856 David J. Chase.
Sarah A. ae 20, md. 6 Sep. 1874 Dennis A. Fowler ae 27.
Sarah E. ae 20, md. 22 Oct. 1862 Stephen F. Knowles ae 23.
Sarah L. ae 22, md. 8 Oct. 1864 John Locke ae 37.
Sarah L. ae 20, md. 15 Feb. 1879 James B. Eaton ae 22.
Sarah M. ae 51, md. 4 Dec. 1869 David S. Tilton ae 59.
Sarah M. ae 19, md. 15 May 1870 William Randall ae 25.
Sarah M. ae 18, md. 21 Nov. 1881 Abram H. Dow ae 21.
Seneca ae 23, md. 6 Nov. 1899 Mary Fowler ae 17.
Sewella ae 21, md. 22 Nov. 1882 George L. Fellows ae 27 at Newburyport.
Simeon L., md. Sep. 1846 Jane K. Dow.
Simmer ae 17, md. 31 Aug. 1904 Mabel F. Fowler ae 20.
S.J. ae 20, md. 22 Feb. 1873 William A. Eaton ae 24.
Sophia ae 18, md. 29 Dec. 1850 Christopher D. Brown 23.
Susan ae 18, Int. 28 Dec. 1859 Luther Eaton ae 28.
Susan C. ae 21, Int. 27 Nov. 1862 William Hardy ae 25.
Susan E., Int. 31 Jan. 1881 Benjamin Eaton.
Susan H. ae 27, md. 3 July 1889 James A. Beckman ae 37.
Susie J. ae 20, md. 24 Nov. 1885 Arthur O. Walton ae 18.
Susie M. ae 20, md. 15 Oct. 1893 Alvah H. Dow 18.

SEABROOK MARRIAGES 147.

EATON Cont.
Sylvester ae 42, md. 17 Aug. 1902 Laura E. Coffin ae 33.
Sylvester ae 45, md. 20 Aug. 1905 Hanna P.D. Fowler ae 23.
Syntha A. ae 18, md. 15 July 1872 William O. Robie ae 24.
Tabithy, md. 13 Sep. 1825 Levi Collins.
Thomas, md. 4 May 1798 Sarah Eaton.
Thomas, Int. 15 Oct. 1837 Mrs. Betsy Merrill.
Thomas F. ae 26, Int. 12 June 1874 Laura E. Souther ae 18.
Tristram ae 20, Int. 31 Jan. 1856 Lucretia Souther ae 20.
True Jr., Int. 25 Apr. 1841 Jane Moody.
Vianna ae 19, md. 9 Dec. 1881 Frank Morrill ae 22.
Wallace ae 19, md. 27 June 1893 Ada Eaton ae 18.
Wells H., ae 27, md. 5 June 1856 Margaret K. Dow ae 17.
Willie E. ae 21, md. 17 Dec. 1882 Lena A. Moreland ae 18.
Willie N. ae 19, md. 27 Mar. 1886 Ida E. Bragg ae 20.
William, Int. 17 Apr. 1827 Nancy Brown.
William of Salisbury, Int. 5 Mar. 1831 Mary Morgan.
William ae 22, md. 21 Oct. 1892 Clara Collins ae 20.
William A. ae 24, md. 22 Feb. 1873 S.J. Eaton ae 20.
William A. ae 27, md. 1 June 1892 L. Nettie Janvrin ae 20.
William H. ae 23, md. 20 Sep. 1886 Eliza A. Bagley ae 21.
William P. ae 22, Int. 31 Dec. 1861 Sarah Dow ae 17.
William P. ae 27, md. 30 Dec. 1890 Annie M. Knowles ae 21 at Salisbury.
William Jr., md. 5 Apr. 1856 Lucretia Souther.
Willis B. ae 22, md. 21 Nov. 1905 Nettie Eaton ae 14.
Winthrop, Int. 21 Sep. 1835 Hannah Brown.
Wyman, md. 11 July 1851 Mary J. Wright.
Wyman Jr. ae 23, md. 25 June 1882 Margaret Follansbee ae 18.
Zelphia ae 41, md. 27 Nov. 1880 John L. Janvrin ae 46.
_olly, md. 19 Nov. 1815 Parker Merrill by Elias Hull at So. Hampton.

EDGERLY:
Caleb R., md. 26 Feb. 1834 Nancy B. Bragg.

EDMUNDS:
Clarissa R., md. 8 July 1848 George M. Barton.

ELKIN(S):
John, md. _ July 1803 Polly Brown by Elias Hull.
Lizzie E. ae 21, md. 25 Apr. 1886 Everett A. Weare ae 20.

ELLERY:
William P. ae 22, md. 30 June 1891 Vera Hersy ae 27.

EMERY:
Charles N., md. 31 Dec. 1848 Grace F. Cram.
Henry M. ae 27, md. 7 Dec. 1880 Luella A. Dow ae 21.
Mary Abby, md. 10 May 1848 Joseph Tilton both of Kensington.

SEABROOK MARRIAGES

ENGLAND:
Margaret, md. 4 Mar. 1849 Joseph Janvrin.

EVANS:
Charles ae 24, md. 3 Mar. 1885 Lottie C. Janvrin ae 18.
Elida M. ae 21, md. 29 July 1874 Josiah N. Chase ae 21.
Jerome, md. 25 Dec. 1893 Annie F. Noyes.
Joseph F. ae 29, Int. 19 Jan. 1866 Eliza A. Janvrin ae 33.
Miles, Int. 6 Aug. 1837 Susan Clifford.
Rebecca J., Int. 10 Mar. 1851 William Magor.
Sarah A. ae 21, md. Mark C. Wadleigh ae 33.
William, Int. 12 Jan. 1834 Mary Jane Janvrin.
Willie ae 20, md. 6 Mar. 1870 Lydia Brown ae 28.

FALCH: See Felch
Daniel, md. 18 Oct. 1793 Janna True.
Samuel, md. 1 Jan. 1755 Jamima Selley.

FARNHAM:
Elmer E. ae 44, md. 10 Aug. 1905 Jennie M. Hook ae 32.

FELCH: See Feltch
Addie M. ae 22, md. 8 Dec. 1894 Albert E. Brown ae 30.
Adeline G., Int. 1 Nov. 1856 George F. Dow Jr.
Amos, Int. 9 Feb. 1828 Mary Randall.
Amos Jr., md. 17 June 1851 Sally Felch.
Anne M. ae 18, md. 2 Oct. 1861 Benjamin Walton ae 21.
Charles H. ae 22, md. 14 Apr. 1896 Ellen M. Towne ae 32.
Clara B. ae 19, md. 30 Jan. 1880 Theodore P. Carter ae 21.
Daniel, md. 18 Mar. 1793 Janna Eaton by Elisha Brown JP.
Daniel, md. 5 Nov. 1843 Zelpha Dow.
David A. ae 22, md. 13 June 1860 Hannah M. Souther ae 19.
Edith E. ae 17, md. 5 June 1898 Alfred F. Gaurom ae 23 at Hampton.
Edward L. ae 22, Int. 24 Feb. 1858 Jane A. Blake ae 18.
Elias ae 61, Int. 6 May 1863 Hannah Hardy ae 51.
Eliza, Int. 17 Aug. 1851 George Janvrin.
Ella E. ae 16, md. 26 Mar. 1868 Augustus Knowles ae 23.
Emeline, Int. 4 Dec. 1842 Julian C. Brown.
Enoch E., md. 2 Jan. 1852 Lucinda Dow.
Ezekeall, md. 9 Apr. 1819 Judith Swane.
F.F., md. 7 Dec. 1863 Nancy S. Boynton.
Frank L. ae 18, md. 26 Apr. 1891 Alice A. Knowles ae 18 at Salisbury.
Fred W. ae 34, md. 2 Oct. 1901 Emma A. Beckman ae 37.
Frederick F. ae 30, Int. 7 Dec. 1863 Nancy Lydia Boynton ae 18.
Fuller D.F. ae 23, Int. 14 Nov. 1860 Mary E. Knowles ae 18.
George E. Jr. ae 23, md. 30 Jan. 1890 Rinda C. Locke ae 19.
Hannah, md. 8 Sep. 1814 John Locke 2nd by Elias Hull.

FELCH Cont.
Henry A. ae 17, md. 16 Oct. 1867 Fanny S. Eaton ae 17,
Howard L. ae 23, md. 31 Dec. 1905 Jessie Maud Wilber ae 18.
Ida May ae 15, md. 22 Mar. 1884 Elroy C. Dow ae 25.
Jemima ae 22, md. 4 Nov. 1854 John J. Parker ae 21.
John, md. 27 Jan. 1839 Nancy Walton.
John of Salisbury, Int. 18 Apr. 1844 Abigail Boyd.
John F. ae 19, Int. 13 Mar. 1865 Almira J. Eaton ae 18.
Joseph, md. 19 Feb. 1756 Mary Hoit.
Josiah ae 21, md. 13 May 1877 Lucy J. Eaton ae 17 at E. Salisbury.
Katie A. ae 22, md. 4 Jan. 1887 Charles A. Small ae 23 at Hampton falls.
Louisa, md. 19 Oct. 1842 Lewis C. Eaton.
Lucy E. ae 19, md. 18 Sep. 1883 George E. Flanders at Salisbury.
Mariam, md. 25 Feb. 1854 Philip Beckman.
Mary Ann, Int. 14 Apr. 1839 George Pearce.
Mary Ann, md. 31 May 1845 Phineas Dow.
Mary Jane, Int. 4 July 1851 Clement Leoones?
Mehetible, Int. 13 May 1866 John Janvrin.
Milan C. ae 26, md. 21 May 1905 Celia A. Eaton ae 25.
Nancy D., md. 24 Jan. 1849 Stephen Green of Salisbury.
R. Jane ae 20, md. 20 Apr. 1861 John Weare ae 36.
Reuben, Int. 4 Oct. 1831 Almira Eaton.
Sally, md. 10 ___. 1812 John Marrell by Elias Hull at Salisbury.
Sally, md. 17 June 1851 Amos Felch Jr.
Sally J. ae 18, Int. 9 Aug. 1857 Alfred B. Dow ae27.
Samuel, md. 17 July 1813 Betty Leach by Elias Hull at Salisbury.
Samuel Jr., Int. 3 Jan. 1828 Nancy Barton.
Sarah A. ae 23, md. 24 Dec. 1903 Albert S. Larrebee ae 43.
Sarah J., md. 14 Feb. 1842 Robert B. Craft.
William ae 23, md. 1 Apr. 1868 Vienna P. Jones ae 18.
William ae 21, Int. 4 Nov. 1882 Mary Sargent ae 17.
Willie C. ae 22, md. 22 Sep. 1890 Maude A. Carswell ae 17.

FELLOWS:
Emma L. ae 22, md. 24 Mar. 1869 Charles R. Gove ae 22.
George L. ae 27, md. 22 Nov. 1882 Savell Eaton ae 21 at Newburyport.

FELLS:
Mary, md. 31 May 1841 Benjamin Dow.
Sally, Mrs., Int. 21 Feb. 1836 Joseph Dow.

FELTCH: See Felch
Alice P. ae 16, md. 11 Aug. 1874 Frank P. Jones ae 19.
Emeline M., md. 22 Dec. 1842 Daniel W. Cram.
George E. ae 22, md. 1 Feb. 1869 Josephine Dow ae 22.
Mary L. ae 16, Int. 19 Mar. 1870 Horace P. Follansbee ae 24.
Sarah J., md. 14 Feb. 1842 Robert B. Craft.

SEABROOK MARRIAGES

FENNER:
Charity, md. 23 Apr. 1849 Warren Weymouth.

FENNEY:
Oscar F. ae 28, Int. 12 July 1855 Mary Philbrick ae 22.

FERRIS:
Frances ae 53, md. 6 Apr. 1865 Robert Eaton ae 53.

FERRILL:
John, md. 8 Aug. 1810 Betsy Brown by Elias Hull at Salisbury.
John, md. 22 Aug. 1818 Betsy Brown by Elias Hull at Salisbury.

FERRIN:
Mattie B. ae 23, md. 9 Sep. 1889 Thomas J. Bartlett ae 31.
Mattie B. ae 23, md. 10 Apr. 1891 Thomas J. Bartlett ae 32.

FERRIS:
Frances, Mrs., md. 6 Apr. 1865 Robert Eaton.

FIELD:
William H., Int. 21 Apr. 1882 Sarah Dow.

FIFIELD:
Abigail, md. 19 Apr. 1813 John Clark by Elias Hull at Derfield.
Clarissa, md. 22 Sep. 1842 Joshua Janvrin.
Jonathan, md. 11 Mar. 1801 Sally Brown by Elias Hull at Hampton Falls.
Mary, Int. 2 Aug. 1824 John Janvrin.
Nancy, md. 6 Mar. 1807 Benjamin Dodge by Elias Hull at Wenham.
Polly, md. 21 Oct. 1799 David Garland by Elias Hull at Hampton.
Sally, md. 2 Feb. 1807 David Chase by Elias Hull at Hampton Falls.
Thomas W. ae 31, md. 23 Mar. 1903 Mildred A. Piper ae 31.

FILBURN:
Sarah R. ae 20, md. 13 July 1873 William Dow ae 21.

PITTS:
Hattie ae 18, md. 7 Apr. 1881 ____ A. Card ae 22.
Sarah ae 41, md. 2 Jan. 1894 Calvin Eaton ae 41.
William H. of Salisbury, Int. 6 Aug. 1833 Hannah Locke.

FLAMANS:
Jeams, md. 25 Aug. 1802 Wid. Hannah Knowles by Elias Hull.

FLANDERS:
George E. ae 22, md. 18 Sep. 1883 Lucy E. Felch ae 19 at Salisbury.
Rachel, md. 5 Oct. 1812 Jacob Thompson by Elias Hull at So. Hampton.

SEABROOK MARRIAGES

FLANDERS Cont.
Seth ae 32, md. 25 Dec. 1859 Betsy S. Dow ae 27.
Thomas ae 36, Int. 29 Mar. 1864 Betsy Fowler ae 35.

FLOYD:
Ida B. ae 18, md. 14 Oct. 1890 Howard K. Andrews ae 19.

FOGG:
Augustus ae 31, md. 22 Dec. 1884 Annie Hadly ae 18.
Betsy, Int. 15 Sep. 1832 Enoch Chase.
Charles ae 34, Int. 29 Mar. 1864 Mrs. Hulda A. Eaton ae 35.
David, Int. 18 Aug. 1839 Jane H. Chase.
Gilman M. ae 40, md. 7 May 1905 Lucinda Buswell ae 27.
James ae 22, md. 10 Sep. 1854 Caroline A. Robbins ae 20.
John W. ae 25, md. 23 May 1859 Mary E. Chase ae 21.
Joseph N. ae 31, md. 1873 Sarah A. Chase ae 17.
Nora J., Int. 11 Dec. 1881 ____ B. Campbell.
Polley, md. 27 Oct. 1817 John Boyd by Elias Hull.
Rachel ae 20, md. 24 Aug. 1878 John H. Hunt ae 25 at Hampton.
Warren D. ae 23, Int. 18 Mar. 1872 Almira F. Gove ae 16.
Warren D. ae 31, md. 8 Mar. 1879 Ann Maria Lamprey ae 20.

FOLLANSBEE:
Daniel F. ae 21, md. 19 May 1860 Emaline M. Dow ae 21.
Emily, md. 21 Feb. 1857 John N. Janvrin.
Emma L. ae 19, md. 16 Sep. 1888 Charles C. Brown ae 30.
Horace P. ae 24, Int. 19 Mar. 1870 Mary J. Feltch ae 16.
Ida ae 15, md. 23 May 1868 Robert Souther ae 22.
Margaret ae 18, md. 25 June 1882 Wyman Eaton Jr. ae 22.
Preston ae 16, md. 20 Sep. 1890 Hannah B. Randall ae 22.
Reuben of Weare, Int. 18 Oct. 1837 Zelphia Brown.
Reuben D. ae 56, Int. 23 Nov. 1867 Almarita Eaton ae 88.
Reuben L. ae 26, md. 8 Sep. 1902 Lizzie E. Bragg ae 18.
Tristram O. ae 25, md. 6 Mar. 1878 Sarah A. Dow ae 38.
Willie K. ae 23, md. 10 May 1886 Louize Sargent ae 18.
William, md. 22 Dec. 1842 Belinda Eaton.

FOLSAM:
Dorthy, md. 4 Aug. 1804 James Rollins by Elias Hull at Somersworth.

FOOTE:
Charles A. ae 23, Int. 22 Mar. 1870 Caroline A. Randall ae 17.
Charles E. ae 23, md. 29 Dec. 1894 Claudia M. Fowler ae 16.
Daniel E. ae 22, md. 10 Mar. 1895 Lena Souther ae 18.
Etta F. ae 19, md. 24 Dec. 1894 Alfred C. Janvrin ae 21.
Julyan, Int. 13 Apr. 1858/9 Daniel Bragg.
Lucian, Int. 20 Nov. 1836 Lydia Eaton.
Lucian W. ae 21, md. 26 Oct. 1898 Maud H. Janvrin ae 21.

SEABROOK MARRIAGES

FORREST:
Nellie H. 32, md. 14 Dec. 1905 Charles Blanchard ae 27.

FORSAITH:
Robert, md. 1 July 1812 Nancy Chase by Elias Hull at Hampton Falls.

FOSTER:
James, Int. 26 July 1840 Mrs. Matilda Locke.
Lucy C. ae 16, md. 19 Mar. 1884 George W. Oakes ae 19 at Salisbury.
Lydia, Mrs. ae 35, md. 1 Oct. 1867 Charles H. Hinson ae 33.

FOWLER:
Abel E. ae 20, md. 7 Nov. 1874 Mary Eaton ae 20.
Abigail J., md. Nov. 1846 Jacob D. Brown.
Abigail, md. 5 Dec. 1851 Benjamin C.Dow.
Abner, md. 6 Mar. 1816 Rhoda Collins by Elias Hull.
Adalaide, ae 18, md. 17 Jan. 1876 Willard A. Fowler ae 24.
Adna B. 21, md. 18 Nov. 1890 Lillie Moreland ae 15.
Alice J. ae 18, md. 6 Aug. 1894 George Henry Boyd ae 22.
Alva ae 33, md. 2 Jan. 1875 Angela F. Collins ae 23.
Aminnus, Int. 1829 Eliza Souter.
Ana M. ae 18, md. 3 Mar. 1896 Dana S. Knowles ae 20.
Andrew J. ae 19, md. 2 Oct. 1899 Mary C. Eaton ae 17.
Andy ae 19, md. 23 May 1897 Maggie L. Randall ae 16.
Anginetta ae 18, md. 4 Nov. 1878 Francis Blye ae 27.
Ann Robbins ae 19., md. 8 Feb. 1868 Isaac Lewell Eaton ae 21.
Ann R. ae 41, md. 18 Nov. 1890 Charles H. Eaton ae 24.
Annasia Jr. ae 22, md. 25 Aug. 1874 Hannah E. Dow ae 19.
Annie S., Int. 2 Jan. 1888 William Janvrin.
Annie S. ae 18, md. 21 Dec. 1896 Percey L. Fowler ae 18.
Arthur ae 27, md. 22 Apr. 1899 Jennie Fowler ae 16.
Arthur H. ae 22, md. 19 Sep. 1903 Hulda D. Brown ae 26.
Belinda, md. 13 July 1848 Jacob Eaton.
Bernice F. ae 22, md. 30 Oct. 1904 Andrew G. Small ae 23.
Betsy, Int. 3 Jan. 1841 Thomas Souther.
Betsy, md. 3 May 1846 George Souther.
Betsy ae 35, Int. 29 Mar. 1864 Thomas Flanders ae 36.
Caleb H. ae 23, md. 18 Jan. 1904 Annie E. Randall ae 16.
Caroline F. ae 16, md. 4 May 1858 Newell D. Fowler ae 19.
Charles ae 19, Int. 24 Jan. 1867 Effie A. D_uer ae 17.
Charles A. ae 21, md. 21 June 1892 Margaret A. Fowler ae 17.
Charles A. ae 32, md. 25 Sep. 1904 Mary Ann Janvrin ae 22.
Charles C. ae 23, md. 29 Mar. 1903 Minnie M. Eaton ae 25.
Charles H. ae 20, Int. 4 Apr. 1871 Clarissa Fowler ae 17.
Clarissa ae 17, Int. 4 Apr. 1871 Charles H. Fowler ae 20.
Cyrus, md. 28 Feb. 1838 Jemima Fowler.
Cyrus D., Int. 9 May 1845 Rebecca Ann Lock?

SEABROOK MARRIAGES

FOWLER Cont.
Cyrus L, ae 23, Int. 12 Sep. 1873 Mary F. Eaton.
David, md. 10 Sep. 1818 Wido Molley Eaton by Elias Hull.
David A. ae 25, md. 8 Mar. 1882 Annie? Eaton ae 19.
David Jr., md. 30 Dec. 1842 Sarah Souther.
Dennis, md. 27 Oct. 1847 Emily Fowler.
Dennis A. ae 27, md. 6 Sep. 1874 Sarah A. Eaton ae 24.
Ebenezer, md. 26 Dec. 1841 Elizabeth H. Harden.
Edith C. ae 19, md. 17 Jan. 1895 Edwin R. Boyd ae 20.
Edward D., Int. 14 May 1847 Mahitable Wright.
Effie A. ae 35, md. 4 Aug. 1885 Morris Bagley ae 27 at E. Salisbury.
Elizabeth ae 24, md. 14 Feb. 1852 Valentine Bagley ae 34.
Emerly Ann ae 20, Int. 10 June 1865 Robert F. Collins ae 25.
Emery N. ae 21, md. 5 July 1899 Nellie F. Randall ae 20.
Emily, md. 27 Oct. 1847 Dennis Fowler.
Emma M. ar 22, md. 23 Nov. 1890 Fred Eaton ae 33.
Emma V. ae 22, md. 2 Apr. 1893 Fuller W. Littlefield ae 32.
Emogene ae 19, md. 3 Apr. 1893 Stephen H. Souther ae 24.
Eugene, md. Apr. 10 1893 Ellen H. Nutting.
Eva E. ae 18, md. 16 Apr. 1898 George C. Janvrin ae 20.
Fannie ae 25, md. 14 July 1897 George H. Perkins ae 57.
Freeman F. ae 20, md. 21 June 1892 Eunice A. Eaton ae 16.
George B. ae 20, md. 18 May 1877 Margaret Steward ae 20.
Gilbert L. ae 27, md. 14 May 1905 Polly A. Eaton ae 25.
Hanna P.D. ae 23, md. 20 Aug. 1905 Sylvester Eaton ae 45.
Hannah ae 31, Int. 19 Sep. 1859 Seuell B. Fowler ae 21.
Hannah H. ae 33, Int. 3 May 1861 Sewell b. Fowler ae 22.
Hannah M. ae 16, Int. 27 Apr. 1870 Joshua E. Towle ae 22.
Hulda ae 19, md. 10 Feb. 1900 Fred L. Eaton ae 21.
Irving A. ae 21, md. 25 Mar. 1903 Louie E. Fowler ae 21.
Isreal E., md. 11 Dec. 1852 Nancy J, Wright.
Isreal F., Int. 27 Nov. 1879 Jane Eaton.
Jacob, md. 26 Dec. 1838 Rebecca Eaton.
Jacob F. ae 20, Int. 22 Aug. 1874 Martha L. Merrill ae 16.
Jacob S. ae 21, md. 29 Aug. 1874 Martha C. Merrill ae 21.
Jacob S. Jr. ae 19, md. 14 June 1893 Hulda M. Dow ae 23.
Jacob Jr., md. 17 Nov. 1844 Hannah Dow.
Jacob Jr., md. 1 Nov. 1794 Abigail Selley by Elisha Brown JP.
Jacob 3d, Int. 5 Sep. 1830 Sarah Jane Eaton.
James, md. 9 Nov. 1848 Betsy J. Dow.
James F. ae 63, Int. 31 Jan. 1866 Almavetta Eaton.
James F. ae 66, md. 28 July 1870 Elizabeth Shattuck ae 58.
James F. ae 24, md. 14 Feb. 1898 Florance B. Eaton ae 17.
Jemima, md. 28 Feb. 1838 Cyrus Fowler.
Jennie ae 16, md. 22 Apr. 1899 Arthur Fowler ae 27.
John F. ae 24, md. 2 Oct. 1884 Emma P. Souther ae 17.
John L., Int. 1 Sep. 1880 Abby J. Eaton.

SEABROOK MARRIAGES

FOWLER Cont.
John L. ae 37, md. 23 Mar. 1901 Lizzie G. Pierce ae 17.
John Lewis ae 43, md. 4 July 1900 Ida B. Souther ae 47.
Joseph H. ae 23, md. 29 June 1851 Mary Ann Fowler ae 25,
Josephine ae 16, md. 8 Aug. 1886 Wallace J. Randall ae 18.
Joshua C., Int. 26 Aug. 1845 Mary Ann Collins.
Lester C. ae 18, md. 5 Mar. 1896 Abbie J. Brown ae 21.
Levi C. ae 25, md. 30 May 1898 Florance Moreland ae 19.
Lewis F. ae 66, Int. 25 July 1870 Mrs. Eliza Shattuck ae 58.
Lillian M. ae 26, md. 28 Nov. 1904 Frank E. Andrews ae 23.
Lowell B. ae 20, md. 29 Sep. 1851 Aseneth Eaton ae 18.
Lowell B. ae 29, md. 8 Oct. 1861 Matilda Souther ae 19.
Louie E. ae 16, md. 25 Mar. 1903 Irving A. Fowler ae 21.
Mabel F. ae 20, md. 31 Aug. 1904 Simmer J. Eaton ae 24.
Mamie A. ae 15, md. 4 Oct. 1901 Charles H. Janvrin ae 20.
Margaret A. ae 17, md. 21 June 1892 Charles A. Fowler ae 21.
Margaret Ann ae 18, md. 11 Aug. 1866 John Howard Collins ae 20.
Martha, Int. 6 Oct. 1837 John Souther.
Martha ae 29, Int. 25 July 1858 Jesse Worthy ae 43.
Mary ae 20, Int. 7 Dec. 1867 Charles E. Maythan ae 21.
Mary ae 19, Int. 23 Feb. 1874 John Eaton ae 25.
Mary ae 17, md. 6 Nov. 1899 Seneca Eaton ae 23.
Mary Ann, md. 4 Mar. 1837 or 1839 George Pierce.
Mary Ann ae 25, md. 20 June 1851 Joseph H. Fowler ae 23.
Mary A. ae 16, md. 24 Nov. 1859 Robert P. Eaton ae 23.
Mary E. ae 20, Int. 5 May 1865 Charles Bartlett ae 22.
Mary J. ae 17, md. 22 Feb. 1859 Frederick E.A. Eaton ae 22.
Mary P. ae 19, md. 9 Feb. 1874 John F. Brown ae 21.
Mary W. ae 17, md. 11 Mar. 1876 George W. Osborn ae 20.
Mary W. ae 19, md. 3 Mar. 1877 Joseph A. Brown ae 24.
Matilda ae 16, md. 18 Apr. 1880 Moses Boyd ae 19.
Maud L. ae 18, md. 18 June 1896 Alvin Brown ae 18.
Mertie B. ae 17, md. 20 Oct. 1896 Frank Small ae 19.
Miantonomah ae 20, md. 17 Oct. 1897 George P. Eaton Jr. ae 28.
Milla F., Int. 21 July 1880 Alfred Dow.
Mima A. ae 16, Int. 27 June 1863 George W. Randall ae 28.
Nellie May ae 18, md. 28 Mar. 1893 Daniel A. Walton ae 22.
Newell D. ae 19, md. 4 May 1858 Caroline F. Fowler ae 16,
Percy L. ae 20, md. 21 Dec. 1896 Annie S. Fowler ae 18.
Philena R. ae 16, md. 1 Oct. 1862 Abner L. Eaton ae 20.
Pluma J., Int. 17 Feb. 1868 Edward D. Dow.
Plumia J. ae 22, md. 6 Oct. 1891 Fred H. Bragg ae 26.
Rhoda A., Mrs. ae 41, Int. 28 June 1869 Charles V. Eaton ae 31.
Richard, md. Jan. 1847 Emeline K. Robinson of Newburyport.
Richard Jr., md. 27 Jan. 1857 Sarah Souther.
Roanna ae 18, md. 6 Aug. 1879 Nelson S. Beckman ae 21.
Robert E. ae 22, md. 10 Nov. 1868 Anna M. Bentley ae 17.

SEABROOK MARRIAGES

FOWLER Cont.
Roseatte S., md. Apr. 26 Edgar K. Gynan.
Rosa L. ae 26, md. 12 Sep. 1899 Wesley Janvrin Jr. ae 20.
Samuel, md. 29 Mar. 1816 Betsey Souter by Elias Hull.
Samuel ae 23, md. 26 May 1903 Clarissa E. Eaton ae 15.
Samuel E. ae 19, md. 31 July 1896 Mertie E. Eaton ae 18.
Samuel F. ae 18, md. 28 June 1870 Sadie A. Eaton ae 16.
Samuel Jr., md. 26 Mar. 1844 Hannah Eaton.
Sarah ae 18, md. 13 Apr. 1875 Jacob Eaton ae 22.
Sarah C. ae 17, Int. 9 June 1865 Warren D. Fowler ae 22.
Sarah E. ae 17, Int. 5 Sep. 1865 David Chase ae 23.
Sarah J. ae 18, Int. 17 Sep. 1877 Joshua Eaton ae 28.
Sarah P. ae 17, md. 31 Dec. 1878 John Eaton ae 25.
Sewell ae 23, md. 11 Jan. 1875 Christine Eaton ae 19.
Sewell B. ae 21, Int. 19 Sep. 1859 Hannah Fowler ae 21.
Sewell B. ae 22, Int. 3 May 1861 Hannah H. Fowler ae 23.
Sewell B. Jr. ae 30, md. 25 Nov. 1892 Ruth A. Eaton ae 23.
Sharon ae 23, md. 11 Oct. 1873 Kosterly Janvrin ae 19.
Sidney A. ae 19, md. 16 May 1899 Lizzie C. Dow ae 18.
Susan, Int. 5 Feb. 1831 William Edward Davis.
Susan, md. 8 Mar. 1844 Moses D. Souther.
Susie ae 18, md. 25 Mar. 1893 Owen P. Sargent ae 23.
Sydney ae 21, md. 7 Apr. 1880 Mary S. Eaton ae 21.
Vesta F. ae 17, md. 15 July 1885 Willie E. Boyd at Kensington.
Walter L. ae 20, md. 25 Dec. 1895 Clara N. Eaton ae 20.
Warren P. ae 22, Int. 9 June 1865 Sarah C. Fowler ae 17.
Wilber W. ae 18, md. 19 June 1893 Eliza A. Terry ae 21.
Wilfred ae 21, md. 19 Feb. 1892 Josephine Eaton ae 15.
Willard A. ae 24, md. 17 Jan. 1875 Adalaide Fowler ae 18.
Willard W. ae 19, md. 29 Aug. 1903 Parline S. Souther ae 20.
Zelphia ae 17, md. 4 June 1880 David? Dow ae 22.

FRAZIER:
Bridget (Hayes) ae 38, md. 7 Apr. 1866 Joseph Readae 38.

FREEMAN:
Fred D. ae 19, md. 22 Nov. 1887 Gracie L. Davis ae 18 at Newburyport.

FRENCH:
Abigail, md. 30 Nov. 1803 Jacob Green by John Smith JP.
Alvin W. ae 21, md. 8 Nov. 1868 Estella J. Smith ae 15.
Benjamin, md. 25 Feb. 1857 Mary Sanborn.
Ebbenezer Esq., Int. 14 May 1833 Mary Frances Quales?
George M. ae 23, md. 18 Oct. 1862 Ellen Eaton ae 22.
Joseph, Int. 9 Jan. 1831 Lucy R. Gove.
Joseph E. ae 21, md. 11 June 1883 Ida M. Rowe ae 22.
Joseph L., Int. 21 Apr. 1851 Betsy Boyd.

SEABROOK MARRIAGES

FRENCH Cont.
Mary, md. 3 Jan. 1813 Richard Bartlett by Elias Hull at Newbury.
Mary A. ae 19, md. 16 May 1877 Edgar Walton ae 20.
Molley, md. 14 June 1787 Edward True.
Nelson, Int. 12 Dec. 1839 Adeline L. Gove.
Rachel E., Int. 2 Dec. 1834 Christopher E. Dow.
Sarah, md. 10 Apr. 1813 Jonathan Shaw by Elias Hull at Kensington.
William, md. 2 July 1761 Susanna Robie.

FRETCH:
Abby P. ae 23, md. 16 July 1859 Harrison Janvrin ae 20.
Emma F. ae 21, md. 4 Apr. 1867 George L. Southerland ae 28.
William ae 41, md. 23 Aug. 1888 Mary E. Dow ae 43.

FRINK:
Jemima E., Int. 27 Jan. 1880 George A. Rowe.

FULFORD:
Abigail, md. 6 Sep. 1848 David Wright.

FULLER:
Adeline ae 31, Int. 1 June 1858 Hiram Beckman ae 28.
Benjamin, Int. 20 Dec. 1845 Adeline Eaton.
Benjamin F. ae 22, md. 1 Oct. 1877 Liona D. Eaton ae 18.
Celia D., md. 13 Aug. 1881 Henry H. Dow ae 21.

GARLAND:
David, md. 21 Oct. 1799 Polly Fifield by Elias Hull at Hampton.

GATCOMB?
Nellie E. ae 18, md. 3 Mar. 1869 John P. Tuttle ae 18.

GAUROM:
Alfred F. ae 22, md. 5 June 1898 Edith E. Felch ae 17 at Hampton.

GEORGE:
Adamian of Hampton, Int. 31 Mar. 1827 Sally Perkins.
Arthur ae 20, md. 1 Sep. 1900 Sadie Woodman ae 18.
Augustus ae 23, md. 27 Mar. 1868 Julia D. Walton ae 18.
Carrie J. ae 30, md. 9 Apr. 1882 Nahum Osgood ae 38 at Salisbury.
Dolly, Int. 1825 Jacob Gove.
Ethel M. ae 18, md. 22 Apr. 1905 Merton Rowe ae 20.
Everett R. ae 21, md. 15 Nov. 1903 Linda W. Taylor ae 19.
Frank ae 32, md. 25 Apr. 1883 Mary M. Pruffer ae 19.
Samuel, md. 7 June 1786 Anne Chase.
Samuel Jr., md. 28 Mar. 1811 Nancy Brown by Elias Hull.
Samuel Jr., Int. 15 Apr. 1843 Mary B. Chase.

SEABROOK MARRIAGES 157.

GERRISH:
Franklin, md. 6 Apr. 1843 Elizabeth Eaton.

GILL:
Mary A., md. 12 Feb. 1837 Ichobad S. Wilber.

GILLINGS:
John ae 36, md. 12 June 1880 Elizabeth ___dall ae 33.

GILMAN:
John Jr., md. 1 Apr. 1816 Mary Minot by Elias Hull at Newbury.
Mary P. ae 39, md. 23 May 1903 Henry H. Dow ae 40.
Warren, md. 4 Jan. 1804 Mary Smith by Elias Hull at Newmarket.

GOODHUE:
Eliza A., md. 9 Dec. 1863 Charles A, Barton.

GOODWIN:
Benjamin, md. 5 Nov. 1806 Abegail Souther by Elias Hull at Newtown.
Ezra B. ae 23, md. 5 Apr. 1884 Annie Chase ae 19.

GOOKIN:
Anna Leavitt ae 16, md. 28 June 1905 Jere Lewis Smith ae 26.

GOULD:
Dudley L., md. 16 May 1847 Caroline A. Marston of Greenland.
Joseph E., Int. 18 Feb. 1888 Myra M. Nichols.

GOSS:
Dana Medine ae 21, md. 8 Oct. 1904 Mabel King ae 21.

GOVE:
Adeline, Int. 12 Dec. 1839 Nelson French.
Adelaide A. ae 16, md. 26 July 1870 Lewis F. Gove ae 23.
Albert, md. 23 Mar. 1843 Nancy B. Tuttle.
Almira P. ae 16, Int. 18 Mar. 1872 Warren D. Fogg ae 29.
Alvina ae 21, Int. 27 Aug. 1864 Antonett J. Harvard ae 18.
Ann, Int. 18 Sep. 1836 James Sanborn.
Benjamin F. ae 24, md. 8 Dec. 1859 Edna Smith ae 18.
Charles, md. 20 Feb. 1814 Loas Dow by Elias Hull.
Charles E. ae 20, md. 26 Oct. 1898 Faoline Kimball ae 27 at Exeter.
Charles H. ae 30, Int. 26 Aug. 1865 Abby F. Sanborn.
Charles R. ae 22, md. 24 Mar. 1869 Emma L. Fellows ae 22.
Clifford C. ae 24, md. 19 Sep. 1891 Winfred F. Page ae 20 at Hampton.
Daniel Langston, Int. 5 Sep. 1830 Eunice Wells.
David, md. 10 Jan. 1809 Susan Gove by Elias Hull.
Edward, Int. 25 Nov. 1832 Lydia Brown.

SEABROOK MARRIAGES

GOVE Cont.
Edward ae 38, md. 7 Aug. 1833 Elizabeth Locke.
Edward A. ae 27, Int. 17 July 1871 Annie J. Brown ae 22.
Edward D. ae 34, md. 18 Dec. 1870 Mary Janvrin ae 27.
Elizabeth M., md. 3 Oct. 1841 Willard Otis.
Ellen F. ae 18, md. 7 Dec. 1890 Horace L. Bragg ae 19 at Hampton.
Elmira G., Int. 6 Sep. 1840 Goen Dockum.
Emerly, Int. 28 Sep. 1845 Charles H. Sanborn.
Emily ae 21, Int. 16 Oct. 1870 Joshua Eaton 20.
Ernest S. ae 17, md. 25 June 1886 Annie M. Chase ae 18.
George L. ae 20, md. 1 Jan. 1870 Mary M. Gove ae 20.
Harriet E., md. Mar. 1877 Amos Dow ae 26.
Hattie E. ae 20, md. 20 June 1878 Frank Green ae 22.
Hiram ae 21, md. 4 Feb. 1870 Fannie S. Eaton ae 17.
Hulda, Int. 24 Feb. 1839 Lowell Brown Jr.
Jacob, Int. 1825 Dolly George.
John, md. 11 Mar. 1847 Lydia G. Dow.
John A., md. 20 Apr. 1848 Sarah A. Walton.
Joshua, md. 20 Aug. 1812 Sally Jones by Elias Hull.
Josiah, Int. 4 Oct. 1840 Phebe A. Heath.
Levi, md. 6 Feb. 1812 Salley Warwick by Elias Hull.
Lewis, Int. 12 Apr. 1840 Lovina Boyd.
Lewis, md. July 1846 Harriet Boyd.
Lewis F. ae 23, md. 26 July 1870 Adelaide A. Gove ae 16.
Lucy R., Int. 9 Jan. 1831 Joseph French.
Lydia, Int. 23 Mar. 1832 Jonathan Pruly.
Mahaly, Int. 15 May 1836 John Brown.
Mary A. ae 23, md. 15 Dec. 1837 Charles W. Durgin ae 21.
Mary C., Int. 25 Sep. 1833 Richard Morrill of Salisbury.
Mary C. ae 24, md. 3 Dec. 1861 Gilman S. Hoyt ae 29.
Mary E. ae 26, md. 30 Jan. 1876 William E. Rowe ae 27.
Mary M., Int. 23 Oct. 1836 John M. Weare of So. Hampton.
Mary M. ae 20, md. 1 Jan. 1870 George L. Gove ae 20.
Moses, md. 4 Dec. 1818 Zalpha Dow by Elias Hull.
Nancy, Int. 3 Aug. 1834 Warren Dockum of Newbury.
Nancy L. ae 24, md. 30 June 1866 Charles G. Perkins ae 25.
Nathan, md. 24 Dec. 1767 Abigail Page.
Nellie T. ae 19, md. 22 Jan. 1891 Arthur C. Dow ae 19.
Rosetta Y. ae 27, md. 4 Nov. 1878 Jerome Boyd ae 29.
Samuel, md. 19 June 1805 Sally Smith by Elias Hull.
Sarah, md. 21 Aug. 1760 Jeremiah Green.
Sarah D., Int. 21 Aug. 1835 Isaac Brown.
Sarah Elizabeth, md. 14 Oct. 1841 Burnham P. Perveare.
Stephen, md. 22 Sep. 1841 Betsy Bagley.
Susan, md. 10 Jan. 1809 David Gove by Elias Hull.
Susan A., Int. 17 July 1845 Warren Beckman.
Thomas M. ae 22, md. 24 Mar. 1886 Almira A. Damsell ae 18.

GOVE Cont.
Vienna M., Int. 13 July 1833 Joseph Chase.
Vianna R. ae 19, md. Jan. 1873 Frank A. Breed ae 25.
William, md. 30 Oct. 1816 Elizabeth Chase by Elias Hull.
Winthrop, md. _ Dec. 1779 Elizabeth Griffith.

GREELY/GREELEY:
Charles B. ae 22, md. 29 Mar. 1889 Lillian Boyd ae 19.
Jonathan Jr., md. 12 Aug. 1810 Polly Smith by Elias Hull at Salisbury.
Robert E., Int. 17 Mar. 1827 Sabrina Smith.

GREEN:
Albion S. ae 20, md. 24 Feb. 1895 Louisa P. Eaton ae 15.
Catherine, Int. 14 May 1847 Jonathan Souther Jr.
Elluda? ae 22, md. 26 Sep. 1881 Alebertie Smith ae 18.
Elbridge, Int. 31 Sep. 1881 A. Lottie Small.
Elizabeth, Int. 5 June 1851 Lowell Sanborn.
Frank ae 22, md. 19 June 1878 Hattie E. Gove ae 20.
Jacob, md. 30 Nov. 1803 Abigail French by John Smith JP.
James C. ae 30, md. 18 Jan. 1862 Almira Jones ae 21.
Jeremiah Jr., md. 21 Aug. 1760 Sarah Gove.
Jeremiah B. ae 26, Int. 1854 Sarah A. Carter ae 23.
Jonathan, md. _ Aug. 1781 Janna Marston.
Lydia B. ae 25, Int. 21 Nov. 1861 Emmons B. Towle ae 26.
Mary Lyetta, md. 7 May 1845 Capt. John Batchelder of Hampton Falls.
Meriam P., Int. 30 May 1835 Cromwell Kimball of Salisbury.
Molley, md. 12 July 1799 Jonathan Chase by Elias Hull.
Nabbe, md. 26 Nov. 1806 Lowell Brown by Elias Hull.
Nancy B. ae 24, Int. 13 Aug. 1855 Lewis W. Brewster ae 25.
Stephen of Salisbury, md. 24 Jan. 1849 Nancy D. Felch.
Titus Capt., md. 14 Feb. 1846 Nancy Batchelder.

GREENALF:
Betsy, md. 25 May 1807 Simon Row by Elias Hull.

GREENLIEF:
Frank W. ae 24, md. 10 May 1882 Julia P. Boyd ae 19.
Mary, Int. 19 Mar. 1831 Samuel Dow.

GRIFFEN:
Sarah, Int. 21 May 1847 Parker Wells.

GRIFFITH:
Elizabeth, md. _ Dec. 1779 Winthrop Gove.

GROSVENOR:
Edwin P., md. 4 Sep. 1844 Harriet Ward Sanborn of Hampton Falls.

SEABROOK MARRIAGES

GURNEY:
Eliza O. ae 19, md. 21 Dec. 1885 Austin A. Palmer ae 21.

GYLES:
Laura ae 22, md. 8 Sep. 1881 R.D.N. Lotter ae 38.

GYNAN:
Agnes C. ae 20, md. 30 Nov. 1889 George E. Littlefield ae 28.
Alice M. ae 18, md. 11 Apr. 1895 William S. Boyd ae 23.
Alonzo ae 19, Int. 29 Dec. 1874 Salsey Fowler ae 17.
Andrew J. ae 16, md. 25 June 1882 Clara A. Eaton ae 16.
Ann C., Int. 19 Dec. 1857 Therisa Marie Blake ae 20.
Clara M. ae 16, md. 8 Oct. 1894 Benjamin H. Pike ae 19.
Clarie ae 18, md. 31 June 1877 Enoch Eaton ae 18.
Edgar N. ae 19, md. 16 Apr. 1893 Eliza H. Nutting ae 18.
Elizabeth ae 22, Int. 14 Jan. 1865 Charles S. Dow ae 28.
Fannie E., md. 13 May 1901 Leonard J. Dow.
Gertrude ae 16, md. 2 July 1881 Charles Eaton ae 20.
Hattie L. ae 16, md. 1 Sep. 1892 Ezra P. Merrill ae 21.
Hattie L. ae 26, md. 18 Oct. 1903 Austin E. Sharples ae 23.
John F. ae 18, md. 30 Mar. 1900 Caddie J. Eaton ae 16.
John Y. ae 20, md. 21 Mar. 1878 Mary L. Brown ae 19.

HADLY:
Annie ae 18, md. 4 Dec. 1884 Augustus Fogg ae 31.

HALE:
Augustus E., md. 1 Sep. 1841 Adeline L. Smith.

HALEY:
Frank ae 43, md. 15 May 1879 Sarah Plummer ae 30.

HALL:
Frank H. ae 25, md. 19 June 1886 Dollie A. Eaton ae 20.

HALS:
Thomas, Int. 8 Oct. 1880 Martha Eaton.

HAM:
Mary E. ae 27, Int. 5 July 1867 George W. Smith ae 29.

HANA:
Ellen O. ae 19, md. Jan. 1888 Frank E. Smith ae 24.

HANSCOM:
John William, md. 11 July 1855 Sarah Elizabeth Huey.

SEABROOK MARRIAGES

HARDEN:
Elizabeth, md. 26 Dec. 1841 Ebenezer Fowler.

HARDING:
Annie S. ae 22, md. 27 July 1895 Frank E. Beckman at Hampton.

HARDY:
Annie W. ae 19, Int. 18 Dec. 1897 Luther S. Eaton ae 22.
Benjamin F. ae 33, md. 8 Nov. 1866 Margaret R. Eaton ae 23.
Hannah ae 56, Int. 6 May 1863 Elias Felch ae 61.
John, Int. 1825 Elizabeth Noyes.
John H. ae 20, md. 12 Feb. 1864 Artemissa M. Kenney ae 19.
Laura Belle ae 17, md. 1 Nov. 1902 George A. Chase ae 24.
Lola S. ae 18, md. 11 Apr. 1897 Frank W. Chase ae 23 at Hampton Falls.
Minnie ae 16, md. 25 Dec. 1895 Alexander Brown ae 23.
Reuben, Int. 9 Oct. 1830 Sally Buswell.
Reuben, md. 12 Nov. 1833 Lovina Randall.
Rose L. ae 18, md. 10 Apr. 1879 Frank N. Osborn ae 21.
William ae 25, Int. 27 Nov. 1862 Susan C. Eaton ae 21.
William H. ae 20, md. 20 Mar. 1878 Sally E. Eaton ae 17.

HARRISON:
John William, md. 1 July 1855 Sarah E. King.

HASKELL:
Jamimah, md. 21 Apr. 1765 Richard Tobie.

HASTINGS:
Charles ae 21, md. 9 Oct. 1861 Lavina Chase ae 19.

HAVARD:
Antonett J. ae 18, Int. 12 Aug. 1864 Alvin A. Gove ae 21.

HEAD:
Joseph ae 38, Int. 27 Apr. 1866 Brighet _____.

HEALY:
Eliza, Int. 17 Oct. 1829 Rev. Timothy P. Roses.

HEARY:
James L. ae 27, md. 23 Apr. 1902 Ann E. Clark ae 23 at Salem, Mass.

HEATH:
George W., md. 31 Aug. 1845 Emerly Brown.
Pauline, Int. 22 Feb. 1833 Benjamin P. Jones of Salibury.
Phebe, Int. 4 Oct. 1840 Josiah Gove.
Polly, md. 24 Nov. 1833 Reuben Smith.

SEABROOK MARRIAGES

HEMMINS:
Eunice of Exter, md. 22 Jan. 1848 George W. Souther.

HENLEY:
Nellie K. ae 18, md. 6 Sep. 1903 Ira S. Copeland ae 33.

HENRY:
Marie Alice ae 16, md. 5 Dec. 1905 John C. Eaton 2d ae 27.

HERRIMAN:
Jessee of Raymon, md. 18 Apr. 1825 Mrs. Hannah Locke.

HERSY/HERSEY:
Jenny ae 21, md. 16 Dec. 1893 Enoch Alnsworth ae 27.
Vera ae 27, md. 30 June 1891 William P. Ellery ae 22.

HIDDEN:
John O. ae 31, md. 5 Nov. 1884 Hannah L. Souther at Newburyport.

HILL:
Benjamin, Int. 31 July 1842 Julian C. Brown.
Benjamin F., md. 21 Dec. 1845 Ruth Page.

HINSON:
Charles H. ae 33, md. 1 Oct. 1867 Mrs. Lydia Foster ae 35.

HOBBS:
Ann ae 26, Int. 1 Jan. 1862 Jonathan Smith ae 32.
Julia M., Int. 22 June 1856 Benjamin Perkins.
Sarah Ann, Int. 28 Jan. 1832 John Perkins Brown.

HODGDON:
Lydia F. ae 19, Int. 17 Jan. 1866 David F. Rowe ae 24.

HOFFMAN:
Lydia A., Int. 2 Oct. 1880 Adva F. Smith.

HOIT: See Hoyt
Mary, md. 19 Feb. 1756 Joseph Felch.

HOLMES:
Francis, Int. 30 Sep. 1835 Nancy M. Brown.

HOLT:
Edmund B., md. 12 Oct. 1847 Clarissa S. Abbott of Andover, Mass.
Emma ae 29, md. 28 Apr. 1901 Ernest N. Chase ae 28.

SEABROOK MARRIAGES

HOOK:
Jennie M. ae 32, md. 10 Aug. 1905 Elmer E. Farnham ae 44.
Nancy, md. 10 Dec. 1813 Jonathan Knowles by Elias Hull.
Sally, md. ____ Alexander Marshall by John Smith JP.
Temperance, md. 25 Sep. 1805 Moses Rowel by John Smith JP.

HOOKS:
Betse, md. 27 Feb. 1813 Joshua Robards by Elias Hull.

HOWELL:
Nancy, Mrs., Int. 14 Sep. 1836 John Tally.

HOYT:
Gilman S. ae 29, md. 3 Dec. 1861 Mary C. Gove ae 24.
Joseph, md. 20 June 1809 Anna Brown by Elias Hull at Amesbury.

HUBBARD:
Thankful, md. 14 Dec. 1780 John Weare.

HUEY:
Sarah Elizabeth, md. 1 July 1855 John William Hanscum.

HULL:
Caroline, Int. 12 Sep. 1831 Oliver Eaton.
Jemima J.C., md. 7 May 1842 William Boynton.

HUNT:
Cerlina, md. 13 Nov. 1838 Newell Eaton.
Hannah, Int. 4 Apr. 1841 Joseph Eaton.
John W. ae 25, md. 24 Aug. 1878 Raehel Fogg 20.
Pauline, Int. 17 Jan. 1838 Lowell Eaton.

HUTCHINS:
Annie W. ae 35, md. 17 Dec. 1905 Wallace Little ae 54.

INGALLS:
Mary Ann, Int. 12 Sep. 1841 John Janvrin.

JACKMAN:
Fred C. ae 21, md. 26 July 1897 Annie M. Eaton ae 18 at Hampton.
Richard ae 59, md. 17 July 1866 Mary E. (Persons) Jackman Wid. ae 69.

JAMES:
Warren B. ae 23, md. 12 Nov. 1880 Mary A. Brown ae 24.

JANVRIN:

Alberta L. ae 15, md. July 1882 Emery N. Eaton ae 24.
Alfred C. ae 21, md. 24 Dec. 1894 Etta F. Foote ae 19.
Anna ae 18, md. 17 June 1863 Clarkin Dearborn ae 33.
Annanias ae 20, md. 20 Mar. 1900 Nancy Eaton ae 16.
Annie A. ae 29, md. 24 Dec. 1898 Henry C. Seamans ae 31.
Bertha E. ae 28, md. 15 Mar. 1891 George W. Randall ae 20.
Bessie A. ae 18, md. 23 June 1900 Warren P. Charles ae 23 at Hampton.
Bessie M. ae 18, md. 1 Mar. 1897 Charles D. Merrill ae 22.
Betsy, Int. 1 Sep. 1828 Joseph Marshall.
Charles H. ae 20, md. 4 Oct. 1901 Mamie A. Fowler ae 15.
Daniel E., md. 31 Dec. 1854 Mary B. Eaton.
Daniel J., Int. 5 Mar. 1881 Sarah J. Souther.
Daniel J. ae 26, md. 3 Mar. 1884 Rebecca E. Souther ae 16 at Salisbury.
Dolley, md. 5 Nov. 181_ John Brown Jr. by Elias Hull.
Edwinna D. ae 16, md. 7 Apr. 1877 George V. Bragg ae 19.
Eliza, Int. 8 Nov. 1839 Nathan Brown.
Eliza A. ae 33, Int. 19 Jan. 1866 Joseph F. Evans ae 29.
Elizabeth A., Int. Apr. 1828 William Walton.
Emery ae 24, Int. 15 Nov. 1857 Therisa Marie Blake ae 20.
Emma ae 16, md. 24 Mar. 1904 Rnoch Boyd ae 22.
Fannie ae 17, md. 31 Mar. 1900 Fred L. Chase ae 28.
Fanny W., Int. 9 Oct. 1830 Abraham Shaw.
George, md. 7 Nov. 1847 Nancy M. Brown.
George, Int. 17 Aug. 1851 Eliza A. Felch.
George C. ae 20, md. 18 Apr. 1898 Eva E. Fowler ae 18.
George G. ae 25, Int. 20 Nov. 1898 Fannie P. Beckman ae 18.
George Jr., Int. 1825 Sarah Dodge.
Georgia A. ae 17, md. 24 June 1905 Maurice Boyd ae 22.
Harrison ae 20, md. 16 July 1859 Abby P. French ae 23.
Hattie M. ae 18, md. 3 July 1887 Edgar Beckman ae 22.
Jefferson, Int. 25 Mar. 1840 Mary Wadleigh.
John, Int. 2 Aug. 1824 Mary Fifield.
John, Int. 12 Sep. 1841 Mary Ann Ingalls.
John Jr., Int. 1825 Mirrabee Eaton.
John Jr. ae 22, md. 29 June 1882 Emma C. Eaton ae 16.
John L. ae 46, md. 27 Nov. 1880 Zelphia Eaton ae 41.
John T. ae 22, md. 21 May 1887 Annie A. Dow ae 18 at Amesbury.
John W., md. 21 Feb. 1856 Emily Follansbee.
Joseph, md. 1 Mar. 1849 Margaret England.
Joseph E. ae 25, md. 28 Nov. 1876 Lucinda Eaton ae 17.
Josephine ae 19, Int. 21 June 1856 William Beckman ae 29.
Joshua, md. 22 Sep. 1842 Clarissa Fifield.
Joshua, md. 13 Mar. 1871 Mrs. Lydia J. Blake.
Joshua ae 60, md. Mar. 1872 Lydia P. Blake ae 26.
Kosterly ae 19, md. 11 Oct. 1873 Sharon Fowler ae 23.
Lena ae 20, md. 17 May 1897 Albert W. Robinson ae 20.

SEABROOK MARRIAGES 165.

JANVRIN Cont.
L. Nettie ae 20, md. 1 June 1892 William A. Eaton ae 27.
Lottie C. ae 18, md. 3 Mar. 1885 Charles Evans ae 19.
Mary, md. 21 Sep. 1807 Nathel Perkins by Elias Hull at Hampton Falls.
Mary ae 27, md. 18 Dec. 1870 Edward D. Gove ae 34.
Mary Ann ae 22, md. 25 Sep. 1904 Charles A. Fowler ae 32.
Mary H., md. 26 Dec. 1843 Samuel Brown Jr. of Amesbury.
Mary Jane, Int. 12 Jan. 1834 William Evans.
Maud H. ae 21, md. 26 Oct. 1898 Lucian W. Foote ae 21.
Orin, Int. 22 Dec. 1880 Margaret C. Stackpole.
Rebecca ae 63, md. 29 Apr. 1865 Stephen B. Chase ae 69.
Rufus, Int. 10 Apr. 1830 Abraham Shaw.
Sally Locke, Int. 21 Apr. 1832 David Clark Jr.
Sarah, md. 11 Oct. 1846 William H. Morgan.
Sharlotte ae 16, Int. 23 Aug. 1874 Elvado? Eaton ae 20.
Stephen, Int. 9 Aug. 1880 Bertha C. Randall.
Stephen S. ae 32, md. 28 Aug. 1893 Margaret A. Eaton ae 19.
Susan E., md. 16 Nov. 1848 Charles P. Adams.
Thomas R. ae 22, Int. 26 Aug. 1890 Maude A. Crawford ae 24.
Walter ae 20, md. 23 Sep. 1889 Emma Knowles ae 17.
Wesley Jr. ae 24, md. 12 Sep. 1899 Rosa L. Fowler ae 26.
Westerly N. ae 19, Int. 7 Oct. 1873 Pluma L. dow ae 23.
William, Int. 2 Jan. 1888 Annie S. Fowler.

JENKINS:
Ellen, Int. 17 Apr. 1887 Frank L. Smith.

JENNESS:
Henry, md. 15 June 1856 Rebecca J. Rowe.

JESSOP:
Edwin ae 27, md. 28 Oct. 1880 Georgeanna Davis ae 26.

JOHNSON:
Amos R. ae 23, Int. 21 Nov. 1870 Sadie J. Brown ae 22.
James of Newbury, Int. 30 Sep. 1835 Betsy Cilley.
Stephen G., Int. 14 Dec. 1833 Hulda G. Chase.

JONES:
Almira ae 21, md. 18 Jan. 1862 James C. Green ae 30.
Benjamin P. of Salisbury, Int. 22 Feb. 1834 Pauline Heath.
Caleb P., md. 14 Oct. 1848 Mary Walton.
Charles M., ae 30, md. 22 Aug. 1867 Lydia E. Blaisdell ae 20.
Clara E. ae 21, md. 1 July 1886 Phinias F. Beckman ae 23.
Daisy A. ae 15, md. 11 Oct. 1891 John Brown ae 20.
Emma M. ae 24, md. 26 Mar. 1887 John N. Chase ae 23 at Salisbury.
Frank P. ae 19, md. 11 Aug. 1874 Alice P. Feltch ae 16.

SEABROOK MARRIAGES

JONES Cont.
Henry ae 54, md. 10 July 1866 Mary L. Warren ae 21.
James of Hampton, Int. 10 Sep. 1837 Emely Walton.
Julia E. ae 18, md. 24 June 1893 Hervey Beckman ae 19.
Marianna L., md. 26 Nov. 1841 John Chase Jr.
Moses, Int. 1823 Eliza Walton.
Sally, md. 20 Aug. 1812 Joshua Gove by Elias Hull.
Sarah A. ae 17, md. 28 Apr. 1865 Arthur B. Blade ae 22.
Vienna P. ae 18, md. 1 Apr. 1868 William Felch ae 23.

JUDKINS:
Eldridge F. ae 28, md. 25 Mar. 1879 Hattie P. Butler ae 18.

KEENE:
Richard T. ae 51, md. 15 Mar. 1899 Mary M. Boyd ae 44.

KENDNICK:
George F. ae 26, md. 20 Dec. 1902 Mabel Caswell ae 17.

KENNEY:
Artemissa, md. 12 Feb. 1869 John H. Hardy.

KIMBALL:
Abigail, Int. Dec. 1877 Dr. Leven Brown.
Augustus, Col. ae 32, md. 18 Feb. 1862 Mary L. Allison ae 20.
Cromwall of Salisbury, Int. 30 May 1835 Meriam? Greene.

KING:
Mabel ae 21, md. 8 Oct. 1904 Dana Medine Goss ae 21.
Sarah E., md. 1 July 1855 John William Harrison.

KNIGHT:
Abigail md. 28 Jan. 1847 Samuel Batchelder.

KNEELAND:
Fred W. ae 21, md. 12 Apr. 1901 Lucy B. Spencer ae 19.

KNOWLES:
Abbie E., Int. 7 Dec. 1886 Warren E. Carter.
Alice A. ae 18, md. 26 Apr. 1891 Frank L. Felch ae 18.
Aloses (Moses?) F., Int. 17 Aug. 1851 Eliza A. Felch.
Alva E. ae 20, Int. 2 Mar. 1872 Plumy J. eaton ae 16.
Amos Jr. - Drothy Drake md. 27 Sep. 1809 by Elias Hull
Annie F. ae 17, md. 1 May 1900 George H. Beckman ae 25.
Annie M. ae 21, md. 30 Dec. 1890 William D. Eaton ae 27.
Arthur L. ae 22, md. 12 July 1896 Cora A. Cilley ae 19 at Kensington.
Augustus ae 23, md. 26 Mar. 1868 Ella E. Felch ae 16,

SEABROOK MARRIAGES

KNOWLES Cont.
Charles ae 22, md. 11 June 1856 Ad__ira Eaton.
Clara M. ae 16, 2 Sep. 1874 Robert E. Dow ae 20.
Clara W. ae 16, md. 1 May 1879 Charles A. Walton ae 23.
Dana S. ae 20, md. 3 Mar. 1896 Ann M. Fowler ae 18.
Edwin ae 25, md. 14 Aug. 1901 Fannie F. Boyd ae 19.
Emma ae 17, md. 23 Sep. 1889 Walter Janvrin ae 20.
Emma L. ae 22, md. 19 Jan. 1890 Charles D. Sanborn ae 31.
Ezra ae 41, md. 4 June 1900 Rose A. Knowles ae 23.
Faoline ae 27, md. 26 Oct. 1898 Charles E. Gove ae 27 at Exeter.
Flora M. ae 21, md. 4 Sep. 1874 Richard E. Dow ae 20.
Frank ae 21, md. 26 Oct. 1905 Ina P. Chase ae 20.
George A. ae 25, md. 1 Jan. 1900 Harriet M. Blake ae 21 at Hampton.
George E. 26, md. 10 Mar. 1896 Emily A. Bragg ae 16 at Hampton Falls.
Hannah Wid., md. 25 Aug. 1802 Jeams Flamans by Elias Hull.
Hattie M. ae 17, md. 14 Feb. 1891 Tristram E. Dow.
Helen ae 19, md. 27 Oct. 1884 Charles A. Beckman ae 19.
Henry W. ae 22, md. 19 Apr. 1902 Lena M. Chase ae 21.
James K. ae 26, md. 7 Nov. 1880 Jane Eaton ae 16.
Janice, md. 9 Apr. 1882 Frank Brown.
John E. ae 24, md. Apr. 1893 Roasetta S. Fowler ae 18.
Jonathan, md. 10 Dec. 1815 Nancy Hook by Elias Hull.
Lawrence L. ae 26, md. 15 Nov. 1904 Anna Laura Eaton ae 15.
Lewis G., ae 19, md. 11 June 1856 Ann R. Collins ae 16.
Lizzie O. ae 18, md. Nov. 1884 Frederic K. McKenney ae 24.
Lorinda ae 18, md. 31 May 1885 William Carter ae 20.
Louis A. ae 26, md. 19 Aug. 1883 Abbi J. Eaton ae 21.
Lucinda ae 17, Int. 16 Oct. 1867 Truman Merrill ae 20.
Lucinda ae 17, md. 21 Aug. 1895 William T. Buswell ae 29.
Lucy ae 16, md. 25 Oct. 1899 Eugene H. Walton ae 22.
Lydia, Int. Mar. 1828 William Beckman Jr.
Lydia May ae 17, md. 9 June 1904 Arthur E. Lewis ae 21.
Martha T. ae 16, md. 1873 Frank Dow ae 17.
Mary E. ae 21, md. 26 June 1878 Thomas L. Knowles ae 26.
Mary F. ae 19, Int. 14 Nov. 1860 Fuller D.F. Felch ae 23.
Mary W. ae 30, md. 24 Oct. 1876 Orrin W. Davis ae 23.
Moses N. ae 22, md. 1 Feb. 1882 Nellie W. Beckman ae 17.
Moses N. ae 21, md. 24 Oct. 1896 Annie E. Souther ae 21.
Nancy, Mrs., Int. 22 May 1824 Samuel Robinson.
Nellie M. ae 27, md. 1 Oct. 1892 Fred Rowe ae 24.
Olive, md. 27 Apr. 1814 William Brown by Rev. Elias Hull.
Rebecca, md. 1 Feb. 1811? Robert Collins by Elias Hull.
Rose A. ae 23, md. 4 June Ezra Knowles ae 41.
Sallie A. ae 17, md. 30 Sep. 1885 Lemuel S. Beckman ae 19.
Sarah A. ae 20, Int. 10 aug. 1854 Chevy Chase ae 42.
Sarah A. ae 29, Int. 10 June 1863 Newell Dow Jr. ae 39.
Stephen, Int. 5 May 1832 Sally Walton.

SEABROOK MARRIAGES

KNOWLES Cont.
Stephen F. ae 23, md. 22 Oct. 1862 Sarah E. Eaton ae 20.
Thomas L. ae 26, md. 26 June 1878 Mary E. Knowles ae 21.
Wallace ae 20, Int. 6 Apr. 1875 Abbie Murrey? ae 15.
William, Int. 18 June 1879 Carrie Eaton.
William A. ae 20, md. 24 June 1905 Addie Beckman ae 19.
William H., Int. 30 May 1886 L____ _____.
William L. ae 20, md. 2 Aug. 1874 Abba B. Munsey ae 15.
William P. Jr. ae 22, Int. 1 May 1874 Anne Morgan ae 20.
William R., Int. 2 May 1851 Mary Newman.

KNOX:
Esther C. ae 26, md. 27 Jan. 1874 Charles O.F. Smith ae 42.

LAINE:
Thomas, md. 12 Dec. 1812 Nancy Brown by Elias Hull at Hampton.

LAKE:
Hubbard, md. 20 Oct. 1823 Jane Dow.
John C., md. 1 Nov. 1857 Mary Jane Eaton of Salisbury.
Julia A. ae 18, md. 27 Oct. 1859 Sarey Rogers ae 20.

LAMPREY:
Ann Marie ae 20, md. 8 Mar. 1879 Warren D. Fogg at Hampton.
Ella B. ae 20, md. 18 Feb. 1880 David F. Chase ae 23.
Jason ae 33, Int. 24 June 1867 Mrs. Betsy G. Randall ae 22.
Levin A. ae 19, Int. 17 Mar. 1864 Drucilla Dow ae 14.
Rhueben, md. 13 Feb. 1804 Polly Matson by Elias Hull at Kensington.
Samuel S., Int. 16 Dec. 1859 Mary A. Merrill ae 39.

LANE:
Daniel, md. 20 Feb. 1804 Lydia Towle by Elias Hull at Hampton.
Hannah E., md. 7 Feb. 1857 Jonathan M. Vennard.
Joseph L., Int. 6 May 1840 Emeline Boyd.
Joseph S. ae 54, md. 8 Dec. 1863 Applia Rowe ae 53.
Julia A. ae 18, md. 27 Oct. 1859 Saray? Rogers.
Newell, Int. 14 Jan. 1888 Nancy E. Chase.
Newell F. ae 28, Int. 4 May 1876 Mrs. Sally A. Chase ae 28.

LARREBEE/LARIBEE:
Albert S. ae 43, md. 24 Dec. 1903 Sarah A. Felch ae 23.
Asa, Int. 16 Nov. 1834 Mirriam Souther.
Miran A. ae 26, md. 20 June 1868 Henry McDevitt ae 26.

LEACH:
Betty, md. 17 July 1813 Samuel Felch by Elias Hull at Salisbury.
Nancy, md. 8 July 1805 Samuel Felch Brown by Elias Hull.

SEABROOK MARRIAGES

LEALY:
Joannah ae 21, md. 21 Feb. 1892 John W. Dowe ae 20.

LEALEY:
Joseph, md. 26 Dec. 1812 Hannah Raymont by Elias Hull at Newburyport.

LEAVITT: See Levitt
Abram, Int. 4 July 1851 Mary Jane Felch.
George C. ae 20, md. 15 May 1869 Lizzie Batchelder ae 20.
Nancey, md. 11 Dec. 1803 Joseph Darbon by Elias Hull at Hampton.

LEE:
Edward ae 46, md. 27 Sep. 1895 Hannah E. Addison ae 46.

LEVITT: See Leavitt
Sephan, Cpl, md. 25 July 1808 Eunice Melchor by Elias Hull at Brentwood.
William M. ae 35, md. 3 Dec. 1880 Margaret P. Brown ae 41.

LEWIS:
Arthur E. ae 21, md. 9 June 1904 Lydia May Knowles ae 17.

LIBBEY:
Albert L. ae 26, md. 12 Sep. 1878 Con. J. Case ae 19.

LINDBURG:
Josephine ae 18, md. 6 Aug. 1863 Clarkin Dearborn ae 33.

LINES:
Katherine, Int. 4 Oct. 1840 John D. Coast.

LITTLE:
Frank W. ae 27, md. 23 Nov. 1889 Mary L. Locke ae 24.
Mary L. ae 33, md. 28 May 1898 Richard Roman ae 37 at Hampton Falls.
Wallace ae 54, md. 17 Dec. 1905 Annie W. Hutchins ae 35.

LITTLEFIELD:
Freeman ae 22, md. 11 Dec. 1885 Annie C. Blake ae 18.
Fuller W. ae 32, md. 2 Apr. 1893 Emma V. Fowler ae 22
George E. ae 28, md. 30 Nov. 1889 Agnes C. Gynan ae 20.
Samuel, md. 1 Jan. 1845 Mary Brown.
Stephen, Int. 21 Apr. 1836 Mrs. Eunice Smith.
Stephen ae 45, Int. 10 Oct. 1861 Ann M. Butler ae 21.

LOBDELL:
Elva A. ae 18, md. 1893 Herman L. Brown ae 19.

SEABROOK MARRIAGES

LOCK: See Locke
Betsey, md. 8 June 1812 Jonathan Morrison by Elias Hull.
Fanny L., md. 1 Nov. 1855 Henry F. Bragg.
John, md 1790 Mary, d/o D. Sanborn.
Lydia, md. 18 Feb. 1809 Mishack Rollens by Elias Hull at Stratham.
Sally, md. 13 Feb. 1818 Banaiah Titcomb by Elias Hull at So. Hampton.

LOCKE: See Lock
Abel A. ae 21, Int. 24 Feb. 1860 Susan M. Chase ae 19.
Adelone, Int. 17 May 1835 John Philbrick.
Alvin H., md. 28 Mar. 1881 Elvilda Eaton ae 21.
Alvin M. ae 19, Int. 24 Oct. 1876 Alvada A. Eaton ae 17.
Benjamin, Int. 13 May 1826 Matilda Felch.
Bertha M. ae 20, md. 28 Aug. 1893 Elwin Damon ae 21.
Betsy, md. 16 May 1814 Moses Merrill by Elias Hull at Hampton Falls.
Charles, Int. 15 Dec. 1839 Eliza Chase.
Charles T. ae 49, md. 24 Dec. 1890 Mrs. H.W. Blanchard ae 63.
Charles William ae 31, md. 7 Oct. 1905 Helen Lenora Sears ae 30.
Clarnece E. ae 21, md. 25 Dec. 1901 Mildred F. Rowe ae 18.
Dudley Sanborn, Int. 27 May 1832 Caroline W. Nudd.
Elizabeth, md, 7 Aug. 1833 Edward Gove.
Fanny L. ae 20, md. 1 Nov. 1855 Henry F. Bragg ae 33 at Newburyport.
Frank ae 29, md. 3 Sep. 1873 Betsy B. Walton ae 20.
George P. ae 22, md. 29 Feb. 1874 Mima L. Dow ae 22.
Hannah, md. 18 Apr. 1825 Jessee Herriman of Raymond.
Hannah, md. 18 Feb. 1825 Isaac Harriman Wyman.
Hannah, Int. 6 Aug. 1833 William H. Fitts of Salisbury.
Harriet Newell ae 24, md. 25 Dec. 1894 Adam Preston Eaton ae 27.
H. Gertie ae 24, md. 27 Sep. 1885 Alfred W. Beckman ae 19.
James, Int. 6 Dec. 1840 Hannah P. Chesley.
James E. ae 20, md. 11 Nov. 1897 Ida S. Miller ae 19 at Hampton.
John, md. 1790 Molly Sanborn.
John, md. 28 Jan. 1848 Arvilla Ann Collins.
John ae 37, md. 8 Oct. 1864 Sarah L. Eaton ae 22.
John 2nd, md. 8 Sep. 1814 Hannah Felch by Elias Hull.
John Jr., md. 11 Apr. 1818 Hannah Allen by Elias Hull.
John D. ae 20, Int. 9 July 1854 Martha M. Brown.
John N., Int. 7 Aug. 1869 S. Lizzie Southwark.
Joseph, md. 12 Feb. 1804 Sally Stanwood by Elias Hull at Newbury.
Lucinda Perkins, Int. 18 Sep. 1830 Capt. Thomas Chase Jr.
Lydia, md. 24 Dec. 1846 Elihu Dow 3d.
Mary, md. 3 Mar. 1812 Enoch Winckley by Elias Hull at Salisbury.
Mary L. ae 24, md. 23 Nov. 1889 Frank W. Little ae 27.
Matilda, Mrs., Int. 26 July 1840 James Foster.
Nancey, md. 6 July 1812 Nathel Gove by Elias Hull.
Newell, Int. 3 Dec. 1837 Hannah True.
Polly, Int. 28 Dec. 1833 Moses M. Ridgeway.

SEABROOK MARRIAGES

LOCKE Cont.
Rebecca Ann, Int. 9 Nov. 1845 Cyrus D. Fowler.
Rinda C. ae 19, md. 30 Jan. 1890 George E. Felch Jr. ae 23.
Sally ae 24, md. 16 Sep. 1855 Charles L. Brown ae 26.
Samuel, s/o Thomas, md. 2 Oct. 1806 Hannah Locke, d/o Timothy B. Locke.
Sarah A., md. 22 Aug. 1862 Samuel J. Philbrick,
Sophronia, md. 30 Oct. 1830 Edmund Noyes Clark.
William M. ae 22, md. 19 Sep. 1899 Bertha Rowe ae 18.

LONGET:
Parker M., md. 4 Mar. 1849 Marey E. Clough.

LORD:
Charles F. ae 20, md. 2 June 1878 Florence C. Eaton ae 18.

LOTTER:
R.D.N. ae 38, md. 8 Sep. 1881 Laura Gyles ae 22.

LOWE:
Abby A. ae 23, md. 15 Nov. 1875 Merrill d.A. Collins ae 25.

LUNT:
Charles E. ae 27, md. 24 Nov. 1882 Georgie P. Eaton ae 27.

McALLISTER:
Gertrude Hazel ae 18, md. 14 June 1905 Harry E. Dow ae 21.
Mabel F. ae 21, md. 14 Nov. 1903 Charles M. Perry ae 23.

McDEVITT:
Henry ae 26, md. 20 June 1868 Miran A. Larabee ae 26.

McKENNA:
Lawrence Philip, Int. 4 Oct. 1843 Abigal Dow.

McKENNEY:
Frederic K. ae 24, md. Nov. 1884 Lizzie O. Knowles ae 18.

McLAUGHLIN:
Sarah ae 22, md. 9 Apr. 1856 Webster Brown ae 23.

McNAUGHT:
Alexander ae 37, md. 11 Sep. 1889 Mary E. Weare.

McQUILLAN/McQUILLIN:
Charles M. ae 30, md. 20 Jan. 1894 Adrienne D. Bragg ae 32.
Elijah P., Int. 16 Apr. 1837 Hassy Dow.
Elijah P., md. 14 Oct. 1852 Lavina Dow.

McQUILLAN/McQUILLIN Cont.
Estella ae 23, md. 24 Nov. 1882 Charles P. Dow ae 24.
John D., Int. 8 Oct. 1880 Helebin Eaton.
Robert ae 25, md. 1 Jan. 1886 Nellie M. Page ae 19 at Hampton.

MACE:
John L. ae 32, md. 14 May 1892 Ella J. Stewart ae 30.

MAGAM:
William, Int. 10 Mar. 1851 Rebecca J. Evans.

MAHAR:
J. Rufus ae 28, md. 18 June 1876 Almena P. Collins ae 22.

MARDEN:
C.T. ae 39, md. 28 Feb. 1869 Penney E. (Marden) Samson ae 34.

MARRELL/MARRILL:
Jabez, md. 3 Feb. 1812 Mary Brown by Elias Hull at Kensington.
John, md. 10 ___. 1812 Sally Felch by Elias Hull at Salisbury.

MARSH:
Mary E. ae 16, md. 23 June 1866 John R. Beckman ae 26.
Reanny C., Int. Oct. 1828 Abraham Dow.

MARSHALL:
Alexander, md. ___ Sally Hook by John Smith.
Edmund E. ae 19, md. 29 Apr. 1903 Nellie C. Eaton ae 22.
Emma M. ae 19, md. 26 Mar. 1894 Abram Perkins ae 23.
Fannie M. ae 19, md. 25 Dec. 1895 Frank M. Boyd ae 24.
Joseph, Int. 1 Sep. 1828 Betsy Janvrin.
Joseph W. ae 25, Int. 19 Feb. 1875 Pluma Eaton ae 17.
Louise J., Int. 11 May 1851 Caleb Eaton.
Nancy N. ae 19, md. 3 Dec. 1861 Jesse G. Blodget ae 40.
Rosanah, md. 6 Sep. 1857 Cyrus Walton ae 17.
Sally, md. 14 Nov. 1812 Joseph Collins by Elias Hull.
Sarah ae 30, md. 10 July 1867 Nelson Dow ae 27.

MARSTON:
Abigail L., Int. 8 Oct. 1837 Nathan Clough.
Caroline A. of Greenland md. 16 May 1847 Dudley L. Gould.
Janna, md. _ Aug. 1781 Jonathan Green.
Capt. Jeremiah, md. 30 Oct. 1796 Widow Abigail Chase by Elisha Brown JP.
Laura A., md. 2 Mar. 1850 John W. Skeels.
Polly, md. 13 Feb. 1804 Rhueben Lamprey by Elias Hull at Kensington.

SEABROOK MARRIAGES 173.

MASON:
George F. ae 20, md. 20 June 1886 Minnie A. Adams ae 20 at Hampton.

MELCHOR:
Eunice, md. 25 July 1808 Cpl Sephan Levitt by Elias Hull.

MERRILL: See Morrill.
Almira, md. Sep. 1846 John Merrill of Salisbury, Mass.
Andrew Jackson, md. Oct. 1846 Lucilla Dow.
Betsy, Mrs., Int. 15 Oct. 1839 Thomas Eaton.
Charles A. ae 30, md. 29 Mar. 1897 Hattie Beckman ae 28.
Charles P. ae 22, md. 1 Mar. 1897 Bessie M. Janvrin ae 18.
Clara ae 27, md. 18 Feb. 1896 George Eaton ae 29.
Daniel, Int. 27 Apr. 1828 Elvira Merrill.
Elvira, Int. 27 Apr. 1828 Daniel Merrill.
Ezra P. ae 21, md. 1 Sep. 1892 Hattie L. Gynan ae 16.
Franklin ae 18, Int. 30 Oct. 1870 Emma M. Dow ae 17.
Helen F. ae 19, md. 24 Dec. 1899 Charles S. Dow ae 25 at Newburyport.
John, md. Sep. 1846 Almira Merrill of Salisbury, Mass.
Lovella ae 42, md. 21 Nov. 1867 John Eaton ae 41.
Martha C. ae 21, md. 29 Aug. 1874 Jacob J. Fowler ae 21.
Martha L. ae 16, Int. 22 Aug. 1874 Jacob S. Fowler ae 23.
Mary A., md. 5 Apr. 1852 George S. Dow.
Mary A. ae 39, Int. 16 Dec. 1859 Samuel S. Lamprey.
Moses, md. 16 May 1814 Betsy Locke by Elias Hull at Hampton Falls.
Moses Jr., Int. 12 Nov. 1843 Lucy Eaton.
Parker, md. 19 Nov. 1815 _olly Eaton by Elias Hull at So. Hampton.
Truman ae 20, Int. 16 Oct. 1867 Lucinda Knowles ae 17.
William, md. 1 Aug. 1804 Mary Sanders by Elias Hull at Salisbury.

MILLER:
Clifford A. ae 19, md. 5 Oct. 1895 Etta F. Dow ae 19 at Hampton Falls.
Ida S. ae 19, md. 11 Nov. 1897 James E. Locke ae 30 at Hampton.

MILLS:
Emma ae 26, Int. 17 July 1871 John Batchelder ae 22.

MINOT:
Mary, md. 1Apr. 1816 John Gilman Jr. by Elias Hull at Newbury.

MOODY:
Benjamin L. ae 31, Int. 5 Nov. 1866 Abigail R. Eaton.
George Caswell, md. 1 June 1843 Sarah Elizabeth Brown.
Jane, Int. 25 Apr. 1841 True Eaton Jr.

MOORE:
George ae 20, Int. 8 Apr. 1869 Carrie P. Walton ae 20.

SEABROOK MARRIAGES

MORELAND:
Earle W. ae 18, md. 20 Oct. 1899 Carrie U. Perkins ae 15. at Newburyport.
Florance ae 19, md. 30 May 1898 Levi C. Fowler ae 19.
Horace ae 25, md. 17 Apr. 1863 Mrs. Betsy D. Collins ae 23.
Lena A. ae 18, md. 17 Dec. 1883 Willie e. Eaton ae 21.
Lillie ae 15, md. 15 Mar. 1890 Adna B. Fowler ae 21.
Mary K. ae 17, md. 8 Oct. 1885 Charles C. Eaton ae 38.
Rose A. ae 17, md. 14 July 1889 Henry C. Seamans ae 19.
Rose A. ae 29, md. 13 Nov. 1903 John Bousie ae 35.

MORGAN:
Anna ae 20, Int. 1 May 1874 William P. Knowles Jr. ae 22.
Betsey R., md. 3 Nov. 1844 George W. Bartlett.
Martha H., Int. 8 Dec. 1844 Frederic Cleaver.
Mary, Int. 5 Mar. 1831 William Eaton of Salisbury.
Rhoda N. ae 18, md. 16 Aug. 1855 Otis H. Chase ae 21.
William H., md. 11 Oct. 1846 Sarah Janvrin.

MORRILL: See Merrill.
Daniel, md. 10 Dec. 1846 Lucy Batchelder of Hampton Falls.
Frank ae 83, md. 6 July 1880 Hattie L. Dow ae 47 at Hampton.
Frank ae 27, md. 9 Dec. 1882 Vianna Eaton ae 19.
Mary E. ae 17, Int. 22 May 1865 Charles Randall ae 22.
Richard of Salisbury, Int. 25 Sep. 1833 Mary C. Gove.
Sewell F. ae 29, md. 3 Apr. 1865 Susan c. Coleman ae 27.
True ae 57, Int. 25 Nov. 1862 Mrs. Abigail Chase ae 50.

MORRISON:
Jonathan, md. 8 June 1812 Betsey Lock by Elias Hull.

MUCHMORE:
Mary E., md. 3 Dec. 1854 Benjamin Rowe.

MUNSEY:
Abba B. ae 15, md. 2 Aug. 1874 William L. Knowles ae 20.

MURPHY:
Sadie A. ae 19, md. 13 May 1890 James W. Dow ae 24.

NEWMAN:
Mary, Int. 2 May 1851 William R. Knowles.

NEWMARCH:
John, md. 4 May 1848 Caroline G.M. Noyes.

NICHOLS:
Myra M., Int. 18 Feb. 1888 Joseph E. Gould.

SEABROOK MARRIAGES

NICHOLSON:
George H. ae 58, md. 7 July 1903 Josie R. Basset ae 41.

NORTON:
Oliver of Berwick, md. 11 June 1803 Betsy Brown by Elias Hull

NOYES:
Caroline G.M., md. 4 May 1848 John Newmarch.
Elizabeth, Int. 1825 John Hardy.
Jacob md. 3 Feb. 1812 Rhoday Smith by elias Hull.
Joseph P. ae 23, Int. 10 Nov. 1874 Susannah W. Smith.
Sarah E. Noyes ae 22, md. 19 Mar. 1859 William K. Robie ae 25.

NUDD:
Caroline W., Int. 27 May 1832 Dudley Sanborn Locke.

NUTTER:
Mildred E. ae 19, md. 9 Mar. 1895 Fred F. Dow ae 20 at Salisbury.

NUTTING:
Eliza H. ae 18, md. 10 Apr. 1893 Edgar N. Gynan ae 19.

OAKES:
George W. ae 18, md. 29 Mar. 1884 Lucy C. Foster ae 16 at Salisbury.

ORDWAY:
Bertha E. ae 17, md. 29 May 1895 Andrew J. Arlin ae 33.
Frank W. ae 33, md. 14 Dec. 1893 Lizzie F. Dow ae 35.

OSBORN(E):
Alice M. ae 21, md. 27 Dec. 1898 L. Wilson Clifford ae 21.
Anza B. ae 16, md. 3 Oct. 1903 Albert M. Dow ae 22.
Frank N. ae 21, md. 10 Apr. 1879 Rose L. Hardy ae 18.
George W. ae 20, md. 11 Mar. 1876 Mary W. Fowler ae 17.
Hester H. ae 19, md. 6 Jan. 1897 William Bartlett ae 29.

OSGOOD:
Nahum ae 38, md. 9 Apr. 1882 Carrie J. George ae 30 at Salisbury.

OTIS:
Willard, md. 3 Oct. 1841 Elizabeth M. Gove.

PAGE:
Abigail, md. 24 Dec. 1767 Nathan Gove.
Emery, Int. 19 Mar. 1837 Elizabeth Dow.
John, md. _ Nov. 1816 Sally Page by Elias Hull at Kensington.
Mary, Int. 18 May 1827 Zacheas Roberts.

SEABROOK MARRIAGES

PAGE Cont.
Nellie M. ae 19 md. 1 Jan. 1886 Robert McQuillan ae 25.
Oliver C. of Hampton md. 16 July 1849 Lydia J. Rowe.
Ruth, md. 21 Dec. 1845 Benjamin F. Hill.
Sally, md. _ Nov. 1816 John Page by Elias Hull at Kensington.
Winfred F. ae 20, md. 19 Sep. 1891 Clifford C. Gove ae 24 at Hampton.

PALMER:
Aaron, md. 12 Aug. 1811 Betsy Perkins at Kensington by Rev. Elias Hull.
Austin A. ae 21, md. 21 Dec. 1885 Eliza O. Gurney ae 19.
____tin O., Int. 21 Dec. 1885 Eliza E. Gurney?

PARKER:
Jacob ae 18, md. 19 Feb. 1874 Nancy M. Brown ae 18.
John J. ae 21, md. 4 Nov. 1854 Jemima Felch ae 22.
William H. ae 38, md. 5 Oct. 1893 Lillian A. Walton ae 40.

PEACOCK:
George S. ae 25, md. 7 Sep. 1891 Anna M. Bragg ae 17 at Kensington.
Hyla D. ae 32, md. 6 Aug. 1862 Abigail A. Randall ae 27.

PEARCE:
George, Int. 14 Apr. 1839 Mary Ann Felch.

PEARL:
Moses K. ae 22, md. 8 May 1884 Annie L. Brackell ae 18.

PEARSON:
John F. ae 30, md. 12 Mar. 1896 Margaret Rogers ae 29.

PELON:
Joseph J. ae 21, md. 23 May 1897 Clinda K. Dow ae 30.

PENNIMAN:
Charles J. ae 32, md. 16 June 1903 Catherine H. Sharland ae 18.

PERKINS:
Abram ae 28, md. 28 Mar. 1894 Emma M. Marshall ae 19.
Abram W. md. 31 May 1854 Martha Wright.
Benjamin, Int. 22 June 1856 Julia M. Hobbs.
Betsy, md. 12 Aug. 1811 Aaron Palmer at Kensington by Rev. Elias Hull.
Carrie U. ae 15, md. 20 Oct. 1899 Earle W. Moreland ae 18.
Charles ae 23, md. 12 July 1900 Sarah J. Souther ae 18.
Charles G. ae 25, md. 30 June 1866 Nancy L. Gove ae 24.
David, Int. 7 Nov. 1829 Sarah Dow.
David J. ae 35, md. 2 Dec. 1895 Lola M. Caswell ae 37.
Edward L. ae 27, md. 8 July 1902 Sadie W. Webster ae 28 at Haverhill.

PERKINS Cont.
Eunice J., md. 19 Sep. 1845 Thomas M. Putnam in Hampton Falls.
Freeman ae 23, md. 30 May 1895 Hester A. Souther.
George H. ae 57, md. 14 July 1897 Fanny Fowler ae 25.
Green, Int. 22 May 1831 Jane M. Fogg.
Harry ae 20, md. 5 May 1901 Carrie E.H. Eaton ae 22.
John W. ae 21, md. 2 Apr. 1858 Rhoda Wright ae 16.
Jonathan, Capt., Int. 2 Oct. 1851 Amelia Combs.
Joseph, Int. 4 July 1880 Sallie M. Beckman.
Lilla L. ae 21, md. 2 July 1888 James N. Dow ae 25.
Lucy ae 17, Int. 8 July 1874 Charles E. Eaton ae 26.
Lucy S., md. 2 May 1844 Robert Wilson.
Mary, md. 21 Apr. 1835 Peabody Asby.
Mary L. ae 25, md. 28 Dec. 1890 H.W. Batchelder ae 25.
Nathel, md. 21 Sep. 1807 Mary Janvrin by Elias Hull at Hampton Falls.
Sally, Int. 31 Mar. 1827 Adamian George of Hampton.
Samuel, md. 22 Sep. 1762 Patience Brown.
Samuel F. ae 22, md. 21 Feb. 1882 Mary E. Walton ae 21.
Sarah J. ae 18, md. 12 Sep. 1889 Abram L. Dow.
Warren, Int. 1836 Miriam Souther.

PERRY:
Abigail of No. Hampton, Int. 2 Oct. 1833 Henry Eaton ae 38.
Charles M. ae 23, md. 1903 Mabel F. McAllister ae 21.

PERVEARE:
Burnham P., md. 14 Oct. 1841 Sarah Elizabeth Gove.

PEVEAR:
Abbie A. ae 18, md. 7 Sep. 1865 Samuel H. Dearborn.
Burnham C. ae 21, md. 7 Dec. 1865 Helen A. Eaton ae 17.
Norris B., md. 16 May 1885 Maggie A. Boynton.
Warren H., md. 16 May 1885 Effie L. Boynton.

PHILBRICK:
Charles L. ae 22, Int. 9 Sep. 1876 Emerly R. Bullard? ae 21.
Clara, Int. 25 Aug. 1827 Joseph Philbrick.
Climena, md. 10 Oct. 1839 Dr. Jonathan Dearborn.
Edward Dearborn, md. 13 Mar. 1846 Sarah L. Smith.
John, Int. 17 May 1835 Adeline Locke.
Joseph Jr., Int. 25 Aug. 1827 Clara Philbrick.
Mary ae 22, Int. 12 July 1855 Oscar F. Fenney ae 28.
Samuel J., md. 22 Aug. 1862 Sarah A. Locke.
Sarah J. ae 20, Int. 26 Aug. 1862 Francis M. Dodge ae 35.
Thomas ae 40, md. 17 Oct. 1875 Anna Rowe ae 32.

SEABROOK MARRIAGES

PIERCE:
George, md. 4 Mar. 1837 or 1839 Mary Ann Fowler.
Lizzie G. ae 17, md. 25 Mar. 1901 John L. Fowler ae 37.

PIKE:
Amasa ae 22, md. 18 July 1865 Julia A. Dow ae 18.
Benjamin H. ae 18, md. 8 Oct. 1894 Clara M. Gynan ae 16.
Caleb, md. 4 Feb. 1811 Hannah True by Elias Hull at Salisbury.
Charles J. ae 23, md. 17 Sep. 1879 Dora A. Beckman ae 19 at Salisbury.
Charles W. ae 24, md. 23 Apr. 1872 Hellen Eaton ae 22.
Emma ae 23, md. 25 Dec. 1858 Sumner Beal ae 30.
Frank N. ae 44, Int. 12 Nov. 1894 (blank).
Laura, Int. 18 Nov. 1838 Abraham E. Dow.
Mary Lizzie ae 34, md. 27 Nov. 1880 George Y. Roberts ae 40.
Nicholas of Salisbury, Int. 8 Jan. 1833 Sally Smith.
Otis E. ae 27, Int. 25 Nov. 1860 Sarah E. Walton ae 26.
Samuel, Int. 1 Jan. 1828 Susan Dow.
Sarah B., md. 13 Dec. 1836 John Smith 3d.
William, Int. 15 Nov. 1828 Abigail Smith.

PILLSBURY:
Alfred ae 59, md. 2_ Dec. 1860 Mary Smith ae 59.

PIPER:
Mildred A. ae 31, md. 23 Mar. 1903 Thomas W. Fifield ae 31.

PLUMMER:
Elizabeth ae 35, Int. 31 Aug. 1873 Abram Smith ae 36.
Sarah ae 30, md. 15 May 1878 Frank Haley ae 43.

PORTER:
William ae 21, md. 10 Sep. 1880 Georgella ____dall ae 18.

PRESCOTT:
Lois, md. 18 Mar. 1841 Timothy P. Drew.

PRICE:
William J. ae 27, md. 4 July 1890 Hannah Z. Dow ae 17.

PRUFFER:
Mary M. ae 19, md. 25 Apr. 1883 Frank George ae 32.

PRULY:
Jonathan, Int. 23 Mar. 1832 Lydia Gove.

PUTNAM:
Thomas M., md. 19 Sep. 1845 Eunice J. Perkins in Hampton Falls.

SEABROOK MARRIAGES

QUALES:
Mary Frances, Int. 21 Feb. 1833 Ebbrinzer French Esq.

RAMSDELL:
Anna A. ae 32, Int. 16 Aug. 1862 George B. Cilley ae 38.

RAND:
Annie ae 24, Int. 5 Jan. 1894 George W. Rodman ae _8.
Helen F. ae 19, md. 25 Feb. 1895 Edward F. Dempsey ae 22.

RANDALL:
Abby A. Randall, md. 1 July 1869 Samuel C. Walton.
Abigail A. ae 27, md. 6 Aug. 1862 Hyla D. Peacock ae 32.
Annie E. ae 16, md. 18 Jan. 1904 Caleb H. Fowler ae 23.
Bertha C., Int. 9 Aug. 1880 Stephen Janvrin.
Betsy C., Mrs., Int. 24 June 1867 Jason Lamprey ae 33.
Caroline A. ae 17, Int. 12 Mar. 1870 Charles P. Foot ae 25.
Charles ae 22, Int. 22 May 1865 Mary E. Morrill ae 17.
Dora L. ae 15, md. 15 Apr. 1905 Arthur H. Eaton ae 20.
Edward, md. 7 Apr. 1833 Abigail Eaton.
Edward P. ae 21, md. 11 Mar. 1891 Nellie M. Eaton ae 18.
George W. ae 28, Int. 27 June 1863 Mima J. Fowler ae 16.
George W. Jr. ae 26, md. 15 Mar. 1891 Bertha E. Janvrin ae 28.
Hannah B. ae 22, md. 20 Sep. 1890 Preston Follansbee ae 16.
Herbert L. ae 19, md. 1 May 1886 Mary B. Souther ae 19.
Irene ae 15, md. 21 July 1891 Harrison Small ae 21.
Lizzie F., md. 16 Nov. 1887 George Eaton ae 71 at Salisbury.
Louise F. ae 22, md. 14 Oct. 1885 James W. Wright ae 26.
Lovine, md. 12 Mar. 1833 Reuben Hardy.
Maggie L. ae 16, md. 23 May 1897 Andy Fowler ae 19.
Mary, Int. 9 Feb. 1828 Amos Felch.
Nellie F. ae 20, md. 5 July 1899 Emery N. Fowler ae 21.
Wallace S. ae 18, md. 8 Aug. 1886 Josephine Fowler ae 16.
William ae 25, md. 15 May 1870 Sarah M. Eaton ae 19.

RANDLETT:
Jon[n] of Newbury, Int. 9 Mar. 1834 Anne E. Chase.
Mary, Int. Sep. 1829 Jacob Clark.

RAYMONT:
Hannah, md. 26 Dec. 1812 Joseph Lealey by Elias Hull at Newbury Port.

READ:
Hannah C. ae 27, md. 11 June 1865 Henry L. Brown ae 31.
Joseph ae 38, md. 7 Apr. 1866 Bridget Frazier ae 38.

SEABROOK MARRIAGES

REDMAN:
Abbie ae 20, md. 26 Oct. 1868 John H. Chase ae 24.

RIDGEWAY:
Moses M., Int. 28 Dec. 1833 Polly Locke.

ROBARDS:
Joshua, md. 27 Feb. 1813 Betse Hooks by Elias Hull.

ROBBINS:
Caroline A. ae 20, md. 10 Sep. 1854 James Fogg ae 22.
Nathan, md. 27 May 1839 Judith Beckman.
Nathan ae 60, Int. 27 Sep. 1871 Mrs. Emily Blaisdall ae 50.
Nathan, Int. 17 Jan. 1881 Mary A. Rowell.
Sally M. ae 20, md. 3 Oct. 1860 William B. Chase ae 20.

ROBERTS:
George Y. ae 40, md. 27 Nov. 1880 Mary L. Pike ae 34.
Hannah, Int. 25 Apr. 1829 Moses Dow Jr.
Zacheus, Int. 18 May 1827 Mary Page.

ROBIE:
Carrie ae 30, md. 27 Oct/ 1904 Warren C. Bragg ae 26.
Susanna, md. 2 July 1761 William French.
William K. ae 23, md. 19 Mar. 1859 Sarah E. Noyes ae 22.
William O. ae 24, md. 15 July 1872 Syntha A. Eaton ae 18.

ROBINSON:
Albert W. ae 20, md. 17 May 1897 Lena Janvrin ae 20.
Almira P., md. Jan. 1847 Sewell B. Dow.
Angus, Int. 24 Aug. 1827 Catherine Eaton.
Charles, md. 6 July 1861 Anna Chase.
Emeline H., md. Jan. 1847 Richard Fowler.
James ae 21, md. 12 Jan. 1872? Nellie C. Dearborn ae 20.
Lucy Ann ae 20, md. 16 Sep. 1866 Charles F. Durgen ae 28.
Samuel, Int. 22 May 1824 Mrs. Nancy Knowles.

RODGERS:
Hiram H. ae 18, md. 28 July 1900 Susie B. Brookins ae 17.

RODMAN:
George W., Int. 5 Jan. 1894 Annie Rand ae 24.

ROGERS:
Lewis W. ae 23, md. 12 Nov. 1877 Ruth Rogers ae 19.
Margaret ae 29, md. 12 Mar. 1896 John F. Pearson ae 30.
Ruth ae 19, md. 12 Nov. 1877 Lewis W. Rogers ae 23.
Saray ae 20, md. 27 Oct. 1859 Julia A. Lane ae 18.

SEABROOK MARRIAGES

ROLLENS:
Mishack, md. 18 Feb. 1809 Lydia Lock by Elias Hull at Stratham.

ROLLINS:
James, md. 4 Aug. 1804 Dorthy Folsam by Elias Hull at Somersworth.

ROMAN:
Richard ae 37, md. 28 May 1898 Mary J. Little ae 33 at Hampton Falls.

ROSES:
Timothy P., Rev., Int. 17 Oct. 1829 Eliza healy.

ROSS:
Amos ae 28, Int. 12 Oct. 1877 Sylvania Dow ae 26.
Elvira, md. 1 May 1839 Benjamin Dow.
Joseph T. ae 26, md. 20 Nov. 1878 Helen A. Walton ae 23.
Vesta ae 33, Int. 17 July 1869 Eben F. Smith ae 27.
____owle ae 27, md. 18 Feb. 1882 Emma Walton ae 21.

ROW(E):
Alice E. ae 15, md. 21 Feb. 1891 Robert L. Eaton ae 21.
Anna ae 32, md. 17 Oct. 1875 Thomas Philbrick ae 40.
Applia ae 53, md. 8 Dec. 1863 Joseph S. Lane ae 54.
Benjamin, Int. 1825 Lydia Chase.
Benjamin Jr., md. 15 Dec. 1854 Mary L. Buchanan.
Bertha ae 18, md. 19 Sep. 1899 Willie M. Locke ae 22.
Charles F. ae 21, md. 8 June 1883 Nellie B. Beckman ae 19.
David ae 24, md. 2 Jan. 1866 Lydia F. Hodgden ae 19.
Elizabeth, md. 29 Nov. 1815 Jeams Cilley by Elias Hull.
Elizabeth ae 20, Int. 2 Jan. 1864 George Brown ae 30.
Ephram, md. 5 Sep. 1804 Sally Sevey by Elias Hull.
Frances ae 26, Int. 27 July 1863 Philip Brown ae 20.
Francis F. ae 31, md. 22 Oct. 1854 Emmeline Cilley ae 24.
Fred ae 24, md. 1 Oct. 1892 Nellie M. Knowles ae 27.
Gemaliel, md. 4 Sep. 1826 Germima Eaton.
George, Int. 4 May 1851 Abigail Dinsmore.
George A., Int. 27 Jan. 1886 Jemima E. Frink.
Ida M. ae 22, md. 11 June 1883 Joseph E. Friend? ae 21.
Jacob, md. 6 Dec. 1818 Rhoda Eaton by Elias Hull.
Jacob T. md. 15 Nov. 1849 Betsy N. Bartlett.
Jeremiah ae 22, md. 11 Sep. 1877 Marie L. Smith ae 22.
John, md 5 Mar. 1807 Betsey Bowden by Elias Hull.
Lydia J., md. 16 July 1849 Oliver C. Page of Hampton.
Mary Ann, md. 19 Aug. 1841 Belcher Brown.
Mazie H. ae 19, md. 24 Dec. 1899 Leon Beckman ae 21 at Haverhill.
Merton ae 20, md. 22 Apr. 1905 Ethel M. George ae 18.
Mildred F. ae 18, md. 25 Dec. 1901 Clarence E. Locke ae 21.

SEABROOK MARRIAGES

ROWE Cont.
Nancy M. ae 18, Int. 13 Feb. 1874 Jacob F. Fowler ae 20.
Rebecca J., md. 15 June 1856 Henry Jenness.
Samuel A. ae 22, md. 26 July 1902 Rebecca F. Souther ae 16.
Simeon, Int. 3 Dec. 1826 Susan Dow.
Simon, md. 25 May 1807 Betsy Greenalf by Elias Hull.
Stephen W. ae 25, md. 16 Dec. 1891 Mary M. Drisdale ae 21 at Hampton.
Temperance, md. 2 Sep. 1823 Richard Sanders.
William, md. 6 Oct. 1833 Eliza Verrill.
William E. ae 27, md. 30 Jan. 1876 Mary E. Gove ae 26.

ROWEL/ROWELL:
Mary A., Int. 17 Jan. 1881 Nathan Robbins.
Moses, md. 25 Sep. 1805 Temperance Hook by John Smith JP.

RUFES/RUPES:
Antonetta of Salisbury, Mass. md. 12 Dec. 1855 Andrew J. Auston.

SALTON:
Clara P. ae 38, Int. 21 Nov. 1859 Enoch H. Eaton ae 36.

SAMBORN: See Sanborn.
Molley, md. 3 Jan. 1804 Simon Towle by Elias Hull at Hampton.

SAMSON:
Penney E. (Marden) ae 34, md. 28 Feb. 1869 C.T. Marden ae 39.

SANBORN:
Abby F. ae 20, Int. 26 Aug. 1865 Charles H. Gove ae 30.
Anna? ae 27, md. 27 Dec. 1882 Moses Yeaton Jr. ae 21.
Charles H., Int. 28 Sep. 1845 Emerly Gove.
Charles O. ae 22, md. 3 Mar. 1880 Nancy C. Beckman ae 19.
Charles O. ae 31, md. 19 Jan. 1890 Emma L. Knowles ae 22.
Charlotte, md. 10 Feb. 1810 Joseph Ackerman by Elias Hull.
Fannie ae 20, md. 29 Aug. 1865 Rev. Charles ____ ae 32.
Fanny E. ae 36, md. 21 July 1878 David Souther ae 39.
Frank A. ae 22, md. 28 Aug. 1884 Helen A. Eaton ae 22.
G. Lowell, Int. 5 June 1851 Elizabeth Green.
Harriet Ward, md. 4 Sep. 1844 Edwin P. Grosvenor?
James, Int. 18 Sep. 1836 Ana Gove.
James, md. 30 May 1846 Salley Welcher of Hampton Falls.
Mabel M. ae 19, md. 24 Mar. 1892 Arthur W. Chase ae 21.
Mary, d/o D., md. 1790 John Locke.
Mary, Int. 24 Oct. 1841 Nathan Brown.
Mary, md. 25 Feb. 1857 Benjamin French.
Molly, md. 1790 John Locke.
Nancy, md. 3 Feb. 1810 John Smith by Elias Hull at Hampton.

SEABROOK MARRIAGES 183.

SANBORN Cont.
Polly, md. 5 Jan. 1814 Simon Towle by Elias Hull.
Sarah J., Int. 24 May 1851 Abram Leavitt.
William, Int. 27 Sep. 1828 Hannah Chase.

SANDERS:
Eliza ae 58, md. 2 Oct. 1897 John L. Carter ae 38.
Mary, md. 1 Aug. 1804 William Merrill by Elias Hull at Salisbury.
Richard, md. 2 Sep. 1823 Temperance Rowe.

SARGENT:
Louise B. ae 26, md. 12 July 1894 Scott A. Dow ae 28.
Louiza ae 18, md. 10 May 1886 Willie K. Follansbee ae 23.
Mary L. ae 17, md. 4 Nov. 1882 William E. Felch ae 21.
Nancy E. ae 19, md. 26 Dec. 1896 Clarence M. Boyd ae 17.
Owen P. ae 23, md. 25 Mar. 1893 Susie Fowler ae 18.
Owen S. ae 24, md. 2 Nov. 1870 Sallie A. Eaton ae 27.

SAVAGE:
Lizzie A. ae 21, md. 7 June 1905 Archie J. Beach ae 24.

SAWYER:
Daisy Bell ae 15, md. 13 Jan. 1884 James L. Cilley ae 25.

SEAMANS:
Henry C. ae 19, md. 14 July 1889 Rose A. Moreland ae 17.
Henry C. ae 31, md. 24 Dec. 1898 Annie A. Janvrin ae 29.

SEARS:
Helen Lenora ae 30, md. 7 Oct. 1905 Charles William Locke ae 31.

SELLEY: (See Silley)
Jamima, md. 1 Jan. 1755 Samuel Falch.
Molley, md. 13 Dec. 1774 David Boyd.

SEVEY:
Sally, md. 5 Sep. 1804 Ephram Row by Elias Hull.

SHARLAND:
Catherine H. ae 18, md. 16 June 1903 Charles J. Penniman ae 32.

SHARPLES:
Austin E. ae 23, md. 18 Oct. 1903 Hattie L. Gynan ae 26.

SHAW:
Abraham, Int. 2 Oct. 1830 Fanny N. Janvrin.
Jonathan, md. 10 Apr. 1813 Sarah French by Elias Hull at Kensington.

SEABROOK MARRIAGES

SHATTUCK/SHUTTACK:
Eliza, Mrs. ae 58, Int. 21 Nov. 1870 Amos R. Johnson.
Elizabeth ae 58, md. 28 July 1870 James F. Fowler ae 66.

SHEPARD:
Lewis H., Int. 28 Nov. 1886 Mary E. M_____.

SILFORD:
John, Int. 25 Oct. 1827 Abigail Souter.

SILLIY/SILLEY: (See Cilley)
Edward, md. 19 Sep. 1825 Marian Dow.
Marie, md. 7 Sep. 1825 Nehemiah Brown.
Mark, md. 5 Dec. 1825 Mary Dow.
Thomas, md. 12 Apr. 1836 Charllotte Stacker.

SIMPSON:
Percy G. ae 22, md. 8 Mar. 1902 Lucy M. Skinner ae 18.

SKEELS:
John W., md. 2 Mar. 1850 Laura A. Marston.

SKINNER:
Lucy M. ae 18, md. 8 Mar. 1902 Percy G. Simpson.

SMALL:
A.C. ae 19, md. 6 Feb. 1881 Joseph A. Dow ae 20.
A. Lottie, Int. 31 Sep. 1881 Elbridge Green.
Andrew G. ae 23, md. 30 Oct. 1904 Bernice F. Fowler ae 22.
Charles A. ae 23, md. 4 Jan. 1887 Katie A. Felch ae 22 at Hampton Falls.
Frank ae 19, md. 20 Oct. 1896 Mertie B. Fowler ae 17.
Harrison ae 21, md. 21 July 1891 Irene Randall ae 15.
Harrison ae 35, md. 17 June 1905 Mattie M. Dow ae 41.
Mary H. ae 17, md. 13 Aug. 1903 William F. Card ae 21.
Nellie M. ae 17, md. 16 Sep. 1888 Frank P. Dow ae 19.
Peleg J., md. 4 Dec. 1863 Huldah Anne Beckman.
Priscilla P. ae 22, md. 5 Nov. 1879 George A. Clough ae 23.

SMITH:
Abigail, Int. 15 Nov. 1828 William Pike.
Abram ae 36, Int. 31 Aug. 1873 Elizabeth Plummer ae 35.
Abram M. ae 30, md. 1866 Anna K. Carlton ae 20.
Addie S. ae 18, Int. 29 Oct. 1863 Edwin A. Dow ae 21 of Salisbury.
Adeline, Int. 5 Nov. 1839 Chevy Chase.
Adeline L., md 1 Sep. 1841 Augustus E. Hale.
Adva F., Int. 2 Oct. 1880 Lydia A. Hoffman.
Alebertia ae 18, md. 26 Sep. 1881 Elluda? F. Greene ae 22.

SEABROOK MARRIAGES

SMITH Cont.
Belinda, Int. 14 June 1835 Walter P. Dow.
Charles O.F. ae 42, md. 27 Jan. 1874 Esther L. Knox ae 26.
Charles O. ae 31, md. 18 Aug. 1884 Florence D. Dearborn ae 17.
Charles O. ae 29, Int. 18 Nov. 1897 Sadie F.N. Dow ae 24.
Eben F. ae 37, Int. 17 July 1869 Vesta E. Ross ae 33.
Earnest L. ae 29, md. 17 Oct. 1888 Nancy S. Beckman ae 26.
Edna ae 18, md. 8 Dec. 1859 Benjamin E. Gove ae 24.
Estella J. ae 15, md. 8 Nov. 1868 Alvin W. French ae 21.
Eunice, Mrs., Int. 21 Apr. 1836 Stephen Littlefield.
Frank E. ae 23, md. Jan. 1888 Ellen Jenkins?
George W. ae 29, Int. 5 July 1867 Mary E. Ham ae 27.
Jacob ae 21, md. 4 Oct. 1874 Roxana Boynton ae 24.
James, Int. 15 Feb. 1868 Emma E. Chase.
Jere Lewis ae 26, md. 28 June 1905 Anne Leavitt Gookin ae 25.
John, md. 3 Feb. 1810 Nancy Sanborn by Elias Hull at Hampton.
John ae 25, md. 1 Dec. 1879 Susan F. Dow ae 21.
John 3rd, md. 13 Dec. 1836 Sarah B. Pike.
Jonathan, Lt. of S. Hampton, Int. Nov. 1823 Betsy Weare.
Jonathan ae 37, Int. 1 Jan. 1862 Ann Hobbs ae 26.
Jon^n, Capt., Int. 4 May 1871 Elizabeth Stephens.
Lovina, Int. 17 Mar. 1827 Capt. Jonathan G. Chase.
Lydia E. ae 21, md. 13 Mar. 1852 Francis M. Bennett ae 21.
Marie L. ae 22, md. 11 Sep. 1877 Jeremiah Rowe ae 22.
Mary, md. 4 Jan. 1804 Warren Gilman by Elias Hull at Newmarket.
Mary ae 59, md. Alfred Pillsbury ae 57.
Mary Ann, md. 20 Aug. 1848 George L. Brown.
Molley, md. 29 Mar. 1803 Samuel Smith by Elias Hull.
Nancy, Int. 5 Jan. 1828 Edward Batchelder.
Polly, md. 12 Aug. 1810 Jonathan Greely Jr. by Elias Hull at Salisbury.
Reuben, md. 24 Nov. 1833 Polly Heath.
Rhoday, md. 3 Feb. 1812 Jacob Noyes by Elias Hull.
Sabina, Int. 17 Mar. 1827 Robert S, Greeley.
Sally, Int. 5 May 1832 Stephen Knowles.
Sarah L., md. 13 Mar. 1846 Edward Dearborn Philbrick.
Sally, md. 19 June 1805 Samuel Gove by Elias Hull.
Stephen, md. 24 Sep. 1788 Hannah Brown.
Sylva A. ae 19, md. 17 Nov. 1888 William H. Bragg ae 20.
William P., md. 30 June 1852 Harriet Boyd.
William ae 27, md. 6 July 1888 Mary White ae 25.
William F., md. 30 June 1852 Hannah A. Boyce.
William F. ae 59, md. 3 Jan. 1889 Lucy A. Dow 50 at Salisbury.

SOUL:
Julia Ann, md. 13 Apr. 1853 Daniel Bragg.
William A. ae 39, md. 29 Dec. 1874 Isabel Eaton 21.

SEABROOK MARRIAGES

SOUTER: See Souther.
Abigail, Int. 25 Oct. 1827 John Silford.
Benjamin, Int. 1825 Hannah Eaton.
Betsey, md. 29 Mar. 1816 Samuel Fowler by Elias Hull.
Eliza, Int. 1829 Annanias Fowler.
Hannah, Int. Nov. 1825 Benjamin Dow 4th.
Hannah, md. 24 Feb. 1826 Benjamin Dow.
Harriet, Int. 10 Apr. 1830 Rufus Janvrin.
Mary, Int. 3 Mar. 1830 James Bight.

SOUTHER:
Abegail, md. 5 Nov. 1806 Benjamin Goodwin by Elias Hull at Newtown.
Abel E. ae 20, md. 7 Nov. 1874 Mary Eaton ae 20.
Abram R. ae 19, md. 27 Nov. 1862 Rachel J. Wright ae 17.
Abraham, Int. 11 Oct. 1840 Sarah Eaton.
Ada ae 21, md. 24 Mar. 1901 George W. Dockum ae 18.
Annie E. ae 21, md. 24 Oct. 1896 Moses N. Knowles ae 21.
Clara R. ae 20, md. 13 Nov. 1899 Charles W. Eaton ae 21.
Clarissa, Int. Feb. 1870 James A. Beckman ae 34.
Cora B. ae 20, md. 27 Nov. 1891 Leroy Eaton ae 22 at Salisbury.
David ae 39, md. 21 July 1878 Fannie E. Sanborn ae 36.
Elbridge ae 21, Int. 9 July 1863 Melvina A. Boynton ae 19.
Eliza A. ae 16, md. 14 Oct. 1863 Jacob F. Eaton ae 19.
Eliza A. ae 18, Int. 9 Dec. 1863 Charles A. Barton ae 18.
Elizabeth ae 17, md. 5 Aug. 1861 Henry Eaton Jr. ae 23.
Ella H. ae 16, md. 16 Oct. 1893 John F. Dow ae 21.
Emma F. ae 27, md. 25 Apr. 1896 Elmer E. Eaton ae 27.
Emma P. ae 17, md. 3 Oct. 1884 John F. Fowler ae 24.
George, md. 3 May 1845 Betsy Fowler.
George T. ae 21, Int. 2 Jan. 1864 Mary Souther ae 16.
George W., md. 22 Jan. 1848 Eunice Hemmins of Exeter.
George W. ae 27, md. 8 May 1876 Mary C. Bagley ae 17.
Hannah L. ae 18, md. 5 Nov. 1884 John O. Hidden ae 31 at Newburyport.
Hannah M. ae 19, md. 13 June 1860 David A. Felch ae 22.
Hester A. ae 19, md. 30 May 1895 Freeman Perkins ae 23.
Ida B. ae 47, md. 4 July John Lewis Fowler ae 43.
John, Int. 6 Oct. 1837 Newell Locke.
John E. ae 31, md. 15 Sep. 1890 Helen Eaton ae 21.
John K. ae 22, md. 23 May 1869 Sarah E. Bartlet ae 17.
Jonathan Jr., Int. 14 May 1847 Catherine M. Green.
Laferis ae 29, md. 11 Mar. 1875 Nancy E. Souther ae 21.
Laura A. ae 15, md. 21 Nov. 1895 William Wright ae 18.
Laura E. ae 18, Int. 12 June 1874 Thomas F. Eaton ae 26.
Lena ae 18, md. 10 Mar. 1895 Daniel E. Foote ae 22.
Leonidas ae 21, md. 8 July 1876 Hannah A. Eaton ae 21.
Lucretia ae 30, Int. 31 Jan. 1856 Tristram Eaton ae 20.
Lucretia, md. 5 Apr. 1856 William Eaton Jr.

SOUTHER Cont.

Manual, md. 8 Nov. 1844 Martha Souther.
Margaret A. ae 21, md. 31 Jan. 1874 Thomas L. Colby ae 21.
Martha, md. 8 Nov. 1844 Manual Souther.
Martha S. ae 18, md. 26 Mar. 1858 Levi Dow ae 24.
Mary ae 18, Int. 2 Jan. 1864 George Souther ae 21.
Mary B. ae 19, md. 1 May 1886 Herbert L. Randall ae 19.
Matilda ae 14, md. 8 Oct. 1861 Lowell B. Fowler ae 28.
Mirriam, Int. 16 Nov. 1836 Asa Laribee.
Miriam, Int. 1836 Warren Perkins.
Moses D., md. 8 Mar. 1844 Susan Fowler.
Nancy, md. 22 Nov. 1836 Ezekiel G. Eaton.
Nancy E. ae 21, md. 11 Mar. 1875 Laferis Souther ae 29.
Parline S. ae 20, md. 29 Aug. 1903 Willard W. Fowler ae 19.
Rebecca E. ae 16, md. 3 Mar. 1884 Daniel J. Janvrin ae 26 at Salisbury.
Rebecca F. ae 16, md. 26 July 1902 Samuel A. Rowe ae 22.
Robert ae 22, md. 22 May 1868 Ida Follansbee ae 15.
Robert L., md. 6 May 1846 Mrs. Betsy Souther.
Sarah, md. 30 Dec. 1842 David Fowler Jr.
Sarah, md. 29 Jan. 1857 Richard Fowler Jr.
Sarah J., Int. 5 Mar. 1881 Daniel L. Janvrin.
Sarah J. ae 18, md. 12 July 1900 Charles Perkins ae 23.
Sarah M. ae 19, md. 6 Sep. 1902 Charles N. Fowler ae 30.
Stephen H. ae 24, md. 3 Apr. 1893 Emogene Fowler ae 19.
Susan E. ae 20, md. 26 Oct. 1868 John H. Eaton ae 20.
Thomas, Int. 3 Jan. 1841 Betsy Fowler.
Thomas M. ae 26, md. 9 Feb. 1879 Eliza A. Eaton ae 19.
Tristran L. ae 28, md. 8 Aug. 1887 Ada E. Eaton ae 17.
William ae 27, md. 16 May 1878 Lucinda A. Bartlet ae 19.

SOUTHERLAND:

George L. ae 28, md. 4 Apr. 1867 Emma F. Fretch ae 21.

SOUTHWICK:

S. Lizzie, Int. 7 Aug. 1869 John N. Locke.

SPENCER:

Lucy B. ae 19, md. 12 Apr. 1901 Fred W. Kneekand ae 21.

STACKPOLE:

John, Int. 16 Mar. 1828 Harriet Chase.
Margaret C., Int. 22 Dec. 1886 Orin Janvrin.

STANWOOD:

Sally, md. 12 Feb. 1804 Joseph Locke by Elias Hull at Newbury.

SEABROOK MARRIAGES

STAPLES:
George D. ae 17, md. 14 Mar. 1894 Carrie M. Walton ae 19.

STEPHENS:
Elizabeth of Salibury, Int. 4 May 1831 Capt. Jon^n Smith.

STEVENS:
John A. ae 23, md. 1 Dec. 1889 Edith V. Walton ae 18.

STEWARD:
Margaret ae 20, md. 18 May 1877 George B. Fowler ae 20.

STEWART:
Ella J. ae 30, md. 14 May 1892 John J. Mace ae 32.

STICKNEY:
Mary E. ae 17, Int. 4 July 1866 Simeon L. Dow ae 23.

STOCKER:
Charllotte, md. 12 Apr. 1826 Thomas Silliy.

SUTTON:
William L. ae 31, md. 15 Apr. 1882 Hattie P. Butterfield ae 20.

SUTTER:
Mildred E. ae 19, md. 9 Mar. 1895 Fred J. Dow ae 20.

SWANE:
Judith, md. 9 Apr. 1819 Ezekeall Felch.

SWEET:
Mary Anne of R.I., md. 28 Feb. 1845 Henry Richard Crummell of NY (both of color)

TALLY:
John, Int. 14 Sep. 1836 Mrs. Nancy Howell?

TARBOX:
Charles W. ae 18, md. 14 Dec. 1896 Ruth G. Dunkerley.

TAYLOR:
Linda W. ae 19, md. 15 Nov. 1903 Everett R. George ae 21.
Mildred ae 15, md. 6 Feb. 1897 Daniel M. Brown ae 21.

TERRY:
Eliza A. ae 21, md. 19 __ 1893 Wilber W. Fowler ae 19.

SEABROOK MARRIAGES

THOMAS:
Roscoe B. ae 23, md. 21 Dec. 1868 Sarah E. Berry ae 23.

THOMPSON:
Jacob, md. 5 Oct. 1812 Rachel Flanders by Elias Hull at So. Hampton.
Jenette, widow of John, md. 30 Dec. 1846 Edward Dow.

TILTON:
David S., ae 37, md. 11 Dec. 1869 Adalaide A. Dow ae 20.
Joseph of Kensington, md. 10 May 1848 Mary Abby Emery of same.
Nancy S. of Gilmonton, md. 11 Aug. 1847 Nathanial Dockum.
Pete G. ae 41, md. 12 Nov. 1872 Martha C.R. Dow ae 31.
Philip, md. 4 Oct. 1809 Eunice Dodge by Elias Hull at E. Kingston.

TITCOMB:
Banaiah, md. 13 Feb. 1818 Sally Lock by Elias Hull at So. Hampton.
Susan B. ae 20, md. 14 June 1863 George B. Collins ae 26.
Walter P. ae 25, md. 19 Apr. 1861 Hatie Williams (Green) ae 24 wid.

TOBIE:
Richard, md. 21 Apr. 1768 Jamimah Haskell.

TOWLE:
Elisha Jr., md. 12 Apr. 1797 Sally Bragg by Elisha Brown.
Emmons B. ae 26 of Hampton Falls, Int. 21 Nov. 1861 Lydia E. Green ae 25.
Joshua E. ae 22, Int. 27 Apr. 1870 Hannah M. Fowler ae 16.
Lydia, md. 20 Feb. 1804 Daniel Lane by Elias Hull at Hampton.
Simon, md. 3 Jan. 1804 Molley Samborn by Elias Hull at Hampton.
Simon, md. 5 Jan. 1814 Polly Sanborn by Elias Hull.

TOWNE:
Ellen M. ae 32, md. 14 Apr. 1896 Charles H. Felch ae 22.

TREFETHEN:
Mary A. ae 54, md. Samuel S. Walton ae 60.

TRUE:
Betty, md. 11 Feb. 1818 Nichols Brown by Elias Hull.
Charles, Int. 24 Sep. 1881 Sarah E. Ward?
Edward, md. 14 June 1787 Molley French.
Hannah, md. 4 Feb. 1811 Caleb Pike by Elias Hull at Salisbury.
Hannah, Int. 3 Dec. 1837 Newell Locke.
Janna, md. 18 Oct. 1793 Daniel Falch.
John A., md. 25 Nov. 1841 Charlotte E. Dow.
Mary L. ae 21, md. 8 Oct. 1868 William N. Walton ae 34.
Rebacker, md. 4 Mar. 1799 Bradbury Eaton by Elias Hull at Litchfield.
Ruth, md. 1 Nov. 1836 Robert Dow.

SEABROOK MARRIAGES

TUCK:
Grace L. ae 26, md. 13 Apr. 1896 Rufus H. Baker ae 26.

TUCKER:
Monroe S. ae 25, md. 20 June 1878 H. Maria Dow ae 33.

TURNER:
Mary L. ae 18, md. 19 May 1860 John Carr ae 25.

TUTTLE:
John d., Int. 11 Oct. 1856 Hannah J. Boyd.
John P. ae 18, md. 3 Mar. 1869 Nellie E. Gatcomb ae 18.
Nancy B., md. 23 Mar. 1843 Albert Gove.

VENNARD:
Frank ae 25, md. 15 Nov. 1885 Nellie T. Walton ae 21 at Hampton.
Jonathan M.F., md. 7 Feb. 1857 Hannah E. Lane.
Mildred B. ae 19, md. 15 Sep. 1905 Fred W. Wood ae 28.
William E. ae 21, md. 24 Dec. 1880 Ruth M. Eaton ae 18.

VERRILL:
Betsy, Mrs., Int. 1823 William Cilley.
Clara, Int. 23 Oct. 1880 John L. Walton.
Eliza, md. 6 Oct. 1833 William Rowe.

WADLEIGH:
Mark C. ae 33, md. 21 Dec. 1880 Sarah A. Evans ae 21.
Mary, Int. 25 Mar. 1840 Jefferson Janvrin.

WAHLER:
Frank A. ae 21, md. 8 Jan. 1882 ____ J. Brown ae 27.

WALLACE:
Lillian A., md. 5 Oct. 1893 William H. Parker.

WALTON:
Abigail L., Int. 19 Feb. 1828 John Beckman.
Alice May ae 18, md. 16 Sep. 1898 Herbert L. Dow ae 28.
Amy or Annie ae 18, md. 4 Feb. 1873 David A. Barton ae 17.
Arthur O. ae 18, md. 24 Nov. 1885 Susie J. Eaton ae 20.
Augusta D. ae 18, md. 11 Feb. 1891 Edward A. Bickford ae 22.
Benjamin ae 21, md. 2 Oct. 1861 Anne M. Felch ae 18.
Betsy B. ae 20, md. 3 Sep. 1873 Frank Locke ae 29.
Carrie B. ae 23, md. 2 May 1884 Atwood Buell ae 25.
Carrie M. ae 19, md. 14 Mar. 1894 George B. Staples ae 17.
Carrie P. ae 20, Int. 8 Apr. 1869 George Moore ae 22.
Charles A. ae 23, md. 1 May 1879 Clara W. Knowles ae 16.

SEABROOK MARRIAGES

WALTON Cont.
Charles P. ae 35, md. 2 Dec. 1881 Mrs. Clara E. Eaton ae 21.
Cyrus ae 17, md. 6 Sep. 1857 Rosanah Marshall ae 17.
Cyrus ae 27, Int. 27 May 1894 Nellie Brown ae 31.
Daniel, md. 7 Apr. 1801 Nancey Brown by Elias Hull.
Daniel A. ae 22, md. 28 Mar. 1893 Nellie May Fowler ae 18.
David Jr., Int. 25 Oct. 1828 Matilda Brown.
Edgar ae 20, md. 16 May 1878 Mary A. French ae 19.
Edith V. ae 18, md. 1 Dec. 1889 John A. Stevens ae 22.
Edward H. ae 18, md. 16 Oct. 1890 Abbie Beckman ae 18.
Eliza, Int. 1823 Moses Jones.
Emerly, Int. 18 Sep. 1837 James Jones of Hampton.
Emily G., md. 28 Oct. 1849 Winship Beal.
Emma ae 18, md. 18 Feb. 1882 ___owle Ross ae 27.
Emma L. ae 16, md. 3 May 1878 Charles E. Adam ae 20.
Eugene H. ae 22, md. 25 Oct. 1899 Lucy Knowles ae 16.
Hannah J., md. 28 Aug. 1862 Andrew J. Batchelder.
Harriet M., Int. 27 Sep. 1835 John Chase Jr.
Helen A. ae 23, md. 20 Nov. 1878 Joseph T. Ross ae 26.
Helen A. ae 23, md. 28 Nov. 1902 Wilbur Woodburn.
Henry, Int. 17 Nov. 1831 Arvilla Eaton.
John, md. 1 May 1824 Nancy Eaton.
John H. ae 19, Int. 7 May 1860 Adeline Bragg ae 18.
John L., Int. 23 Oct. 1880 Clara Verrill.
John N. ae 20, md. 23 Oct. 1854 Eliza A. Dow ae 19.
Jonathan, md. 15 Jan. 1834 Mary Beckman.
Jonathan Jr. ae 54, md. 22 Jan. 1866 E. Melissa Bagley ae 39.
Joseph, Capt., Int. 15 Apr. 1829 Mary Brown.
Joseph, md. 12 Oct. 1853 Ann B. Dow.
Joseph ae 39, md. 3 Nov. ___ Frances M. Boyd ae 24 at Hampton Falls.
Joseph ae 20, md. 16 June 1867 Emily M. Bragg ae 21.
Josie M. ae 18, md. 18 Apr. 1882 James W. Dow ae 20.
Julia A., Int. 27 July 1851 Luther Eaton.
Julia D. ae 18, md. 27 Mar. 1868 Augustus George ae 23.
Laura, Int. 5 Jan. 1828 Enoch Boyd Jr.
Lena A. ae 15, md. 10 Jan. 1877 Daniel E. Colcord ae 26.
Lillian A. ae 40, md. 5 __ 1893 William H. Parker ae 38.
Lottie N., Int. 19 Sep. 1883 John Boyd.
Lucy C., Int. 28 Mar. 1884 George W. Oakes.
Lydia Ann, Int. 27 Apr. 1845 Thomas A. Dow.
Lydia C. ae 18, md. 24 Apr. 1858 Alvah Eaton ae 23.
Mary, md. 14 Oct. 1838 Caleb P. Jones of Salisbury.
Mary ae 67, md. 5 Sep. 1876 Edward D. Dow ae 69 at Hampton Falls.
Mary A. ae 19, Int. 29 Nov. 1865 Otis T. Eaton ae 18.
Mary E. ae 21, md. 8 Mar. 1879 Willie Evans ae 20.
Nancy, md. 27 Jan. 1839 John Felch.
Nancy, md. 18 Mar. 1841 Newell Dow.

SEABROOK MARRIAGES

WALTON Cont.
Nancy J. ae 24, md. 24 Mar. 1886 George Chase ae 32 at E. Salisbury.
Nellie T. ae 21, md. 15 Nov. 1885 Frank Vennard ae 25 at Hampton.
Rhoda, Int. 10 Mau 1835 Stephen Chase.
Samuel. Int. 22 Nov. 1828 Eliza Eaton.
Samuel C., md. 1 July 1869 Abby A. Randall.
Samuel S. ae 20, md. 16 Oct. 1859 Caroline P. Becman ae 17.
Samuel S. ae 60, md. 10 Feb. 1900 Mary A. Trefethen ae 54.
Sarah, md. 18 Oct. 1841 Nathaniel B. Currier or Carter?
Sarah A. ae 26, Int. 25 Nov. 1860 Otis B. Pike ae 17.
Sewell B., md. 8 Sep. 1849 Elmira R. Beal.
Theodosia G. ae 23, md. 17 Dec. 1891 Stephen Brown Jr. ae 21.
William, Int. Apr. 1828 Elizabeth A. Janvrin.
William, md. 31 Jan. 1839 Sally Chase.
William E. ae 20, md. 20 Oct. 1862 Esther A. Coburn ae 19.
William E. ae 24, Int. 24 Aug. 1866 Firlda L. Chase ae 22.
William H. ae 25, Int. 18 Mar. 1860 Clara A. Dow ae 23.
William N. ae 34, md. 8 Oct. 1868 Mary L. True ae 21.

WARD:
Sarah E., Int. 24 Sep. 1881 Charles True.

WARREN:
Mary L. ae 21, md. 10 July 1866 Henry Jones ae 54.

WARWICK:
Salley, md. 6 Feb. 1812 Levi Gove by Elias Hull.

WATCHYARD:
Henry, Int. 23 Jan. 1830 Hannah Dow.

WATTS:
Julia E., md. 29 Jan. 1857 Charles H. Drake.

WEARE:
Betsy, Int. Nov. 1823 Lt. Jonathan Smith.
Elizabeth B., Int. 19 Mar. 1828 Moses Eaton Jr.
Everett A. ae 20, md. 29 Apr. 1886 Lizzie E. Elkins ae 21.
Everett A. ae 37, md. 30 Nov. 1904 Nancy E. Woodburn ae 23, at Portsmouth.
George A. ae 27, md. 27 Mar. 1860 Mary S. Chase 27.
John, md. 14 Dec. 1780 Thankful Hubbard.
John ae 26, md. 20 Apr. 1861 R. Jane Felch ae 29.
John M. of S. Hampton, Int. 23 Oct. 1836 Mary M. Gove.
Mary E. ae 38, md. 11 Sep. 1889 Alexander McNaught ae 37.
Mary Jane, Int. 8 Oct. 1825 Joseph Brown.

SEABROOK MARRIAGES

WEBSTER:
Noyes, md. 2 Nov. 1834 Harriet Dow.
Sadie W. ae 28, md. 8 July 1902 Edward L. Perkins ae 27 at Haverhill.

WEEKS:
William, md. 22 Sep. 1842 Mary Blake in Hampton.

WELCHER:
Salley, md. 30 May 1846 James Sanborn of Hampton Falls.

WELLS:
Eunice, Int. 5 Sep. 1830 Daniel Langston Gove.
Packer, Int. 21 May 1847 Sarah Griffen.

WEYMOUTH:
Warren, md. 23 Apr. 1849 Charity Fenner.

WHITE:
Mary, md. 6 Jan. 1848 Newton Whitney at Hampton Falls.
Mary ae 25, md. 6 July 1888 William Smith ae 27.

WHITEHOUSE:
Clara E. ae 20, md. 16 Dec. 1880 Frank E. Beckman ae 20.

WHITNEY:
Newton, md. 6 Jan. 1848 Mary White at Hampton Falls.

WILBER:
Ichobad S., md. 12 Feb. 1837 Mary A. Gill.
Jessie Maud ae 18, md. 31 Dec. 1905 Howard L. Felch ae 23.
Josie Maud ae 18, md. 31 Dec. 1905 Fred P. Eaton ae 28.

WILKINSON:
Lena, md. Jan 1888 Harry Arden ae 23.

WILLIAMS:
Hatie (Green) Wid. ae 24, md. 19 Apr. 1861 Walter P. Titcomb ae 28.
Sarah A., md. 4 Jan. 1854 David Brown.

WILSON:
Josephine ae 19, md. 19 Mar. 1877 Rev. LeRoy C. Eaton ae 21.
Robert, md. 2 May 1844 Lucy S. Perkins.

WINCKLEY:
Enoch, md. 3 Mar. 1812 Mary Locke by Elias Hull at Salisbury.

SEABROOK MARRIAGES

WOOD:
Clara F. ae 19, md. 17 Sep. 1887 Walter E. Blanchard ae 22 at Danvers.
Eben F. ae 31, md. 11 Oct. 1867 Clarssia Beckman ae 27.
Fred W. ae 28, md. 15 Sep. 1905 Mildred B. Vennard ae 19
Walter ae 26, md. 12 Nov. 1896 Lillian A. Dow ae 21 at Newburyport.

WOODBURN:
Nancy E. ae 23, md. 30 Nov. 1904 Everett A. Weare ae 37 at Portsmouth.
Wilber ae 23, md. 28 Nov. 1902 Helen A. Webster ae 23.

WOODMAN:
Sadie ae 18, md. 1 Sep. 1900 Arthur George ae 20.

WORTHY:
Jesse ae 43, Int. 26 July 1858 Martha Fowler ae 29.

WORTHLEY:
John, Int. 2 Feb. 1840 Rhoda B. Dow.
Jonathan, Int. 5 June 1836 Mahala Eaton.

WRIGHT:
Alfred ae 27, Int. 18 June 1871 Mary Allord ae 20.
Anne E. ae 17, md. 4 Jan. 1867 Abram Eaton ae 21.
Clara A., ae 25, md. 21 Oct. 1869 Aaron M. Dow ae 29.
David, md. 6 Sep. 1848 Abigail Fulford.
James E.A. ae 20, md. 24 Feb. 1860 Angaline Eaton ae 18.
James W. ae 26, md. 14 Oct. 1885 Louise F. Beckman ae 22.
John F., Int. 31 Sep. 1883 Ida E. Bragg.
Louise ae 28, md. 23 Oct. 1889.Edsyel Churchill ae 35.
Marian ae 42, md. 15 Nov. 1883 Israel Eaton ae 28.
Martha, md. 31 May 1854 Abram W. Perkins.
Mary ae 18, Int. 4 May 1866 Charles Eaton ae 19.
Mary J., md. 11 July 1851 Wyman Eaton.
Matilda A. ae 16, md. 14 Oct. 1861 Albert Eaton ae 18.
Mehitable, Int. 14 May 1847 Edward D. Fowler.
Nancy, md. 28 Nov. 1856 Daniel Bragg.
Nancy J., md. 11 Dec. 1852 Isreal E. Fowler.
Rachel J. ae 17, md. 27 Nov. 1862 Abram F. souther ae 19.
Rhoda ae 16, md. 2 Apr. 1858 John W. Perkins ae 21.
Sally ae 27, md. 1 Jan. 1854 William Cilley ae 55.

WYMAN:
Isaac Harriman, md. 18 Feb. 1825 Hannah Locke.

YEATON:
Moses Jr. ae 31, md. 27 Dec. 1882 Anna? Sanborn ae 27.

SEABROOK MARRIAGES

Sources: Seabrook Town Record Books A & B, 2 - 5.
Seabrook Vital Record Books 1, 2, 3 & 4.

SEABROOK, N.H. APPENDIX

APPENDIX

TABLE OF CONTENTS

Town Officers:

    Selectman 1770 - 1901 198
    Town Clerk 1767 - 1901 200
    Constable   1771 - 1861 201

Historical Review 203

1768 Legislative Bill to form Town . . 205

1891 Health Regulations 206

1896 Street Railway Corporation . . . 207

1807 Warnout of James C. Robison . . . 210

1790 Illness of Jonathan Hardy . . . 211

- 197 -

SEABROOK, N.H. APPENDIX

SELECTMAN:

1770 Winthrop Dow, Abraham Dow, Jacob Smith
1771 Trustram Collins, Winthrop Gove, Benjamin Lerch
1772 Trustram Collins, James Brown, Elisha Brown
1773 Winthrop Gove, Lt. Richard Smith, Winthrop Dow.
1774 Elisha Brown, David Gove, Richard Smith
1775 Winthrop Dow, Benjamin Eaton, Winthrop Gove
1776 Nathan Green, Winthrop Gove, Jonathan Wear
1777 David Dow, John Smith, Jonathan Wear
1779 Isaac Brown, Richard Tobie
1780 Richard Smith, Winthrop Gove, Richard Tobie
1781 Elisha Brown, William French, John Smith
1782 John Smith, John True
1783 Elisha Brown, Richard Tobie, Ephram Eaton
1784 Elisha Brown, John Smith, Winthrop Gove
1786 Edmund Noyes, Joseph Philbrick
1787 Winthrop Gove, Robert Rollins, Jonathan Leavitt
1790 Elisha Brown, Abraham Dow
1791 Elisha Brown, Abraham Dow, Edward True
1792 Elisha Brown, Josiah Dow, John Smith
1794 Elisha Brown, John Smith, Josiah Dow
1796 Elisha Brown, John Smith, Josiah Dow
1797 Elisha Brown, Josiah Dow
1799 Elisha Brown, Josiah Dow
1804 John Smith, Benjamin Dow, John Lock
1806 John Smith, Benjamin Dow, John Lock
1808 John Smith, Benjamin Dow, John Lock
1811 David Gove, Stephen Gove, Edward Gove
1813 Samuel George, Jacob Noyes, Abraham Dow
1814 Samuel George, Abraham Dow, Elisha Dow
1816 David Gove, Elisha Dow, Ralph Johnson
1817 Elisha Dow, Ralph Johnson, David Gove
1821 Samuel George, Jacob Noyes, John Philbrick
1822 Joseph Noyes, John Boyd,
1823 John Boyd, Nathan Smith, Stephen Gove
1824 John Boyd, Nathan Smith, Stephen Gove
1825 Dudley S. Locke, Nathan Smith, Capt. Jon. Smith
1826 Nathan Smith, Dudley Locke,
1827 Dudley S. Locke, Col. Jacob Noyes, Maj. Jonathan Smith
1828 Jacob Noyes, Jonathan Smith, Dudley Locke
1829 John Boyd, Col. Jacob Noyes, Jonathan Smith
1830 John Boyd, Maj. Thomas Boyd, Maj. Jonathan Smith
1831 John Boyd, Thomas Boyd, Ralph Johnson
1832 Jacob Green, Thomas Boyd, Jacob Noyes.
1833 John Philbrick, Elihua Dow, Joseph H. Weare

SEABROOK N.H. APPENDIX 199.

SELECTMEN Cont.:

1834 Benjamin Brown Jr., Henry Eaton Jr., Joseph H. Weare
1835 John Philbrick, Henry Eaton Jr., Micajah Green
1836 Jefferson Janvrin, Robert Dow, Jonathan Gove
1837 Jacob Green, Robert Dow, John P. Brown
1839 Benjamin F. Brown, Stephen C. Johnson, Elihu Dow
1840 John Philbrick, Robert Collins Jr., Newe,, Brown
1841 Josiah Gove, Jonathan Walton, Stephen G. Johnson
1842 Moses Eaton Jr., John Philbrick, James Sanborn Jr.
1843 James Sanborn Jr., Moses Eaton Jr., David Chase Jr.
1844 James Sanborn Jr., Moses Eaton Jr., David Chase Jr.
1845 Jefferson Janvrin, Josiah Gove, Elihu Dow Jr.
1846 Thomas Boyd, Jonathan Gove, Elihu Dow Jr.
1847 Joshua Janvrin, Oliver Eaton, Joseph Chase
1848 Oliver Eaton, Joshua Janvrin, Stephen M. Gove
1849 Robert Collins, Moses Eaton Jr., Joshua Janvrin
1850 William Sanborn, Moses Eaton Jr., Robert Collins
1851 David F. Boyd, Edwin Eaton, Elihu Dow Jr.
1852 Josiah Gove, Elihu Dow Jr., Joseph Chase
1853 Moses Eaton, Joshua Janvrin, Samuel Walton 3rd
1854 Moses Eaton, Joshua Janvrin, Samuel Walton 3rd
1855 Moses Eaton, Emery Brown, Thomas A. Dow
1856 Elihu Dow, Joseph Gordon, Joseph Chase
1857 Moses Eaton, Edward L. Gove, John K. Brown
1858 Moses Eaton, John N. Brown, John Weare
1859 David F. Boyd, Thomas N. Dow, George A. Weare
1860 Moses Eaton, David F. Boyd, Sylvester L. Brown
1861 Moses Eaton, John Janvrin, Sylvester L. Brown
1862 Joshua Janvrin, Joseph Chase, Jonathan Walton Jr.
1863 Joshua Janvrin, Joseph Chase, Thomas A. Dow
1864 Charles W. Sanborn, David F. Boyd, Robert Collins
1865 Robert Collins, David F. Boyd, David Beckman
1866 Joseph Chase, James Sanborn, Charles A. Smith
1867 Joseph Chase, James Sanborn, Thomas Chase Jr.
1868 Edwin Eaton, David L. Boyd, Thomas A. Dow
1869 Stephen G. Johnson, Charles A. Smith, Reuben Eaton Sr.
1870 Stephen G. Johnson, Charles A. Smith, Reuben Eaton 3rd
1871 Joseph Chase, David Gove, Charles S. Dow
1872 Robert Collins, Jonathan Vennard, Emery Brown
1873 Stephen Johnson, Charles A. Smith, Nicholas Gynan
1874 S.G. Johnson, Charles A. Smith, Nicholas Gynan
1875 Joseph Chase, David E. Randall, A.J. Sanborn
1876 Joseph Chase, David L. Boyd, William H. Walton
1877 Joseph Chase, Thomas A. Dow, Henry C. Chase
1878 Joseph Chase, Thomas A. Dow, Henry C. Chase
1879 Joseph Chase, Nicholas Gynan, Sumner Beale

SEABROOK N.H. APPENDIX

SELECTMAN Cont.;

1880 Joseph Chase, William H. Walton, David F. Boyd
1881 David F. Boyd, Thomas A. Dow, William H. Walton
1882 David F. Boyd, William H. Walton, Jeremiah B. Greene
1883 David F. Boyd, Jeremiah B. Greene, William H. Walton
1884 Stephen G. Johnson, Charles A. Smith, Emery N. Eaton
1885 William H. Walton, Emery N. Eaton, Frank E. Locke
1886 William H. Walton, Emery N. Eaton, Frank E. Locke
1887 William H. Walton, Emery N. Eaton, Frank E. Locke
1888 William H. Walton, Clinton J. Eaton, Frank E. Locke
1889 William H. Walton, Clinton J. Eaton, James M.S. Tucker
1890 William H. Walton, Clinton J. Eaton, James M.S. Tucker
1891 William D. Eaton, George L. Fellows, James M.S. Tucker
1892 William D. Eaton, George W. Randall, James L. Walton
1893 W.D. Eaton, Geo. W. Randall, Frank C. Locky
1894 Emery N. Eaton, William H. Walton, Frank E. Locke
1895 William D. Eaton, George N. Randall, Frank E. Locke
1896 William D. Eaton, George N. Randall, Frank E. Locke
1897 Emery N. Eaton, Colin Eaton, William H. Walton
1898 Emery N. Eaton, Colin Eaton, William H. Walton
1899 Emery N. Eaton, Colin Eaton, William H. Walton
1900 Emery N. Eaton, Colin Eaton, Samuel F. Perkins
1901 Emery N. Eaton, J. Leavitt Brown, William H. Walton

PARISH/TOWN CLERK:

Year	Name	Year	Name	Year	Name
1767	Winthrop Gove	1828	John Locke	1846	James Locke
1771	Winthrop Gove	1829	John Locke	1847	Edwin Eaton
1774	Elisha Brown	1830	John Locke	1848	Edwin Eaton
1780	Elisha Brown	1831	John Locke	1849	Edwin Eaton
1787	Elisha Brown	1832	John Locke	1850	Edwin Eaton
1803	Samuel George	1833	John Locke	1851	Nicholas Pike
1805	Samuel George	1834	Dudley S. Locke	1852	Josiah Gove
1807	Samuel George	1835	Dudley S. Locke	1853	Josiah Gove
1809	Samuel George	1836	Jonathan Dearborn	1854	Josiah Gove
1813	Samuel George	1837	Jonathan Dearborn	1855	Robert Collins
1816	Samuel George	1838	Jonathan Dearborn	1856	Nicholas Pike
1819	Samuel George	1839	Jonathan Dearborn	1857	Robert Collins
1821	Samuel George	1840	Jonathan Dearborn	1858	Jonathan Gove
1823	John Locke	1841	Jonathan Dearborn	1860	Jonathan Gove
1824	John Locke	1842	Robert Collins	1861	Jonathan Gove
1825	John Locke	1843	Robert Collins	1862	Abbott A. Locke
1826	John Locke	1844	Robert Collins	1863	Abbott A. Locke
1827	John Locke	1845	Robert Collins	1864	Abbott A. Locke

SEABROOK N.H. APPENDIX   201.

TOWN CLERK Cont.;

1865	Abbott A. Locke	1878	John L. Philbrick	1890	William L. Busnell
1866	Robert Collins	1879	John L. Philbrick	1891	William L. Busnell
1867	Richard L. Gove	1880	John L. Philbrick	1892	Frank F.C. Greene
1868	James Smith	1881	J.M.S. Tucker	1893	Wm L. Buswell
1869	George W. Randall	1882	J.M.S. Tucker	1894	William L. Busnell
1870	George W. Randall	1883	J.M.S. Tucker	1895	William L. Busnell
1872	George W. Randell	1884	James Smith	1896	William L. Busnell
1873	Jonathan Gove	1885	James Smith	1897	William L. Busnell
1874	Jonathan Gove	1886	James M.S. Tucker	1898	William L. Busnell
1875	Jonathan Gove	1887	James M.S. Tucker	1899	William L. Busnell
1876	Robert Collins	1888	William D. Eaton	1900	William L. Busnell
1877	Jonathan Fox	1889	Emery N. Eaton	1901	George W. Fifield

CONSTABLE:

1771 Thomas Silley
1771 Benjamin Leavitt
1774 William Hook next year as hired man for Job Haskel.
1775 Thomas Eaton
1782 Ensign Charles Chase
1786 John Smith
1787 Lt. Daniel Smith
1789 Samuel George
1791 Capt. Daniel Smith
1792 Samuel George
1794 George Janvrin
1797 Lt. George Janvrin
1799 George Janvrin
1800 Lt. George Janvrin
1801 Lt. George Janvrin
1802 Lt. George Janvrin
1803 Lt. George Janvrin
1805 Samuel George
1807 Samuel George
1824 Col. Jacob Noyes
1826 Maj. S. George
1827 Jacob Eaton, Maj. Samuel George
1828 Maj. Saml George
1829 Maj. Samuel George, Stephen Gove
1830 Samuel George, Green Perkins
1831 Samuel George, Green Perkins, Henry Eaton Jr.
1832 - 1833
1834 Samuel George, Green Perkins, Stephen Gove, Thomas Eaton Jr.

SEABROOK N.H. APPENDIX

CONSTABLE Cont.

1835 Samuel George, Green Perkins, Jeremiah Smith, Thomas Eaton Jr.
1836 Thomas Eaton Jr., Enoch Chase, Samuel Walton Jr., Samuel George, Jacob Green
1837 Samuel George, Jacob Eaton
1838 John G. Chase, Samuel George, Thomas Eaton Jr.
1839 Thomas Eaton Jr., John G. Chase, Green Perkins.
1840 Green Perkins, John P. Brown
1841 Green Perkins, James Sanborn Sr.
1842 James Sanborn Jr., John P. Brown, Joshua Eaton Jr.
1843 Josiah Gove, John M. Weare, James Sanborn Jr.
1844 Josiaq Gove, Samuel D. Palmer, Stephen N. Gove.
1845 Isreal Eaton, Nicholas Pike, Jefferson Janvrin
1846 Nicholas Pike
1847 John L. Brown, Nicholas Pike, John Philbrick, Sereno T. Abbott.
1848 Moses Eaton Jr., Robert Collins
1849 John P. Brown, Emery Brown, Stephen Littlefield
1850 John N. Brown, John Philbrick, Nicholas Pike
1851 Henry Stackpole, Arthur S. Evans
1852 Arthur L. Evans, Charles Fogg, William F. Smith
1853 John L. Brown, Joseph Dow, William Dow
1854
1855 Stephen N. Chase, Benjamin Perkins, John N. Brown, Moses D. Eaton
1856 William Boynton, Moses D. Eaton, Joseph Dow
1857 William Boynton
1858 Albert Gove, Lewis Weathly, Newell Brown
1859 Joseph Dow, William beckman
1860
1861 Elihu Dow, Jacob Dow, Frank Brown

SEABROOK SEPARATION FROM HAMPTON FALLS CHURCH.

The southern part of the Town of Hampton Falls, NH in 1768 became the Town of Seabrook. In 1822 an Act was passed cutting off from South Hampton all lands east of the Kensington line and joined them to Seabrook, which Town then acquired its present limits.

On 21 November 1765 fifty-six inhabitants of Hampton Falls, professing dissatisfaction with Rev. Paine Wingate, on account of doctrine, and declaring themselves Presbyterians having already formed a church, built a meeting-house and settled a minister, petitioned the General Court to be set off as a distinct parish, "for ministerial affairs only."

A counter petition was presented, 1 January 1766, by a committee chosen by the Town of Hampton Falls, Hon. Meshack Weare, chairman, desiring that, if they be set off at all, it be absolutely, as a distinct Town. The later petition prevailed, and the south part of Hampton Falls became the Town of Seabrook in 1768.

The dissenting church was organized about the first of November 1764, under the Presbyterian form of government, and connected with the Boston Presbytery. It was composed principally of persons from the Hampton Falls church, as above stated. The meeting house was built in 1763, and was later remodelled as a Baptist church and Town-house. Rev. Samuel Perley was the first and only Presbyterian paster. He was ordained 31 January 1765 and remained till the beginning of the Revolutionary war. The next year Mr. Wingate retired from the Hampton Falls church, and those who had withdrawn returned and were readmitted.

After this there were no regular preaching at the Seabrook church for more then twenty years. About the year 1799, a new church was formed, on Congregational principles, and Rev. Elias Hall was settled as its paster, continuing till his death 28 February 1822. Then the church became scattered.

Source: NH Prov. Papers, Vol. 9, Pg. 373.

Report of a Committee to fix the line between the said two Parishes.

Province of New Hampshire

We the Subscribers being appointed by a vote of the General Assembly to fix a Line in the Town of Hampton Falls in order to The southern Part Thereof Being Erected into a Distinct Parish accordingly we have viewed the Premises, Heard the Parties etc, and agree to Report that a Line Begining on Kensington Line near Joseph Brown's Dwelling house at a Road called Horsehill Road and following said road Down to a Bridge Below Weare's mill then easterly on the North line of Elisha Browns Land to the North East corner Thereof by the Quaker Parsonage (so called) Then following the Road that leads by Henry Thresher's house to the country road, then following The Line between Land of Abraham Dow and Ralph Butler and Isaac Brown and between Said Dow and Mesheck Weare Esq. to the South East corner of said Weare's marsh at Brown's River (so called) Then following said River to the western End of the parsonage Island (so called) Then Round on the southern and Eastern Sides of said Island to the Afor^s River and to the mouth thereof shall be the Dividing Line between the two Parishes.
Hampton Falls Apr. 27, 1768.

        John Giddings
        Josiah Bartlett Comitee
        Ebenezer Thompson

Province of New Hampshire In the House of Representatives May 24, 1768.

The within Report being Read and no objection made, Voted, that the Report be accepted and that the Petitioners may bring in a bill agreeable thereto.

        M. Weare Clr

In Council May 24, 1768
Read & Concurr'd
    T. Atkinson Jr. Sec.

Source: V.9, Pt.1, Towns In N.H., Nathanial Bouton, P. 373, Concord (1875)

RULES AND REGULATIONS OF THE BOARD OF HEALTH OF SEABRROK, NEW HAMPSHIRE

1. Every person known to be sick with Diphtheria, Scalet Fever or any other infection, fictilential decease shall be immediately Separated from all others. Excepting attendants, and no one Shall be allowed to visit the patient Excepting there attendants,
2. A card with the name of the disease printed in large bold faced type shall in every case be placed upon the door of every home in which is a case of Diphtheria, Scalet Fever or Small Pox.
3. Every case of Diphtheria, Scalet Fever, or small pox Shall be reported by the attending physician to the chairman of the local board immediately the diagnosis is made.
4. "No public funeral shall be held in any instance when the deceased died of Small pox, Scarlet Fever or Diphtheria.
5. "No pupil shall attend any school public or private, from a home of family where there exists a case of Scarlet fever, Diphtheria (or any other contagious or factilential disease) until such case or cases are thoroughly isolated from the said pupil, and then only upon the certificate of a reputible physician certifying that fact that such isolation is secured and that in his judgement no liability to spread the disease will follow."
6. "No person who has had Scalet fever, Diphtheria shall attend any school or other public gathering until three (3) weeks after convalesence has been established except upon the certificate of a reputable physician
7. "No child untill he has been duly vaccinated or has had the Samll pox Shall (after May 1, 1891) be allowed to attend any public school

Given under our hand this 19th day of Dec. 1891
D.W. Colcord   Board
Geo. R. Fellows   of
C. F. Jackson   Health

SEABROOK, N.H. APPENDIX 207.

STREET RAILWAY

1.

We the undersigned a majority of whom are residents of the State of New Hampshire agree to associate ourselves together by these articles of agreement for the purpose of forming a corporation to construct and maintain and operate a Street railway in accordance with the provisions of Chapter 27 of the Laws of 1895 of said State, chapter 156 of the Public Statues of said State and any other Statues of said State relating thereto

2.

The name of said corporation shall be the Hampton and Amesbury Street Railway Company.

3.

The gauge of said railroad is to be Standard gauge and the route thereof will extend about four miles in length from an iron pin driven in the ground in the highway known as the Layafette road in the town line between the Towns of Hampton and Hampton Falls and Seabrook in the County of Rockingham in said Layafette road and the main of Amesburg road leading from the Layafette road to the State line in Seabrook, at an iron pin in the ground.

4.

The amount of the capital stock of this corporation is seventy four thousand Dollars. To be divided into seven hundred and fifty shares of the par value of one hundred Dollars each.

5.

Thomas Brown of Hampton Falls, Edwin Janvrin of Hampton Falls, W.D. Lovell and Otis F. Whittier of Hampton. C.A. Cotton of Dedham, Mass. J.W. Locke of Seabrook, A.E. McReed of Exeter all subscribers hereto a majority of whom are residents of said State of New Hampshire are hereby appointed to act as directors of the corporation until others are chosen.

6.

Each subscriber hereto agrees on good faith to take the number of shares of the capital stock Set opposite his name and to pay the par value thereof subject to the laws of the State of New Hampshire.

NAME	RESIDENCE	Share	Amt.
Wallace D. Lovell	Hampton	250	$25,000
Otis H. Whittier	Do	5	500
Edwin Hanvrin	Hampton Falls	20	2,000
Warren Brown	Do	20	2,000
Warren Batchelder	Do	2	200
E.B. Towle	Do	2	200
Charles F. Brown	Do	1	100
John Brown	Do	1	100
H.H. Knight	Do	1	100
John A. Brown	Do	1	100
John W. Locke	Seabrook	10	1,000
James M.S. Tucker	Do	1	100
George L. Brown	Hampton Falls	1	100
William Evans	Seabrook	1	100
John D. Locke	Do	1	100
George H. Weare	Do	1	100
Frank E. Locke	Do	1	100
John L. Brown	Do	1	100
Samuel F. Perkins	Do	1	100
Jas. S. Smith	Do	1	100
Lincoln L. Brown	Do	1	100
Clinton J. Eaton	Hampton	5	500
James D.P. Wingate	Exeter	10	1,000
Albert E. McReed	Exeter	200	20,000
C.W. Murry	Boston, Mass.	10	1,000
C.A. Cotton	Dedham, Mass.	200	20,000
F.H. Cilley	Exeter	1	100

SEABROOK, N.H. APPENDIX 209.

STREET RAILWAY Cont.

True Copy Attest
Wallace D. Lovell   Directors
Albert E. McReel   Hampton
Chas H. Cotton   &
Warren Brown   Amesbury
Edwin Janvrin   St Ry Co.
Otis H. Whittier
John W. Lock

Left at my house by Lovell & C.J. Eaton
Feby 22, 1898 at 2:00 PM

A true copy attest
            William T. Buswell
                Town Clerk

SEABKOOK, NH APPENDIX

WARNOUT OF JAMES C. ROBISON

State of Newhampshire ⎱ To Samuel George
Rockingham ss   ⎰ Constable of Seabrook
for the year 1807
Greetings,

Whereas James C. Robison has lately come into this Town of Seabrook in the State and County aforesaid, to reside or Dwell, not being an Inhabitant thereof.

You are hereby required forthwith in the name of the State of Newhampshire to warn James C. Robison to depart forthwith out of this Town of Seabrook aforesaid, and make a return of the name of the person and of the time of his abode in said Town before the next court of common Pleas of the State and County aforesaid.

Given under our hands and seals this nineteenth day of November 1807.

                      John Locke   Selectman
                    Stephen Smith of Seabrook

Source: Town Records Vol. 1, pages 203-204.

1790 ILLNESS OF JONATHAN HARDY

To the Selectmen of Seabrook for the year 1790 whereas through the Providence of God I am now layed on a Beed of Sickness and confinement and obliged to look to you as fathers of the parish for sum assistance to support my self and my famaly under this my Desstressed condition at this time - and do hereby Resign my self and famaly and all that I have in to your hands. As Wtiness our hands

Hamptonfalls April 3, 1790 Benjamin Row	his Jonathan + Hardy mark her Mary _ Hardy mark

April 3, 1790 An inventory of the goods and estate of the above named Jonathan Hardy as followeth, a dwelling house and barn and by estimation three acres of land bounded as follows westerly on land of Joseph Wells northerly on land of Henry Robie easterly and southerly on a highway to the bound first mentioned.

One cow, one feather bed and Beeding, one case of draw, one chist, two tables, ten chairs, one pot and one Pittle, two puter platers, one plate, two Earthen plates, four muggs, two glass bottles, water pails, one wash tub, one bead stead and card stilyard, fyer shovel and tong, another pice of land. Containing by estamate one acre and a quarter be the same more or less Bounded on land of David Nason Easterly on land of John Brown and Southerly on a highway to the bounds first mentioned.

Abraham Dow   Selectmen
Elisha Brown of Seabrook

Source: Town Records v.1, pg 338-9.

SEABROOK, N.H. 213.

BIBLIOGRAPHY

Seabrook, NH Town Records: Morman Film No.
   Vol. A & B, 1767-1824   [0015312]
   Vol. 2, 3 & 4, 1823-1884   [0985079]
   Vol. 5, 1884-1903   [0985080]

Seabrook, NH Town Clerk Records of births,
deaths and marriage intentions.
   Md. Intentions 1823-1924   [0985078]
   birth, death, marriage 1851-1911   [0985081]

Folsom, Mrs. Wendell B., Gravestone
   Inscriptions, Seabrook, NH   D.F.P.A. Vol. 1,
   pg 76-149   [0165996]

Locke, Mrs. Samuel, Seabrook, NH Deaths 1807-
   1822. 44 p.   [0015576]

NEHGR: V:pg, 4:96, 5:473, 15:359 & 43:364.

NEHGR, Vol. 27, pg. 412, Inscriptions From
      Gravestones in Seabrook, NH

NH Provincial Papers, Town Records, Vol. 9
   page 373.

Dow, Joseph, History of Hampton, NH 1638-1893,
   Map, pages 145 & 392, (1893)

Statement of Facts, Church of Seabrook &
   Hampton Falls, (1854) Copy at Newberry
   Library, Chicago, Illinois. Ref. No.
   D28429.8.

Seabrook, NH Annual Town Reports, years 1887 -
   1903.

Vital Statistics, Hampton Falls, NH thru 1899.
   Ruth L. Nichipor (1976).

www.ingramcontent.com/pod-product-compliance
Lightning Source LLC
Chambersburg PA
CBHW060818190426
43197CB00038B/1970